Kohlhammer

Die Autorinnen

Cathrin Grotjohann und Solveig Haugwitz sind Sonderpädagoginnen im Hochschuldienst. Sie lehren im weiterbildenden Masterstudiengang Sonder- und Inklusionspädagogik am Institut für Sonderpädagogische Entwicklungsförderung und Rehabilitation der Universität Rostock.

Cathrin Grotjohann,
Solveig Haugwitz

Zielgleicher und zieldifferenter inklusiver Unterricht

Umgang mit Nachteilsausgleich

Verlag W. Kohlhammer

Dieses Werk einschließlich aller seiner Teile ist urheberrechtlich geschützt. Jede Verwendung außerhalb der engen Grenzen des Urheberrechts ist ohne Zustimmung des Verlags unzulässig und strafbar. Das gilt insbesondere für Vervielfältigungen, Übersetzungen, Mikroverfilmungen und für die Einspeicherung und Verarbeitung in elektronischen Systemen.

Die Wiedergabe von Warenbezeichnungen, Handelsnamen und sonstigen Kennzeichen in diesem Buch berechtigt nicht zu der Annahme, dass diese von jedermann frei benutzt werden dürfen. Vielmehr kann es sich auch dann um eingetragene Warenzeichen oder sonstige geschützte Kennzeichen handeln, wenn sie nicht eigens als solche gekennzeichnet sind.

Es konnten nicht alle Rechtsinhaber von Abbildungen ermittelt werden. Sollte dem Verlag gegenüber der Nachweis der Rechtsinhaberschaft geführt werden, wird das branchenübliche Honorar nachträglich gezahlt.

Dieses Werk enthält Hinweise/Links zu externen Websites Dritter, auf deren Inhalt der Verlag keinen Einfluss hat und die der Haftung der jeweiligen Seitenanbieter oder -betreiber unterliegen. Zum Zeitpunkt der Verlinkung wurden die externen Websites auf mögliche Rechtsverstöße überprüft und dabei keine Rechtsverletzung festgestellt. Ohne konkrete Hinweise auf eine solche Rechtsverletzung ist eine permanente inhaltliche Kontrolle der verlinkten Seiten nicht zumutbar. Sollten jedoch Rechtsverletzungen bekannt werden, werden die betroffenen externen Links soweit möglich unverzüglich entfernt.

1. Auflage 2023

Alle Rechte vorbehalten
© W. Kohlhammer GmbH, Stuttgart
Gesamtherstellung: W. Kohlhammer GmbH, Stuttgart

Print:
ISBN 978-3-17-040760-2

E-Book-Formate:
pdf: ISBN 978-3-17-040761-9
epub: ISBN 978-3-17-040762-6

Inhaltsverzeichnis

1	Was ist das Anliegen des Buches?	9
2	Wie arbeiten Sie sinnvollerweise mit dem Buch?	11
3	Einführende Überlegungen zum Thema schulische Inklusion	13
3.1	Vor welchen Herausforderungen stehen Lehrkräfte in einem inklusiven Bildungssystem?	13
3.2	Welche Aufgabenfelder ergeben sich in der inklusiven Schule?	18
3.3	Die Besonderheiten schulischer Inklusion in der Grundschule	22
3.4	Die Besonderheiten schulischer Inklusion in der Sekundarstufe	25
4	Schülerinnen und Schüler in heterogenen Lerngruppen	27
4.1	Heterogenität im Überblick	27
4.2	Kinder und Jugendliche mit Lernschwierigkeiten	31
4.3	Kinder und Jugendliche mit Schwierigkeiten in der emotional-sozialen Entwicklung und im Verhalten	36
5	Wie gelingt zielgleicher Unterricht? Differenzierung, Individualisierung und Nachteilsausgleich	42
5.1	Was ist zielgleicher Unterricht?	42

5.2	Wie bekommen wir alle unter einen Hut? Differenzierung und Individualisierung im zielgleichen Unterricht	44
5.3	Wie nutzen wir den Nachteilsausgleich im zielgleichen Unterricht?	54
5.3.1	Nachteilsausgleich – Was ist damit gemeint?	54
5.3.2	Was kann Nachteilsausgleich leisten und was nicht?	58
5.3.3	Nachteilsausgleich festlegen – Ein Vorgehen Schritt um Schritt	62
5.3.4	Gesetzliche Grundlagen und Empfehlungen in den Bundesländern – Ein Überblick	63
5.4	Wie fangen wir es nun an? Handlungsmöglichkeiten und Fallbeispiele zur Gewährung von Nachteilsausgleich bei Lernschwierigkeiten	67
5.4.1	Nachteilsausgleich für Schülerinnen und Schüler mit besonderen Schwierigkeiten im Lesen und/oder Rechtschreiben	70
5.4.2	Nachteilsausgleich für Schülerinnen und Schüler mit besonderen Schwierigkeiten im Rechnen	81
5.4.3	Nachteilsausgleich bei sonderpädagogischem Unterstützungsbedarf im Schwerpunkt Lernen im zielgleichen inklusiven Unterricht	94
5.5	Was unterstützt wen und wobei? Handlungsmöglichkeiten und Fallbeispiele zur Gewährung von Nachteilsausgleich bei Schwierigkeiten in der emotional-sozialen Entwicklung und im Verhalten	105
5.5.1	Nachteilsausgleich für Schülerinnen und Schüler mit AD(H)S	105
5.5.2	Nachteilsausgleich bei Störungen des Sozialverhaltens	113
5.5.3	Nachteilsausgleich für Schülerinnen und Schüler mit Ängsten	122
5.5.4	Nachteilsausgleich für Schülerinnen und Schüler mit schulaversivem Verhalten	129
6	**Zieldifferente Lernanforderungen im inklusiven Unterricht**	**134**
6.1	Was ist zieldifferenter Unterricht?	134

6.2	Welche didaktischen Grundsätze gelten für den Unterricht bei sonderpädagogischem Unterstützungsbedarf im Schwerpunkt Lernen?	137
6.3	Inklusive Rahmenpläne – eine echte Herausforderung!	148
6.4	Handlungsmöglichkeiten im zieldifferenten Unterricht der Grundschule	153
6.5	Handlungsmöglichkeiten und Fallbeispiele zur Gestaltung eines zieldifferenten Unterrichtes in der Sekundarstufe	169
7	**Schulentwicklungsbezogene Aspekte – ein stabiles Fundament errichten**	**182**
7.1	Von der Förderkonzeption zur Förderplanung	182
7.1.1	Wie gelingt effektive Förderplanung?	184
7.1.2	Der Förderplan für Paul entsteht – ein Leitfaden	188
7.1.3	Förderplanbeispiele – Ein Sammelsurium	199
7.2	Allein wird das nichts! – Netzwerkarbeit in der inklusiven Schule	210
7.2.1	Wer macht was im multiprofessionellen Team?	213
7.2.2	Kooperatives Lehren im inklusiven Unterricht	217
7.2.3	Kollegialer Austausch und Beratung	219
7.3	Bausteine für die Gestaltung von schulinternen Fortbildungen zum Thema zielgleicher/ zieldifferenter Unterricht und Umgang mit Nachteilsausgleich	223

Literaturverzeichnis   **227**

1

Was ist das Anliegen des Buches?

Mit diesem Praxisbuch möchten wir Lehrerinnen und Lehrer erreichen, die sich für ihre Lernenden stark machen und denen daran gelegen ist, keine Schülerin und keinen Schüler zurückzulassen. Es soll Lehrkräften Hilfestellungen an die Hand geben, damit sie die Herausforderungen des zielgleichen und zieldifferenten Unterrichts noch besser meistern, an bereits Bekanntes anknüpfen, Erfahrungswissen einbringen und Neues ausprobieren können. Ansprechen möchten wir besonders die Lehrerinnen und Lehrer, die sich sehr um eine inklusive Beschulung bemühen, an einigen Stellen jedoch nicht genau wissen, wie diese in der täglichen Unterrichtsarbeit umgesetzt werden kann.

Wir nehmen Kinder und Jugendliche mit sonderpädagogischem Unterstützungsbedarf in den Schwerpunkten Lernen und emotional-soziale Entwicklung in den Blick, gehen der Frage nach, wie zielgleicher und zieldifferenter inklusiver Unterricht gelingen kann, und betrachten den Umgang mit Nachteilsausgleich genauer. Das Puzzleteil Nachteilsausgleich mag im Gesamtkontext schulischer Inklusion zwar klein erscheinen, dennoch kann es einiges zum Gelingen beitragen.

Das sichere Erkennen und Beschreiben von Nachteilen, die aufgrund einer Beeinträchtigung bei Lernenden entstehen und das Ausgleichen dieser

1 Was ist das Anliegen des Buches?

Nachteile durch passgenaue Maßnahmen im weiterhin zielgleichen Unterricht wird zukünftig zu den Kernkompetenzen von Lehrkräften in der inklusiven Schule gehören müssen. Zudem sollten sich alle Lehrerinnen und Lehrer an Regelschulen gut gerüstet fühlen, gerade für Schülerinnen und Schüler mit deutlichem Unterstützungsbedarf im Lernen, ein qualitativ hochwertiges zieldifferentes Lernangebot vorhalten zu können.

Mit unseren Überlegungen zur inklusiven Unterrichtsgestaltung verbinden wir ausgewählte Handlungsmöglichkeiten, die ein gemeinsames Lernen unterstützen, wohl wissend, dass noch nicht an jeder Schule inklusionsförderliche Rahmenbedingungen in ausreichendem Maße vorhanden sind. Durchdachte Förderkonzeptionen, ausgereifte Förderbedingungen und positive Einstellungen der Lehrkräfte betrachten wir als Grundpfeiler des Gelingens. Im Bündel von Maßnahmen zur Unterrichtung von Schülerinnen und Schülern mit sonderpädagogischem Unterstützungsbedarf in inklusiven Settings sehen wir die personelle Ressource von Sonderpädagoginnen und Sonderpädagogen als unabdingbar an.

Wenn es uns also gelänge, bei den Lehrerinnen und Lehrern die Lust zu wecken, sich der Heterogenität ihrer Schülerschaft mit mehr Freude, mit mehr Enthusiasmus und – bedingt durch die Nutzung unseres Buches – mit mehr Sachkenntnis zu stellen, hätten wir unser eigentliches Ziel erreicht.

Getragen wurden wir dabei von folgendem inspirierenden Gedanken:

>»Die Aufgabe der Schule ist es, das Gelingen zu ermöglichen,
>nicht das Misslingen zu dokumentieren.«
>(Otto Herz)

2

Wie arbeiten Sie sinnvollerweise mit dem Buch?

Das vorliegende Praxisbuch bietet einen Einblick in ausgewählte Aspekte schulischer Inklusion und versteht sich als eine Verbindung aus empirischer Forschungslage und handlungsorientierten Empfehlungen für den Unterricht.

In den Kapiteln 3 und 4 betrachten wir die Herausforderungen (▶ Kap. 3), vor denen Lehrkräfte in einem inklusiven Bildungssystem stehen, und die Schülerinnen und Schüler in der heterogenen Lerngruppe (▶ Kap. 4). Kinder und Jugendliche mit sonderpädagogischem Unterstützungsbedarf in den Schwerpunkten Lernen und emotional-soziale Entwicklung werden in den Mittelpunkt der Auseinandersetzungen gerückt und deshalb ausführlicher beschrieben.

Die Frage »Wie gelingt zielgleicher Unterricht?« bildet ein Kernstück des Buches. Kapitel 5 befasst sich ausführlich mit der Suche nach ausgewählten Antworten und geht in diesem Zusammenhang auf die Schwerpunkte Differenzierung und Individualisierung (▶ Kap. 5.2) sowie Umgang mit Nachteilsausgleich (▶ Kap. 5.3) ein. Es werden Fallbeispiele angeführt und Maßnahmen der Unterstützung für konkrete Lernschwierigkeiten und Störungsbilder im Bereich des Verhaltens entwickelt.

Die Besonderheiten von zieldifferentem Unterricht werden im Kapitel 6 näher beleuchtet. Anhand bewährter Konzepte und Methoden erhalten Lehrkräfte Empfehlungen für den Unterricht mit Schülerinnen und Schülern mit sonderpädagogischem Unterstützungsbedarf im Schwerpunkt Lernen in der Grundschule (▶ Kap. 6.4) und im Sekundarbereich (▶ Kap. 6.5).

Die im Kapitel 7 betrachteten Punkte Förderplanung (▶ Kap. 7.1), schulisches Netzwerk und Arbeit im multiprofessionellen Team (▶ Kap. 7.2) sowie Fortbildung (▶ Kap. 7.3) sind unter dem Gesichtspunkt der Schulentwicklung gefasst. Fortbildungsbausteine zur inklusiven Schulentwicklung runden das Praxisbuch ab.

Folgende Piktogramme sollen der besseren Orientierung und Lesbarkeit dienen:

Mit diesem Zeichen werden Begriffe geklärt, Definitionen gegeben und fachlich besonders relevante Inhalte hervorgehoben.

Fallbeispiele sollen helfen, den fachlichen Inhalt anhand einer konkreten Schülerin oder eines konkreten Schülers zu erklären.

Praxisbeispiele oder Hinweise illustrieren Gesagtes und ermöglichen einen Transfer in Schule und Unterricht.

3

Einführende Überlegungen zum Thema schulische Inklusion

3.1 Vor welchen Herausforderungen stehen Lehrkräfte in einem inklusiven Bildungssystem?

Das Thema Inklusion stellt im Kontext von Schule und Bildung derzeit eine der größten Herausforderungen für Lehrkräfte dar. Schulische Inklusion gehört in fast allen Lehranstalten Deutschlands bereits zum pädagogischen Alltag. Das Grundverständnis, die einzelne Schülerin oder den einzelnen Schüler verstärkt in den Mittelpunkt des pädagogischen Handelns zu rücken und die Einbeziehung aller Kinder und Jugendlichen zum pädagogischen Alltag werden zu lassen, wächst bei zunehmend vielen Lehrerinnen und Lehrern. Dennoch fehlt Kolleginnen und Kollegen nach eigenen Angaben zuweilen das notwendige Rüstzeug, um die neuen Aufgaben, die im Zuge der Entwicklung eines inklusiven Bildungssystems auf sie zukommen, bewältigen zu können. Ein großer Teil der Verantwortung liegt hier im Bereich der Aus-, Fort- und Weiterbildung von Lehrkräften. Mittlerweile sind inklusive Inhalte zu einem festen

Bestandteil der Hochschulausbildung angehender Lehrerinnen und Lehrer aller Lehrämter geworden. Die Lehrerbildungsgesetze der Bundesländer enthalten hierzu verbindliche Angaben. Auch in der zweiten und dritten Phase der Lehrerinnen- und Lehrerbildung werden den Lehrkräften aller Schularten – wenn auch nicht verpflichtende – Angebote unterbreitet, die ihnen ermöglichen sollen, ihr diesbezügliches Wissen zu erweitern.

Um schulische Inklusion überblicksartig zu betrachten, darf sie als neu zu malendes Bild verstanden werden. Selbstverständlich sind nicht alle Elemente dieses Bildes von Grund auf anders zu denken. Bewährte organisatorische Strukturen von Institution Schule und wertvolle Erfahrungen im didaktisch-methodischen Bereich fließen ein. Einige Aspekte ändern sich dennoch und es bleibt unabdingbar, sich mit diesen intensiver auseinanderzusetzen, soll Inklusion zu einem Leitbild von Schulentwicklung werden.

In der inklusiven Schule lernen Kinder und Jugendliche unabhängig von ihren individuellen Lernvoraussetzungen und ihren schulischen Leistungen in heterogenen Lerngruppen der Regelschule. Alle Lernenden werden gemäß ihrer Stärken und Schwächen individuell gefördert und gefordert. Das Bild einer solchen inklusiven Schule entstehen zu lassen, fordert von Regelschullehrkräften, Sonderpädagoginnen und Sonderpädagogen und weiteren am Prozess beteiligten Professionen, Inklusion vor allem als Chance zu betrachten und sich neuen Aufgaben zu stellen. Der äußere Rahmen des Bildes von schulischer Inklusion setzt mit den gesetzlichen Perspektiven und den aktuell im jeweiligen Bundesland geltenden Rechtsvorschriften relativ feststehende Handlungsvorgaben. Diese Richtlinien gelten für alle im Schulsystem Agierenden.

Das Innere des Bildes kann aus verschiedenen Einzelaspekten zusammengefügt werden, deren Ausgestaltung, Zusammensetzung, Nuancierung und Priorisierung in der Verantwortung einer jeden inklusiven Schule liegt. Während des Zeichnens ergeben sich unterschiedliche Gestaltungsmöglichkeiten, die von Professionalität geprägt sein sollten. Kreativität, Innovation und regionale Gegebenheiten dürfen und sollten einfließen. Das Ergebnis des Prozesses inklusiver Schulentwicklung wird für jede inklusive Schule ein anderes, jeweils eigenes Bild ergeben.

Bestimmend wirkt im äußeren Rahmen die UN-Konvention über die Rechte von Menschen mit Behinderung (UN-BRK), die seit 2009 für Deutschland verbindlich gilt und in deren Zuge man sich dazu verpflichtet hat, ein inklusives Bildungssystem zu etablieren. Alle Kinder und Jugendlichen mit Behinderung haben demnach das Recht, am Unterricht einer Reglschule teilzunehmen. Das Ziel ist es, ein Schulsystem zu entwickeln, das allen Kindern und Jugendlichen, ganz gleich, ob mit oder ohne Behinderung, gerecht werden kann.

3.1 Vor welchen Herausforderungen stehen Lehrkräfte in einem inklusiven Bildungssystem?

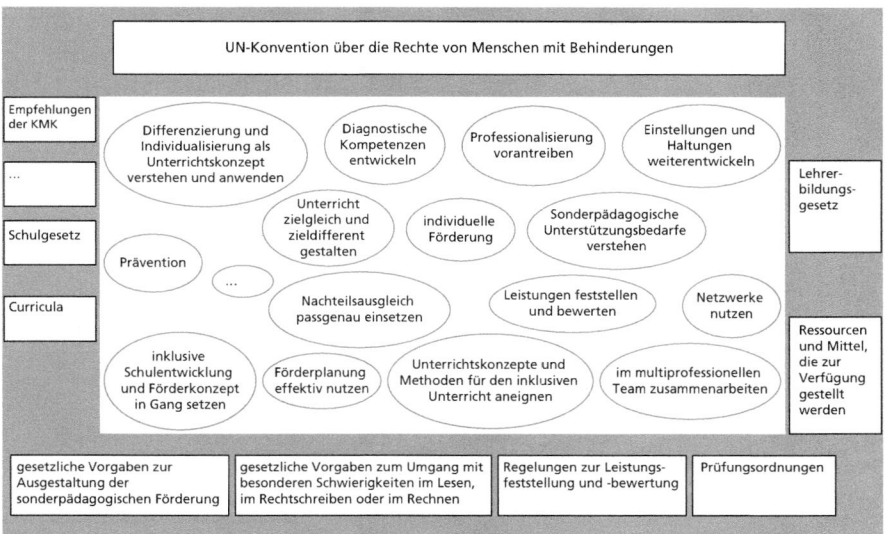

Abb. 3.1: Herausforderungen auf dem Weg zu einem inklusiven Bildungssystem

Welcher Inklusionsbegriff im Kontext Schule zugrunde gelegt wird, ist noch nicht hinreichend geklärt. Die Diskussion um die Frage, ob Inklusion und Integration unterschiedliche Ideen des Herangehens beinhalten, bestimmt den aktuellen Diskurs nach wie vor. Vorherrschend werden drei Positionen unterschieden: zum einen, dass zwischen Inklusion und Integration zu unterscheiden ist (Schnell & Sander, 2004), zum anderen, dass es keinen grundlegenden Unterschied zwischen Inklusion und Integration gibt (Preuss-Lausitz, 2019), und nicht zuletzt, dass es völlig irrelevant sei, diese Frage zu diskutieren (Jantzen, 2018), sondern es vielmehr darauf ankäme, wie der gemeinsame Unterricht von Schülerinnen und Schülern mit und ohne Behinderungen gestaltet wird (Lambrecht, 2020). Insofern scheint es sinnvoll, Inklusion als Transformationsprozess zu verstehen, »... in dem durch Teilhabe statt durch Fürsorge die Verankerung in der eigenen Generation möglich wird« (Sasse 2014, S. 119).

Schulische Inklusion umfasst die *Institution Schule*, den *Unterricht* selbst und auch das berufliche Arbeitsfeld der *Lehrkräfte* verschiedener Professionen und hat sich zu einer Notwendigkeit entwickelt, weil die Akzeptanz der Verschiedenheit von Kindern und Jugendlichen gesellschaftlicher Konsens geworden ist (Sasse & Schulzeck, 2021).

3 Einführende Überlegungen zum Thema schulische Inklusion

Nach wie vor wird diskutiert, ob einem engen oder einem weiten Inklusionsbegriff gefolgt werden soll. Im weiten Verständnis von schulischer Inklusion wird diese weitgehend mit Integration gleichgesetzt. Schülerinnen und Schüler mit und ohne sonderpädagogischen Unterstützungsbedarf werden gemeinsam zielgleich oder zieldifferenziert unterrichtet. Qualifikations- und Allokationsfunktion von Schule werden nicht in Frage gestellt. Die Erlangung eines Schulabschlusses wird für alle angestrebt. Zu diesem Zwecke werden auf der Basis einer multiprofessionellen Kooperation individuelle Hilfen entsprechend des sonderpädagogischen Unterstützungsbedarfes der Kinder und Jugendlichen realisiert. Gemäß dem weiten Verständnis von Inklusion erfahren die Lernenden ein hohes Maß an Gemeinschaft und Wertschätzung unabhängig vom Leistungsstand. Der Unterricht wird binnendifferenziert im Sinne einer Adaption von Lernzielen und Unterrichtsmethoden durchgeführt. Maßnahmen der äußeren Differenzierung greifen nur in Ausnahmefällen.

Der enge Inklusionsbegriff nimmt die gesellschaftliche Teilhabe von Menschen mit Behinderung in den Blick. Die separate Beschulung von Schülerinnen und Schülern mit sonderpädagogischen Förderbedarfen wird als diskriminierend erachtet, »weil die Betroffenen durch die Trennung von ›normal‹ entwickelten Gleichaltrigen wesentlicher Erfahrungs- und Bildungsmöglichkeiten beraubt würden« (Schöning & Fuchs, 2016, S. 12).

> »Welcher Akzentuierung von Inklusion man sich auch anschließen mag, geht es im Kern doch immer um die Aufgabe, jedem Einzelnen gerecht zu werden« (Schöning & Fuchs, 2016, S. 15).

Mit ihren Empfehlungen reagiert die Kultusministerkonferenz (KMK, 2011) auf die ländergemeinsamen inhaltlichen Anforderungen inklusiven Unterrichts und nimmt so ihre Aufgaben zur Bildungskoordination und -entwicklung in Deutschland wahr. Darüber hinaus ermöglicht dieses Gremium einen Erfahrungsaustausch und bemüht sich um Konsensbildung in länderübergreifenden Themenbereichen. Die KMK veröffentlicht Empfehlungen zur inklusiven Bildung von Kindern und Jugendlichen und gibt Hinweise zur Umsetzung der schulischen Inklusion von Schülerinnen und Schülern mit Behinderungen.

Die Schulgesetze, die Lehrerbildungsgesetze und die Vorgaben zur Ausgestaltung der sonderpädagogischen Förderung sind in den Bundesländern auf ein inklusives Bildungssystem ausgerichtet und unterliegen einer ständigen Aktualisierung. Dies betrifft auch weitere, im Zusammenhang mit Inklusion stehende Gesetze, Verordnungen und Erlasse.

3.1 Vor welchen Herausforderungen stehen Lehrkräfte in einem inklusiven Bildungssystem?

Bei der Gestaltung des Bildinneren ist die Schule selbst gefragt. Hier gilt es, sich mit einzelnen ausgewählten Punkten intensiver zu beschäftigen und gemeinsam das Bild von schulischer Inklusion zu schaffen, das zur eigenen Schule passt.

Die in Abbildung 3.1 genannten Punkte zur Bildgestaltung folgen weder einer Reihung noch erheben sie einen Anspruch auf Vollständigkeit. Vielmehr gibt es große Überlappungen, denn alle Schulentwicklungsthemen stehen in einem inneren Zusammenhang. Beginnt sich ein Rad zu drehen, drehen sich die anderen Rädchen mit. In der intensiven Auseinandersetzung mit einem ausgewählten Schwerpunkt werden weitere Aspekte zu akzentuieren sein. Will eine Schule beispielsweise ihr Schulprogramm um förderkonzeptionelle Gedanken erweitern, wird dies zu einem intensiveren Nachdenken über Unterrichtskonzepte und Methoden führen, was wiederum die Gedanken möglicherweise zur Gestaltung von zielgleichem und zieldifferentem Unterricht lenkt. Um sonderpädagogische Unterstützungsbedarfe besser zu verstehen, wird ein Kollegium die eigenen diagnostischen Kompetenzen hinterfragen und sich mit Nachteilsausgleich befassen.

Voraussetzung für eigenständige und gut reflektierte Schulentwicklungsprozesse ist eine intensive Auseinandersetzung mit den einzelnen Inhalten. Nicht alle als wichtig erachteten Schwerpunkte werden auf einmal zu bearbeiten sein. Schulentwicklung heißt auch, Prioritäten festzulegen und Qualifikationen auf die einzelnen Teammitglieder zuzuschneiden.

An vielen Stellen inklusiver Schulentwicklung haben Lehrkräfte bereits Erfahrungen sammeln können und bringen daher beste Voraussetzungen für innovative und kreative Gestaltungsprozesse mit. Nicht alles ist neu und anders, aber es geht darum, bewährte Instrumente pädagogischer Praxis für die Umsetzung in der inklusiven Schule zu prüfen und zu vertiefen. So bedarf es zu einigen Fragen im Zusammenhang mit dem zielgleichen und zieldifferenten Unterricht und mit dem passgenauen Einsetzen von Nachteilsausgleich möglicherweise weiterer Auseinandersetzung. Hierfür finden sich in diesem Buch einige Lösungsvorschläge.

Weitere Themen müssten über die in diesem Praxisbuch betrachteten Inhalte hinaus näher beleuchtet und aufgearbeitet werden, z. B. Themen wie diagnostische Kompetenzen oder Leistungserhebung und -feststellung in der inklusiven Schule.

3.2 Welche Aufgabenfelder ergeben sich in der inklusiven Schule?

Mit den Aussagen zu den verschieden gelagerten Herausforderungen (▶ Kap. 3.1) wurde bereits deutlich, dass die Entwicklung eines inklusiven Bildungssystems die Lehrkräfte aller Schularten vor Aufgaben stellt, die sich inhaltlich verändern.

Hierbei unterscheiden sich die Aufgabenfelder der Lehrkräfte in den verschiedenen Professionen an der einen oder anderen Stelle voneinander, aber unter dem Strich sind an einer inklusiven Schule alle tätigen Kolleginnen und Kollegen, gleich ob Regelschullehrkraft oder sonderpädagogische Lehrkraft, mit den Kindern und Jugendlichen befasst, die an der jeweiligen Schule lernen. Alle sind für ihre Schülerschaft mitverantwortlich und daran interessiert, sie bestmöglich zu unterrichten, zu beraten, zu unterstützen und zu begleiten. In diesen Prozess sind alle unterschiedlich eingebunden und bringen sich im Rahmen ihres Tätigkeitsfeldes mit ihrer Expertise ein. Sinnvoll erscheint es, die Aufgaben der einzelnen Beteiligten genau zu kennzeichnen, um ein Agieren aus der eigenen Profession heraus zu ermöglichen. Im Kapitel 7 werden beispielsweise die Verantwortlichkeiten der Regelschullehrkräfte, der Sonderpädagogin oder des Sonderpädagogen, der unterstützenden pädagogischen Fachkräfte, der Schulbegleitung und der Schulsozialarbeit betrachtet (▶ Kap. 7.2). Um eine möglichst effektive Unterstützung aller Lernenden zu erwirken, ist es ratsam zu beleuchten, welche gemeinsamen Aufgaben zu erfüllen sind und an welchen Stellen es einer deutlichen Spezialisierung bedarf. Diese arbeitsteilige und ressourcenorientierte Betrachtungsweise richtet sich danach, in welchem Zusammenhang pädagogische Aufgaben zu erfüllen sind. Geht es um die Durchführung des inklusiven Unterrichtes, werden diese hauptsächlich für Regelschullehrkräfte und sonderpädagogische Lehrkräfte arbeitsteilig zu bestimmen sein. Geht es um die individuelle Förderung aller Schülerinnen und Schüler, sind alle am Bildungs- und Erziehungsprozess Beteiligten einzubeziehen und deren Aufgaben festzuschreiben. Eine Klarheit bezüglich der in der inklusiven Schule zu erfüllenden Aufgabenfelder fördert eine Spezialisierung der beteiligten Fachkräfte und trägt dazu bei, spezifisches Fachwissen zu entwickeln, zu erweitern und effektiv zum Einsatz zu bringen.

Zu den wesentlichen Aufgabenfeldern, die Lehrkräfte in der inklusiven Schule zu erfüllen haben und deren Inhalte sich in diesem Zuge verändern, gehören Unterricht und Vermittlung, Kooperation und Zusammenarbeit,

3.2 Welche Aufgabenfelder ergeben sich in der inklusiven Schule?

Förderplanung und eigene Professionalisierung (Melzer, Hillenbrand, Sprenger & Hennemann, 2015). Diese Beschreibungen finden sich auch in den von der Kultusministerkonferenz (2019) getroffenen Aussagen zu Kompetenzen und Standards für die Lehrerbildung mit Blick auf inklusive Bildung wieder. Lehrerinnen und Lehrer sind demnach in erster Linie für das Lehren und Lernen zuständig (KMK, 2019). Sie planen, organisieren und reflektieren Lehr- und Lernprozesse sowie deren individuelle Bewertung und systemische Evaluation. Für Regelschullehrkräfte erweitert sich das Aufgabenfeld des Unterrichtens vor allem um die Berücksichtigung spezifischer Förderbedarfe und um die multiprofessionelle Kooperation (Neumann, Grüter, Eckel & Lütje-Klose, 2021). Im inklusiven Setting verändert sich dieses Aufgabenfeld darüber hinaus vor dem Hintergrund der stärkeren Berücksichtigung der individuellen Lernausgangslage jedes einzelnen Schulkindes.

Laut KMK unterstützen beispielsweise in einer Grundschule »Lehrerinnen und Lehrer […] das Kind, seinen eigenen Lernweg zu finden, und beziehen es in Entscheidungsprozesse ein. Unter der Maxime der Mitverantwortung und der Partizipation gestalten Kinder ihr Von- und Miteinanderlernen, das Schulleben und ihren Alltag. So entsteht eine Grundschule, in der Kinder gemeinsam lernen, Unterschiedlichkeit als Bereicherung empfinden und Alltagskompetenz erwerben« (KMK, 2015, S. 26). Benachteiligungen einzelner Lernender kann mit Hilfe individueller Förderprozesse begegnet werden.

»Unter individueller Förderung werden alle Handlungen von Lehrerinnen und Lehrern und von Schülerinnen und Schülern verstanden, die mit der Intention erfolgen bzw. die Wirkung haben, das Lernen der einzelnen Schülerin/des einzelnen Schülers unter Berücksichtigung ihrer/seiner spezifischen Lernvoraussetzungen, -bedürfnisse, -wege, -ziele und -möglichkeiten zu unterstützen« (Kunze & Solzbacher, 2008, S. 19).

Die Umsetzung der individuellen Förderung erfolgt in der Zusammenarbeit im multiprofessionellen Team (▶ Kap. 7.2).

Die Erziehungsaufgabe der Lehrkräfte ist sowohl mit dem unterrichtlichen Geschehen als auch mit dem gesamten Schulleben verbunden. Vornehmlich geht es um ein soziales Miteinander aller und darum, Verantwortung für sich und andere zu übernehmen.

Das Aufgabenfeld Erziehen ist für die Lehrkräfte im inklusiven Setting häufig verknüpft mit den Herausforderungen, die mit der inklusiven Beschulung von Kindern und Jugendlichen mit Verhaltensstörungen einhergehen (▶ Kap. 4.3).

3 Einführende Überlegungen zum Thema schulische Inklusion

Wichtig ist und bleibt es, Lösungsansätze für Schwierigkeiten und Konflikte in Schule und Unterricht zu finden (KMK, 2004). Es wird künftig eine intensivere Auseinandersetzung mit dem Begriff der Erziehung und mit unterschiedlichen Erziehungsansätzen sowie eine aktive Reflexion des eigenen Erziehungsverhaltens geben müssen, um in der inklusiven Schule präventiv wirksam werden und intensive Förderbedarfe möglichst verhindern zu können.

Das Beurteilen ist Bestandteil fast jeder Unterrichtsstunde. Dazu gehört es, Entwicklungsstände zu erfassen, Lernvoraussetzungen zu erheben, Lernbedürfnisse wahrzunehmen und Lernfortschritte zu erkennen. Die Erkenntnisse aus solchen Beobachtungen tragen dazu bei, Lernprozesse nachhaltig zu entwickeln und zu fördern.

Die Schülerinnen und Schüler bringen sehr unterschiedliche Lernvoraussetzungen mit. Diese richtig einzuschätzen und bei der Planung und Durchführung des Unterrichtes entsprechend zu berücksichtigen, erfordert ein hohes Maß an Diagnose- und Beurteilungskompetenz.

Erziehungsaufgaben in der Schule gestalten sich in enger Zusammenarbeit mit den Eltern. Lehrkräfte beraten und beurteilen im Unterricht und setzen in diesem Zusammenhang pädagogisch-psychologische und diagnostische Kompetenzen ein.

Der Beruf der Lehrerin und des Lehrers ist untrennbar mit der Aufgabe des eigenen lebenslangen Lernens verbunden. Fachwissen, aber auch die pädagogischen Fähigkeiten und Fertigkeiten sollten stetig weiterentwickelt werden. Niemand bleibt auf der Stelle stehen, sondern setzt sich mit wissenschaftlichen Erkenntnissen auseinander, wendet diese in der unterrichtlichen Praxis an und evaluiert sie. Wichtig erscheint es hierbei, die gewonnenen Einsichten auf die Gegebenheiten der eigenen Schule zu übertragen und neue Strukturen gemeinsam mit dem pädagogischen Team zu etablieren und kontinuierlich weiterzuentwickeln.

Aus den beschriebenen Kompetenzen und Standards ergeben sich inhaltliche Schwerpunkte im Hinblick auf Unterrichts- und Förderprozesse. Der Umgang mit Diversität und Heterogenität werden als Bedingungen von Schule und Unterricht betrachtet und fließen in das Aufgabenspektrum von Lehrkräften ein. Ebenso gilt es, das Aufgabenfeld von Diagnostik, Beurteilung und Beratung für die Diagnose und Förderung individueller Lernprozesse sowie für Leistungsmessungen und Leistungsbeurteilungen mitzudenken.

Sonderpädagogische Lehrkräfte nehmen innerhalb der Entwicklung hin zu einem inklusiven Bildungssystem stärkere Veränderungen hinsichtlich ihrer Aufgabenfelder wahr. Während sie an den Förderschulen hauptsächlich unterrichtende Tätigkeiten wahrnahmen, sind es nunmehr unterstützende und beratende Aufgaben. In der Ausbildung von Sonderpädagoginnen und

Sonderpädagogen werden zusätzlich zur sonderpädagogischen Expertise auch fachdidaktische Kompetenzen in mindestens einem Fach im Regelschullehramt erworben. Somit ist ein Einsatz als Lehrerin oder Lehrer im Fachunterricht nach wie vor gegeben. Die sonderpädagogische Expertise kommt in der inklusiven Schule in folgenden Bereichen zum Tragen:

- Formulierung und Überprüfung von individuellen Förderplänen,
- individuelle Förderung von Schülerinnen und Schülern mit besonderen Unterstützungsbedarfen,
- Entwicklung und Durchführung von besonderen Fördermaßnahmen im Unterricht,
- Entwicklung und Durchführung von besonderen Förderangeboten, die über den Unterricht in der Klasse hinausgehen und
- Feststellung von sonderpädagogischem Unterstützungsbedarf (Neumann, Grüter, Eckel & Lütje-Klose, 2021).

Beratungsprozesse erfahren in der inklusiven Schule einen höheren Stellenwert als bislang. Sie beziehen sich sowohl auf die Zusammenarbeit mit den Lernenden und deren Eltern als auch auf die am Bildungsprozess beteiligten Fachkräfte wie Lehrerinnen und Lehrer, pädagogisches Fachpersonal oder Kolleginnen und Kollegen außerschulischer Einrichtungen.

Jede Lehrperson steht vor der Aufgabe, die Schülerinnen und Schüler individuell in ihrem Lernprozess zu unterstützen und zu beraten. Hierbei müssen Lernprozesse transparent gestaltet und individuelle Rückmeldungen zu Lernergebnissen vermittelt werden.

Der Beratungskompetenz wird allein schon aus dem Grund künftig eine höhere Bedeutung zukommen, als dass deutlich mehr Personen an unterschiedlichen Schnittstellen miteinander kooperieren und alle aufgefordert sind, sich entsprechend ihrer Expertise in Beurteilungsprozesse und Förderplanung als auch in Prozesse der Konfliktbewältigung einzubringen.

Eine strikte Trennung der Aufgaben in der inklusiven Schule wird in Anbetracht von Überlappungsbereichen nur schwerlich möglich sein. Jedoch erscheint es, auch in Anbetracht zur Verfügung stehender Ressourcen, notwendig, die Rollen und Aufgaben im multiprofessionellen Team zu klären, um einen Modus effektiver Arbeitsteilung zu etablieren.

Die vorangegangene kurze Beschreibung der Aufgabenfelder macht deutlich, dass in jedem einzelnen Bereich immer neue Herausforderungen im Zusammenhang mit der Entwicklung eines inklusiven Bildungssystems auf alle Fachkräfte zukommen. Abhängig davon, welche Brille man bei der Auseinandersetzung mit den schulischen Aufgabenfeldern in einem inklusiven Bildungssystem aufsetzt, ob die Brille der Regelschullehrkraft oder die sonderpädagogische Brille, unterscheiden sich die Schwerpunkte punktuell voneinander. Die unterschiedlichen Professionen sind unterschiedlich häufig und unterschiedlich intensiv mit den einzelnen Schwerpunkten befasst. Ziel sollte es sein, dass sich die am Prozess beteiligten Fachkräfte mit ihrer Expertise so einbringen, dass sie Erfahrungen von eigener Entlastung bei geteilter Verantwortung sammeln können.

3.3 Die Besonderheiten schulischer Inklusion in der Grundschule

Unter Grundschule oder Primarstufe wird die erste Stufe im deutschen Schulsystem verstanden und meint dabei zumeist die Klassen eins bis vier. In den Bundesländern Berlin und Brandenburg kann die Grundschule bis zur 6. Klasse geführt werden.

Deutschlandweit ringen die Kollegien der Grundschulen in bemerkenswerter Weise um eine Schulprogrammentwicklung, die alle jungen Schulkinder in ihrer Individualität in den Blick nimmt. Das Lernen in heterogenen Gruppen und der Einbezug aller Schülerinnen und Schüler mit und ohne sonderpädagogischen Unterstützungsbedarf stehen im Mittelpunkt der pädagogischen Anstrengungen. Empirische Ergebnisse zeigen, dass die Zielstellung der UN-Konvention, eine steigende Zahl von Schülerinnen und Schülern mit einem sonderpädagogischen Förderbedarf an Regelschulen zu unterrichten, in Deutschland durchaus erreichbar ist, wenngleich dieser Prozess auch nur langsam vorankommt und in den einzelnen Bundesländern unterschiedlich verläuft (Hollenbach-Biele & Klemm, 2020). Für die meisten Grundschulen steht nicht mehr die Frage im Raum, *ob* sie sich zu einer inklusiven Grundschule entwickeln, sondern *wie* dieser Prozess inhaltlich ausgestaltet werden kann. Dass die Schulen dabei jeweils eigene Wege gehen, hängt von den Gegebenheiten im jeweiligen Bundesland, den regionalen Bedingungen und sozialen Faktoren ab. Eine Vereinheitlichung wird es an dieser Stelle nicht geben können. Vielmehr gilt es, möglichst allen Schülerinnen und Schülern die erfolgreiche Teilhabe am Bildungsprozess zu ermöglichen, jedwede Ausgrenzung zu vermeiden und die Lernfreude der Kinder und das Vertrauen in ihre Leistungsfähigkeit zu stärken.

Die Gestaltung des Überganges von der Kindertagesstätte in die Grundschule stellt eine besonders sensible Schnittstelle in der Bildungsbiografie der Kinder dar. Damit dieser Transitionsprozess gelingen kann, ist die Kooperation von Erzieherinnen und Erziehern, Lehrkräften und Eltern wesentlich (Hanke, Backhaus & Bogatz, 2013). Die in der Kindertagesstätte angelegte Bildungsdokumentation liefert den Lehrkräften im Anfangsunterricht wertvolle Hinweise für eine anschlussfähige individuelle Förderung der Schulanfängerinnen und -anfänger.

Nach dem Ende der Grundschulzeit ist der Übergang in die weiterführende Schule mit einer ebensolchen Sorgfalt zu gestalten und zu begleiten und macht auch an dieser Schnittstelle eine enge Zusammenarbeit der Lehrkräfte der verschiedenen Schularten unerlässlich.

Ein großer Vorteil der inklusiven Grundschule liegt darin, dass die Kinder, die gemeinsam eine Kindertagesstätte besuchten, meist in einer Klasse zusammen lernen können. So macht kein Kind die Erfahrung von Aussonderung durch den Besuch einer Förderschule. Niemand wird ausgeschlossen. Soziale Kontakte bleiben bestehen, werden weiterentwickelt und bilden die Basis dafür, zu einer Lerngemeinschaft zusammenzuwachsen. Die damit einhergehende Heterogenität der Schülerschaft bildet sich besonders auf der Ebene der Lernvoraussetzungen, die die jungen Schulkinder mitbringen, ab.

Die Grundschule trägt der Heterogenität ihrer Schülerinnen und Schüler durch einen an deren Lernausgangslage orientierten individualisierenden und differenzierenden Unterricht Rechnung. Inhaltliche und didaktische Entscheidungen sowie Festlegungen hinsichtlich zielgerichteter Methoden, Sozialformen, Arbeitsweisen und Aufgabenformate treffen die Lehrkräfte auf der Basis der individuellen Voraussetzungen und Bedürfnisse der Lernenden (KMK, 2015).

Diese Forderung macht ein hohes Maß an individueller Förderung bereits im Anfangsunterricht notwendig. Die Festigung der Vorläuferfähigkeiten für den Start in das Erlernen des Lesens, Schreibens und Rechnens ist Schwerpunkt der pädagogischen Arbeit am Schulbeginn. Nicht alle Kinder verfügen gleichermaßen über die Grundlagen, die für einen erfolgreichen Lernbeginn notwendig sind. Ein rechtzeitig initiierter und zielgerichteter Förderunterricht kann die Chance bieten, möglichst vielen Kindern den Anschluss an das Lernen im zielgleichen Unterricht zu ermöglichen und benachteiligende Lernvoraussetzungen auszugleichen.

Die Grundschule hat die Aufgabe, die Inhalte in den Bereichen Lesen, Rechtschreiben und Rechnen zu vermitteln, die die Grundlagen für das weitere schulische Lernen darstellen. In den ersten Schuljahren wird das Fundament für den weiterführenden Bildungsweg gelegt.

Im Bemühen darum, jedes Kind in seiner Individualität anzunehmen und es auf seinem individuellen Lernweg zu begleiten und zu unterstützen, gibt es eine Vielzahl von Überlegungen zur Realisierung einer adäquaten individuellen Förderung. So entwickeln Lehrkräfte Lernarrangements, die von den individuellen Vorerfahrungen, den individuellen Fähigkeiten sowie den besonderen Interessen und Begabungen der Kinder ausgehen. Dabei gilt es, diesen hohen Ansprüchen und den Vorgaben der Rahmenpläne bzw. dem Erreichen von Bildungsstandards (▶ Kap. 4.3) gerecht zu werden. Der besondere pädagogische Anspruch besteht darin, Schulschwierigkeiten rechtzeitig entgegenzuwirken und Auffälligkeiten im Bereich der emotionalen und sozialen Entwicklung frühestmöglich zu identifizieren. Eine gut durchdachte und bedarfsorientierte Präventionsstrategie unter Verwendung systematischer effektiver Präventionsmaßnahmen sind in diesem Zusammenhang Kennzeichen einer inklusiven Grundschule.

Für die Umsetzung der vielschichtigen und weitreichenden Vorhaben stehen den Lehrkräften mittlerweile mannigfache Diagnose- und Fördermaterialien zur Verfügung. Bei der Fülle an Angeboten drohen Lehrkräfte mitunter Gefahr zu laufen, den Überblick zu verlieren oder Materialien zum Einsatz zu bringen, die ggf. am Ziel vorbeilaufen oder deren Wirksamkeit fraglich erscheint. Sicher täte man gut daran, die Schülerinnen und Schüler mit Förderprogrammen zu unterstützen, mit denen nachgewiesenermaßen Lernerfolge erzielt werden. Sollten Materialien noch nicht über entsprechende Nachweise verfügen, ist zu prüfen, welche Zielstellung das jeweilige Instrument verfolgt und ob diese mit dem pädagogischen Vorhaben deckungsgleich ist. Darüber hinaus bleibt nicht außer Acht zu lassen, dass jede Schule nur über eine gewisse Auswahl an Diagnose- und Fördermaterial verfügen kann, denn einerseits wächst das Angebot in diesem Bereich deutlich und andererseits bewegen sich die Schulen im Rahmen der ihnen zur Verfügung stehenden Mittel.

Gelingt es den Grundschullehrkräften,

* eine Lerngemeinschaft zu gestalten, in der jedes Kind in seiner Individualität wertgeschätzt wird und einen Platz findet, in der es sich durch Auseinandersetzung mit den Positionen der anderen und durch gemeinsames Handeln entwickeln kann sowie
* Lerninhalte und -aufgaben zu bieten, die für jedes Kind mehrdimensional persönliche Anknüpfungspunkte, bewältigbare Herausforderungen, eine gute Basis für die Aneignung des Weltwissens und die Einübung in die Grundlagen ermöglichen (Hellmich & Blumberg, 2017),

sind gute Voraussetzungen für den inklusiven Unterricht in der Grundschule geschaffen. Hierzu bedarf es intensiver Schulentwicklungsprozesse, die sowohl pädagogische Haltungen als auch Unterrichtskonzepte und Methoden sowie die Kooperation in multiprofessionellen Teams einschließen. »Und nicht zuletzt muss wie bei jeder Neuerung das Neue getan werden, ehe die Bedingungen dafür schon entwickelt werden konnten« (Hellmich & Blumberg, 2017, S. 20).

3.4 Die Besonderheiten schulischer Inklusion in der Sekundarstufe

Der inklusive Entwicklungsprozess im Sekundarbereich gestaltet sich um einiges schwieriger. Der Versuch der Fortführung erfolgreicher Inklusionsbemühungen an der Grundschule scheitert in der weiterführenden Schule oft schon daran, dass das gegliederte Bildungssystem in Deutschland im Sekundarbereich deutlich auf Separation ausgerichtet ist. Ab der 7. Klasse wird die Schulform besucht, die den angestrebten Bildungsabschluss bietet. Während Schülerinnen und Schüler mit sonderpädagogischem Unterstützungsbedarf im Grundschulalter vorrangig gemeinsam beschult werden, zielen Empfehlungen zum Förderort im weiterführenden Bereich nach wie vor eher auf Sonderbeschulung ab. Wird ein gemeinsamer Unterricht für Kinder und Jugendliche mit sonderpädagogischem Unterstützungsbedarf ermöglicht, unterscheiden sich die Zahlen der in den weiterführenden Bildungswegen inklusiv unterrichteten Schülerinnen und Schüler stark voneinander. Während in Gymnasien im Schuljahr 2018/19 lediglich 6,9 % der inklusiv beschulten Kinder und Jugendlichen unterrichtet wurden, waren es in Gesamtschulen immerhin 42,6 %. Der Großteil weist entweder einen sonderpädagogischen Unterstützungsbedarf im Schwerpunkt Lernen, im Schwerpunkt emotional-soziale Entwicklung oder im Schwerpunkt Sprache auf. Kinder und Jugendliche mit anderen sonderpädagogischen Unterstützungsbedarfen werden im Gegensatz zur Grundschule im Sekundarbereich immer seltener inklusiv beschult. Lernende mit sonderpädagogischem Unterstützungsbedarf im Schwerpunkt Geistige Entwicklung findet man in der Sekundarstufe I kaum (Hollenbach-Biele & Klemm, 2020).

Schwierigkeiten in der Umsetzung inklusiver Beschulung in der Sekundarstufe ergeben sich in der eigentlichen Unterrichtsgestaltung. Das in der Sekundarstufe geltende Fachlehrerinnen- und Fachlehrerprinzip erschwert die für die individuelle Förderung der Kinder und Jugendlichen nötigen Absprachen. Förderplanung und gemeinsamer Unterricht sind schwerer umzusetzen (Amrhein, 2011). Für die Beschulung einer heterogener werdenden Schüler-

3 Einführende Überlegungen zum Thema schulische Inklusion

schaft mangelt es Regelschullehrkräften »... an diagnostischen Kompetenzen und Handlungskompetenzen, mit denen sie einerseits feststellen können, welche Störungsbilder vorliegen, und andererseits abwägen können, welche Interventionen funktional erscheinen« (Kiel, 2015, S. 13). Hinzu kommt ein hoher Anspruch an die Fachdidaktiken. Ist ein differenzierender und individualisierender Unterricht in der Grundschule durch Faktoren wie das Prinzip der Klassenleitung, projektbezogenen oder offenen Unterricht der fächerübergreifend oder fächerverbindend gestaltet ist und zieldifferente Lernarrangements relativ gut umsetzbar, gestaltet sich dieser Anspruch im Fächerkanon der weiterführenden Schule ungleich komplizierter.

> Spätestens bei der Einführung von linearen Funktionen werden weder Veranschaulichungsmittel noch anderweitige Hilfsmittel eine Schülerin oder einen Schüler mit großen Lernschwierigkeiten so unterstützen können, dass ein zielgleiches Lernen möglich wird. Den Begriff der Funktion zu erfassen, kann durchaus gelingen, aber die sichere Anwendung und das graphische Darstellen von Funktionsgleichungen und das Aufstellen eines Funktionsterms stellt diese Schülerinnen und Schüler vor große Schwierigkeiten.

Die Lehrkräfte im Sekundarstufenbereich sehen sich hier also einmal mehr vor herausfordernden Aufgaben. Es steht die Frage im Raum, wie die Lernenden in ihrer Auseinandersetzung mit dem Lerngegenstand, in diesem Falle mit den Linearen Funktionen, unter Beachtung der individuellen Lernausgangslage unterstützt werden können. Mit jeder Klassenstufe steigen die Lernansprüche in den Unterrichtsfächern. Hier geht es darum, sonderpädagogische Unterstützung in der Weise zum Einsatz kommen zu lassen, dass möglichst viele Schülerinnen und Schüler einen Schulabschluss erreichen, der den Zugang zu einem Ausbildungsberuf oder zu höherer schulischer oder akademischer Bildung ermöglicht. Und es geht darum, »den normativen Anspruch, der sich mit dem Inklusionsbegriff verbindet, auch didaktisch einzulösen« (Riegert & Musenberg, 2015, S. 24).

4

Schülerinnen und Schüler in heterogenen Lerngruppen

4.1 Heterogenität im Überblick

Der Inklusionsgedanke geht auf ein pädagogisches Ethos zurück, »... das eigentlich immer schon galt und doch immer wieder im fordernden Alltag fast verloren geht. Jeder Mensch ist einzigartig und – bei allen Unterschieden, die uns zu eigen sind – von uneingeschränktem Wert! Darum gebührt jedem Individuum, jedem Kind, jedem Jugendlichen, jedem Erwachsenen Respekt und Achtung« (Bönsch, 2018, S. 279).

Die Bemühungen der Bildungspolitik um schulische Inklusion erleben die Lehrerinnen und Lehrer am stärksten in der wachsenden Heterogenität der Schülerschaft. Dabei reicht die Bandbreite von Schülerinnen und Schülern mit unterschiedlichsten sonderpädagogischen Bildungs-, Beratungs- und Unterstützungsbedarfen bis hin zu Kindern und Jugendlichen, die hochbegabt sind. Diese Schülerinnen und Schüler lernen unterschiedlich gut, unterschiedlich erfolgreich, unterschiedlich gern und unterschiedlich schnell. Der Gedanke, dass Kinder und Jugendliche auch sehr viele Gemeinsamkeiten haben, darf in diesem Zusammenhang nicht aus dem Auge verloren werden. Erlebnisse, die die Kinder und Jugendlichen gemeinsam freuen, Witze, über die sie gemeinsam lachen, Rituale, die sie gemeinsam entwickeln, finden sich in jeder Klasse. Dem Gemeinschaftssinn ist bei aller Diversität, bei allen Bemühungen um Differenzierung und Individualisierung eine hohe Priorität einzuräumen. Wenn alle Schülerinnen und Schüler lernen und begreifen, dass sie als Lerngemeinschaft in einem Boot sitzen und füreinander einstehen, kann es gelingen, junge Persönlichkeiten zu bilden und zu erziehen, die eine zukünftige Gesellschaft gestalten, in der Solidarität und Zusammenhalt tragfähige Werte darstellen.

Die Heterogenität im Klassenzimmer bildet sich, neben anderen Differenzmerkmalen, unter anderem in sonderpädagogischen Förderschwerpunkten ab. Diese werden in Empfehlungen der Kultusministerkonferenz aufgeführt und ausführlich beschrieben. An dieser Stelle wird ein kurzer Überblick gegeben.

Schülerinnen und Schüler mit dem Förderschwerpunkt Sprache

Störungen im Bereich der Sprache und des Sprechens können sich bei Kindern und Jugendlichen auf unterschiedliche Weise zeigen, z. B. in eingeschränktem Sprachverständnis, nicht altersgerecht entwickeltem Wortschatz, unverständlicher Aussprache oder fehlerhaft verwendeter Grammatik. Auch Störungen des Redeflusses werden unter dem Förderschwerpunkt Sprache gefasst.

Alle beschriebenen Sprach- und Sprechstörungen können isoliert auftreten. In den meisten Fällen sind bei Schülerinnen und Schülern mit dem Förderschwerpunkt Sprache mehrere Sprachebenen betroffen. Zu berücksichtigen sind die phonetisch-phonologische, die morphologisch-syntaktische, die semantisch-lexikalische und die pragmatisch-kommunikative Sprachebene.

Schülerinnen und Schüler mit dem Förderschwerpunkt körperlich-motorische Entwicklung

Schülerinnen und Schüler erhalten einen sonderpädagogischen Unterstützungsbedarf im Schwerpunkt körperlich-motorische Entwicklung, wenn sie infolge einer medizinisch beschreibbaren Schädigung oder einer chronischen Krankheit so in ihren Verhaltensmöglichkeiten beeinträchtigt sind, dass ihre individuellen Tätigkeiten und die Selbstverwirklichung innerhalb sozialer Interaktion erschwert sind. Wie bedeutsam die körperliche Behinderung ist, wird von den Aktivitäts- sowie Partizipationsmöglichkeiten beeinflusst, die in einer Gesellschaft gegeben sind oder erschwert werden (Lelgemann, Singer & Walter-Klose, 2015). Ein sonderpädagogischer Förderbedarf wird bei Kindern und Jugendlichen festgestellt, die aufgrund ihrer körperlichen und motorischen Ausgangslage in ihren Bildungs-, Entwicklungs- und Lernmöglichkeiten beeinträchtigt sind und ohne sonderpädagogische Unterstützung nicht hinreichend im Unterricht der allgemeinen Schule gefördert werden können (Drave, Rumpler, Wachtel, 2000). Der Ausprägungsgrad reicht von leichten Formen bis hin zu schwersten Symptomatiken und kann sich auf einzelne Körperteile, Körperbereiche oder den gesamten Körper beziehen.

Häufigste Ursachen für körperliche Behinderungen sind Beeinträchtigungen oder Schädigungen des Bewegungsapparates, Erkrankungen des zentralen Nervensystems und Fehlbildungen des Skelettes. Flankierend können Auffälligkeiten wie z. B. eine eingeschränkte Mobilität, eine erschwerte Informationsaufnahme und -verarbeitung oder ein nicht altersgerecht entwickeltes Körperbewusstsein beobachtet werden.

Schülerinnen und Schüler mit dem Förderschwerpunkt Hören

Wenn Schülerinnen und Schüler auf bestimmte Geräusche verändert oder gar nicht reagieren, Geräusche nicht wahrzunehmen scheinen, immer wieder nicht auf Fragestellungen oder verbale Anweisungen reagieren, können dies Hinweise auf eine mögliche Hörbeeinträchtigung sein.

Die Ausprägungsgrade reichen von Schwerhörigkeit bis zur Gehörlosigkeit. Die Schwierigkeiten im Bereich des Hörens können sich besonders auf den Lese- und Schreiblernprozess auswirken, da eine phonematische Differenzierung nur schwer erfolgt.

Die Sprache und das Sprechen sind bei Kindern und Jugendlichen mit Hörproblemen meist stark beeinträchtigt.

Schülerinnen und Schüler mit dem Förderschwerpunkt Sehen

Sehschädigungen zeigen sich in unterschiedlichen Arten und Ausprägungsgraden. Sie reichen von einer Herabsetzung bis hin zum vollständigen Ausfall des Sehvermögens.

Tritt die Sehbehinderung in Form einer Sehschwäche auf, ist noch ein eingeschränktes Sehvermögen vorhanden, jedoch sind spezielle Hilfen in vielen Lernsituationen und in der Alltagsbewältigung nötig.

Bei blinden Kindern und Jugendlichen ist die Sehleistung so stark beeinträchtigt, dass der Sehsinn nicht aktiv genutzt werden kann. Lerninhalte werden überwiegend über andere Sinne erschlossen.

Technische Hilfsmittel wie beispielsweise Schulbücher in Brailleschrift oder tastbare Landkarten helfen den Kindern und Jugendlichen mit dem Förderschwerpunkt Sehen, angestrebte Lernziele zu erreichen.

Schülerinnen und Schüler mit sonderpädagogischen Unterstützungsbedarf im Schwerpunkt geistige Entwicklung

Schülerinnen und Schüler mit sonderpädagogischen Unterstützungsbedarf im Schwerpunkt geistige Entwicklung sind in ihrer kognitiven Leistungsfähigkeit stark beeinträchtigt, wobei die Ausprägungsgrade variieren. Wahrnehmungsumfang, Denkbeweglichkeit, Gedächtnis und Aufmerksamkeit sind eingeschränkt und Denktätigkeiten erfolgen nicht altersgerecht. Bei der Entwicklung von Wahrnehmung, Sprache, Motorik, Denken und Handeln ist ein hohes Maß an individuellen Hilfestellungen und Unterstützungsmaßnahmen nötig. Mitunter benötigen Kinder und Jugendliche mit dem Förderschwerpunkt geistige Entwicklung im schulischen Alltag Hilfen im Bereich der Selbstversorgung, wie zum Beispiel beim An- und Ausziehen, dem Toilettengang und der Körperhygiene.

Unterricht bei Krankheit

Im Bereich des sonderpädagogischen Unterstützungsbedarfes kranker Schülerinnen und Schüler wird ein Förderbedarf bei Krankheit, Krankenhausaufenthalt und bei lang andauernden und chronischen Erkrankungen beschrieben. Der Unterricht orientiert sich an den Rahmenplänen der besuchten Schulform und kann in einer Klinikschule, im Krankenhaus oder zu Hause erteilt werden. Ausschlaggebend für die didaktisch-methodische Gestaltung der Lernangebote sind der Gesundheitszustand und die individuelle Belastbarkeit der erkrankten Kinder und Jugendlichen. Ziel der Beschulung bei Krankheit ist es, ein möglichst hohes Maß an Anschlussfähigkeit an den Unterricht in der Herkunftsschule zu ermöglichen. Dafür bedarf es der Kooperation der Lehrkräfte im Krankenhaus-, Klinik- oder Hausunterricht, der behandelnden Ärztinnen und Ärzte sowie der betreuenden medizinischen Fachkräfte und der Lehrkräfte der Heimatschule.

Schülerinnen und Schüler mit sonderpädagogischem Unterstützungsbedarf in den Schwerpunkten Lernen (▶ Kap. 4.2) und emotional-soziale Entwicklung (▶ Kap. 4.3) werden in den folgenden Kapiteln ausführlicher betrachtet.

4.2 Kinder und Jugendliche mit Lernschwierigkeiten

Vielen Kindern und Jugendlichen fällt das Lernen leicht. Sie eignen sich Wissen mühelos an und verfügen über Anpassungsstrategien an das komplexe System Schule mit dessen breitem Fächerkanon, wechselnden Lehrpersonen, qualitativ hochwertigem oder auch weniger gutem Unterricht. Auftretende Lernprobleme schaffen sie meist selbst aus dem Weg, indem sie die Probleme wahrnehmen, analysieren und Strategien zur Problemlösung anwenden.

Wenn bei Schülerinnen und Schülern das Lernen jedoch nicht erwartungsgemäß erfolgt und Lernschwierigkeiten auftreten, wird eine Nichtpassung zum bestehenden System deutlich. Diese Nichterfüllung der Leistungserwartung der Schule ist für die betroffenen Kinder und Jugendlichen oftmals nicht einfach. Die Eltern dieser Lernenden wünschen sich, unabhängig davon, wann und wie umfassend, dauerhaft und schwerwiegend die Lernschwierigkeiten auftreten, eine optimale individuelle Förderung für ihre Kinder, damit sie die Anforderungen der jeweiligen Schulart möglichst bewältigen und einen Schulabschluss erwerben. Dazu bedarf es pädagogischer Unterstützung im schulischen Lernen bis hin zu sonderpädagogischer Unterstützung bei gravierenden Lernschwierigkeiten, wobei die Übergänge innerhalb der Ausprägungsgrade von Schwierigkeiten fließend sein können.

Zur näheren Kennzeichnung der Zielgruppe der Kinder und Jugendlichen, bei denen sich Schwierigkeiten im Lernen in mehr oder weniger deutlichem schulischen Leistungsversagen niederschlagen, haben sich inzwischen Begriffssysteme durchgesetzt. Hier wird der Versuch unternommen, die Auffälligkeiten der Lernenden näher zu beschreiben und voneinander abzugrenzen. Auf den ersten Blick scheint dieses Vorgehen für die schulische Förderpraxis wenig unterstützend zu sein. Dort gilt zunächst, unabhängig von Begriffen: Wenn Schwierigkeiten im Lernen auftreten, sind Lernhilfen und Lernförderung zur Verfügung zu stellen – und zwar rechtzeitig (Heimlich, 2009). Auf den zweiten Blick können aussagekräftige Arbeitsbegriffe zu Zielgruppen der Förderung hilfreich sein. Sie erleichtern die Kommunikation und Arbeitsteilung in pädagogischen Teams und führen dazu, vorhandene Förderressourcen sinnvoll zu bündeln (Diehl, Hartke & Mahlau, 2020). Pädagoginnen und

Pädagogen werden im Umgang mit Lernschwierigkeiten mit Rechtsvorschriften der Bundesländer konfrontiert. Auch ratsuchende Eltern erwarten eine fachliche Expertise der Lehrkräfte, um sich im Dschungel der Begriffe zurecht zu finden (Gold, 2016).

Natürlich dürfen Begriffssysteme zu Lernschwierigkeiten nicht zur Folge haben, Lernende zu stigmatisieren, auszugrenzen oder durch Zuschreibungen dauerhaft gedanklich in Gruppen zu clustern. Eine genaue Beschreibung von Art und Ausmaß der Problematik kann helfen, die mit dem Begriff bezeichnete Zielgruppe inhaltlich näher zu bestimmen, die Erscheinungsformen zu verstehen und Schlussfolgerungen für die Förderpraxis abzuleiten.

Was verstehen wir nun unter Lernschwierigkeiten? Welche weiteren Begriffe sind hilfreich, um die Gruppe der Lernenden mit Lernschwierigkeiten näher zu betrachten?

Lernschwierigkeiten

Der Begriff Lernschwierigkeiten ist eher weit gefasst und wird als Ober- bzw. Sammelbegriff für verschiedene Ausprägungen eines Scheiterns an Lernanforderungen bezeichnet, die sich meist in schulischen Minderleistungen manifestieren (Diehl, Hartke & Mahlau, 2020; Gold, 2016). Die Komplexität dieser Lernprobleme ist vielschichtig. Eine missglückte Lernzielkontrolle bzw. das Nichtverstehen eines Lerninhaltes oder Lernschrittes wird nicht zwangsläufig zu Lernschwierigkeiten führen. Wenn jedoch Leistungsanforderungen in einem oder mehreren Fächern nicht oder gerade noch so erfüllt werden und Kompetenzen unzureichend entwickelt bleiben, wird sich das unter Umständen schnell in Form von schlechten Noten in der Leistungsbewertung oder einem umfangreichen Leistungsversagen niederschlagen.

Betrachten Pädagoginnen und Pädagogen Lernschwierigkeiten im Rahmen einer Kind- Umfeld-Analyse näher, wird deutlich, dass diese häufig in Verbindung mit erschwerten Lernsituationen zu sehen sind (Heimlich, 2009) und ein Zusammenhang mit bestehenden Umwelteinflüssen besteht. Neben individuellen Faktoren, sozialen und familiären Gegebenheiten im häuslichen Umfeld, Merkmalen des Unterrichts und der Schule, Ausgrenzungs- und Stigmatisierungsprozessen in der Lerngruppe (Textor, 2018) können eine Vielzahl weiterer Faktoren Lernschwierigkeiten begünstigen und Schulerfolg letztendlich verhindern.

Lernschwäche

Lernende mit einer *Lernschwäche* ringen häufig die gesamte Schulzeit damit, dass ihre Lernleistungen in einzelnen oder mehreren Fächern meist knapp unterhalb der alters- und klassenbezogenen Durchschnittsleistung liegen, wobei die allgemeine Intelligenz als noch durchschnittlich beschrieben wird. Ein sonderpädagogischer Unterstützungsbedarf wird aufgrund der beschriebenen Kriterien nicht angenommen. Die Aktivitäten des täglichen Lebens, bei denen die Fähigkeiten des Lesens, Rechtschreibens und/oder Rechnens benötigt werden, sind bei den Lernenden deutlich eingeschränkt. Trotz ihrer Lernproblematik bleibt ihnen größtenteils ein Anspruch auf Förderressourcen und Nachteilsausgleich verwehrt.

Lernstörung

Die unterdurchschnittlichen Lernleistungen von Lernenden mit einer Lernstörung sind im Gegensatz zu Lernenden mit einer Lernschwäche erwartungswidrig, da diese Lernenden meist über zumindest durchschnittliche allgemeine Intelligenzleistungen verfügen. Auch bei ihnen zeigen sich deutliche schulische Minderleistungen in einem oder mehreren Lernbereichen. Die beispielsweise hohe Fehleranzahl in Diktaten, das Unvermögen, flüssig zu lesen, oder das Nichtbewältigen grundlegender mathematischer Anforderungen sind für Eltern und Lehrkräfte aufgrund der doch ansonsten durchaus schnellen Auffassungsgabe der Lernenden zunächst kaum erklärbar. Den meisten Pädagoginnen und Pädagogen sind die Probleme dieser Kinder und Jugendlichen unter dem Begriff *Teilleistungsstörungen* geläufig. Verwaltungsvorschriften der Bundesländer bemühen den durch die KMK (2003) geprägten Begriff der *besonderen Schwierigkeiten im Lesen, Schreiben und Rechnen* und regeln den Umgang mit Nachteilsausgleich. In den meisten Bundesländern eröffnet erst die förmliche Anerkennung einer Lernstörung nach Definition der ICD-10 den Zugang zu besonderen Maßnahmen. Lernende mit einer kombinierten Störung schulischer Fertigkeiten sind in dieser Gruppe ebenfalls zu benennen. Bei ihnen zeigen sich sowohl Beeinträchtigungen der Lese- und Rechtschreibfähigkeiten als auch der Rechenfertigkeiten.

Ob Lernschwäche oder Lernstörung – eine Ausdifferenzierung der beiden Begriffe sorgt in der Praxis häufig für Verwirrung, denn Lehrkräfte müssen immer wieder abtasten: Worin unterscheiden sich die Kinder und Jugendlichen eigentlich? Was steht schulrechtlich wem, wie oder auch nicht zu? Die Unterscheidung zwischen den Begriffen ist auch wissenschaftlich umstritten.

Hier geht man davon aus, dass auf den Begriff Lernstörung verzichtet werden kann und der eher weiter gefasste Begriff Lernschwäche die Lernenden mit deutlichen schulischen Minderleistungen und normal ausgeprägter Intelligenz insgesamt treffend umschreibt.

Sonderpädagogischer Unterstützungsbedarf im Schwerpunkt Lernen

Kinder und Jugendliche mit gravierenden Lernproblemen stellen eine weitere Teilmenge innerhalb der Gruppe der Lernenden mit Lernschwierigkeiten dar. Anstelle des traditionellen Begriffes *Lernbehinderung*, der inzwischen nicht nur von den Betroffenen selbst, sondern auch deren Eltern zunehmend Ablehnung erfährt (Heimlich, 2009), hat sich im Bildungsbereich der Begriff *sonderpädagogischer Förderbedarf im Förderschwerpunkt Lernen* durchgesetzt. Die Feststellung eines sonderpädagogischen Förderbedarfs im Förderschwerpunkt Lernen zieht längst nicht mehr eine ausschließlich separierende Beschulung in der Allgemeinen Förderschule nach sich. Die sonderpädagogische Unterstützung kann an anderen Förderorten, beispielsweise im inklusiven Unterricht an Regelschulen erfolgen. Die Kultusministerkonferenz (2019) schlägt in den aktuellen Empfehlungen zur schulischen Bildung, Beratung und Unterstützung von Kindern und Jugendlichen im sonderpädagogischen Schwerpunkt eine weitere Akzentuierung des oben genannten Begriffes vor.

Der Begriff sonderpädagogischer Unterstützungsbedarf im Schwerpunkt Lernen wird fortan in den Ausführungen anstelle des Begriffes sonderpädagogischer Förderbedarf im Förderschwerpunkt Lernen verwendet.

Der Begriff unterstreicht, dass diese Schülergruppe in besonderer Weise, neben pädagogischer Unterstützung, auf die Hilfe und Begleitung durch sonderpädagogische Lehrkräfte angewiesen ist.

»Bei Schülerinnen und Schülern, denen unter den gegebenen individuellen Voraussetzungen – auch bei Ausschöpfung aller Formen der pädagogischen und unterrichtsfachlichen Unterstützung – ein Erreichen der Mindeststandards und der Lernziele der allgemeinen Schule über einen längeren Zeitraum nicht oder nur in Ansätzen möglich ist, kann sonderpädagogischer Unterstützungsbedarf im Schwerpunkt LERNEN angenommen werden« (KMK, 2019, S. 6).

4.2 Kinder und Jugendliche mit Lernschwierigkeiten

Die Schwierigkeiten im Lernen sind bei Kindern und Jugendlichen mit sonderpädagogischem Unterstützungsbedarf im Schwerpunkt Lernen als besonders langanhaltend, umfassend und schwerwiegend zu beschreiben. Oftmals haben sie bereits einen schulischen Leidensweg mit erfolglosen Klassenwiederholungen hinter sich. Die Lernenden weisen meist weit unterdurchschnittliche Lernleistungen in mehreren Schulleistungsbereichen in Verbindung mit intellektuellen Beeinträchtigungen auf (IQ zwischen 70 und 85). Die Schulleistungsrückstände dieser Zielgruppe sind im Lesen, Schreiben und Rechnen sehr erheblich und können durch weitere Auffälligkeiten in der Entwicklung verstärkt werden, die sich beispielsweise im Arbeitsverhalten, in der emotional-sozialen Entwicklung, in den Gedächtnisleistungen, in der Sprache oder auch im motorischen Bereich zeigen (Diehl, Hartke & Mahlau, 2020). Besonders erschwert sind bei Kindern und Jugendlichen mit einem sonderpädagogischen Unterstützungsbedarf im Schwerpunkt Lernen die Steuerung und Reflexion der eigenen Lernprozesse. Das Lernen zu lernen ist für sie eine hohe, oft unüberwindbare Hürde.

Gerade in dieser Gruppe stehen hinter den gravierenden Lernschwierigkeiten häufig komplexe Lernbiographien, schwierige Lebenssituationen in den Familien und prekäre Lebensverhältnisse (Heimlich & Schmid, 2018). Treten gravierende Lernschwierigkeiten in Verbindung mit Auffälligkeiten in der emotionalen und sozialen Entwicklung sowie im Verhalten auf, werden Lehrkräfte im pädagogischen Alltag mit Problemlagen konfrontiert, die sie trotz eines reichen Fach- und Erfahrungswissens an die Grenzen ihrer pädagogischen Kompetenz und persönlichen Belastbarkeit bringen.

Im Zuge der Entwicklung eines inklusiven Bildungssystems sind bundesweit inzwischen rund 43 % der Gesamtgruppe der Schülerinnen und Schüler mit einem sonderpädagogischen Unterstützungsbedarf im Schwerpunkt Lernen in der Regelschule anzutreffen (Benkmann & Heimlich, 2018). Die Expertise von Sonderpädagoginnen und Sonderpädagogen verlagert sich folglich mehr und mehr an die Regelschule. Damit ist die Erwartung verbunden, dass sich sonderpädagogische Lehrkräfte in einem hohen Maße um die individuelle Förderung dieser Kinder und Jugendlichen im Regelunterricht kümmern. Die Erweiterung professionellen Handelns der Regelschullehrkräfte wird dennoch unerlässlich sein. Sie übernehmen in der täglichen Unterrichtsarbeit zunehmend Verantwortung, damit die Schülerinnen und Schüler mit sonderpädagogischem Unterstützungsbedarf im Schwerpunkt Lernen nicht nur irgendwie dabei sind, sondern mittendrin lernen und vor allem zielgerichtet gefördert werden (Heimlich & Schmid, 2018). Dazu gehört auch, Berührungsängste gegenüber dieser Zielgruppe zu verlieren und sich im Hinblick auf Einstellungen, Aneignung von Fachwissen und Erwerb didaktisch methodischer Kompetenzen gegenüber der Problematik von gravierenden Lernschwierigkeiten zu öffnen.

Lernschwächen, Lernstörungen und *sonderpädagogischer Unterstützungsbedarf im Schwerpunkt Lernen* stellen Ausprägungsgrade von Lernschwierigkeiten dar. Der Forschungsstand über erfolgreiche Lernhilfen legt nahe, dass sich Förderansätze bei unterschiedlich klassifizierten Lernschwierigkeiten im Grunde nicht wesentlich voneinander unterscheiden. Beispielsweise verlaufen die Prozesse der Aneignung und Vermittlung der Schriftsprache bei den Lernenden grundsätzlich gleich (Diehl, Hartke & Mahlau, 2020). Auch hinsichtlich ihrer Defizite unterscheiden sie sich kaum und profitieren gleichermaßen von einer intensiven und vor allem frühzeitigen Förderung (Gasteiger-Klicpera & Klicpera, 2014; Reber, 2017; Schneider, 2017; Scheerer-Neumann, 2018). Es bedarf der Beachtung individueller Lernvoraussetzungen und Lernausgangslagen und weniger einer »Klassifikation der Problematik auf der Basis trennscharfer Begriffe« (Diehl, Hartke & Mahlau 2020, S. 13).

Zwar wird sich eine sonderpädagogische Einzelfallhilfe hinsichtlich der Intensität und spezifischen Methoden von einer unterrichtsintegrierten Förderung bei Lernschwäche oder Lernstörung abheben, jedoch nicht grundlegend in Bezug auf die Förderstrategien und Förderinhalte. Die eine Gruppe braucht demnach Förderung in der Schule wie die andere, unabhängig davon, welcher Begriff zu ihrer näheren Kennzeichnung bemüht wird.

4.3 Kinder und Jugendliche mit Schwierigkeiten in der emotional-sozialen Entwicklung und im Verhalten

Neben den in diesem Buch angestellten Überlegungen zur inklusiven Beschulung von Schülerinnen und Schülern mit Lernschwierigkeiten soll der Fokus auch auf Kinder und Jugendliche mit Schwierigkeiten in der emotional-sozialen Entwicklung und im Verhalten gelegt werden. Folgt man den Beschreibungen vieler Lehrkräfte, erleben sie herausfordernde oder gar belastende Unterrichtssituationen besonders im Zusammenhang mit *gestörtem Unterricht, Regelverletzungen oder Gewaltbereitschaft* im schulischen Alltag.

Die beschriebenen Auffälligkeiten der Schülerinnen und Schüler divergieren in diesen Berichten stark. Es bedarf mithin einer Begriffsklärung, um unterrichtliches Handeln begründet und gut reflektiert gestalten zu können. Die Begriffsbildung zum Terminus stellt sich allerdings nach wie vor kompliziert dar. Es kann davon ausgegangen werden, dass *Verhaltensstörung* als

4.3 Kinder und Jugendliche mit Schwierigkeiten in der emotional-sozialen Entwicklung

übergeordneter Begriff genutzt wird und eine detailliertere Definition einzelner Störungsbilder erfolgt (Hillenbrand, 2018).

Die von Myschker & Stein (2018) formulierte Definition kann als die im Schulalltag gebräuchlichste betrachtet werden:

> »Verhaltensstörung ist ein von den zeit- und kulturspezifischen Erwartungsnormen abweichendes maladaptives Verhalten, das organogen und/oder milieureaktiv bedingt ist, wegen der Mehrdimensionalität, der Häufigkeit und des Schweregrades die Entwicklungs-, Lern- und Arbeitsfähigkeit sowie das Interaktionsgeschehen in der Umwelt beeinträchtigt und ohne besondere pädagogisch-therapeutische Hilfe nicht oder nur unzureichend überwunden werden kann« (Myschker & Stein, 2018, S. 56).

Werden die einzelnen Dimensionen aufgeschlüsselt, so wird deutlich, dass innerhalb des Phänomens Verhaltensstörung Verhalten als abweichend betrachtet wird und kulturelle sowie zeitspezifische Erwartungen maßgeblich sind. Als verursachend werden organische und/oder milieureaktive Faktoren einbezogen. Mehrere Handlungsbereiche, z. B. die Schule, das Elternhaus und der Sportverein, sind meist häufig und schwer betroffen. Verhaltensstörungen wirken sich auf die Entwicklung einer Schülerin oder eines Schülers aus und beeinträchtigen das Lernen und die soziale Interaktion. Bezüglich notwendiger Hilfen wird konstatiert, dass eine Überwindung bzw. Verbesserung nur mit Hilfe pädagogisch-therapeutischer Maßnahmen gelingen kann.

Um den Begriff Verhaltensstörung praxisrelevant einordnen zu können, zum Beispiel um die Notwendigkeit individueller Hilfen einzuschätzen, sind dezidiertere Kriterien notwendig. Diese helfen, die vielfältigen Verhaltensweisen, die unter dem Terminus *Verhaltensstörung* subsumiert sind, zu strukturieren und zu ordnen. In der schulischen Praxis hat sich an dieser Stelle die Klassifikation von Kindern und Jugendlichen mit Verhaltensstörungen nach Myschker & Stein (2018) bewährt.

Diese Klassifikation zeigt auf, dass unter dem Begriff Verhaltensstörung unterschiedliche, jeweils spezifische Störungsbilder zugeordnet sind. Wenn Lehrkräfte von ihren Schwierigkeiten im Umgang mit Kindern und Jugendlichen mit Verhaltensstörungen berichten, haben sie zumeist Schülerinnen und Schüler vor Augen, die ihre auffälligen Verhaltensweisen deutlich nach außen richten, häufig stören und zuweilen Gewaltbereitschaft an den Tag legen. Diese Gruppe Lernender fordert ein großes Maß an Aufmerksamkeit und

Zuwendung von Lehrerinnen und Lehrern im schulischen Alltag. Der Gruppe der Schülerinnen und Schüler, die ihr Verhalten eher nach innen richtet und ängstlich und gehemmt auftritt, wird möglicherweise weniger Aufmerksamkeit zuteil, obwohl sie eine ebenso intensive pädagogische Unterstützung benötigen.

Tab. 4.1: Klassifikation von Kindern und Jugendlichen mit Verhaltensstörungen (Myschker & Stein, 2018, S. 63)

Gruppierung	Symptomatik
1. Kinder und Jugendliche mit externalisierendem, aggressiv-ausagierendem Verhalten	aggressiv, überaktiv, impulsiv, exzessiv streitend, tyrannisierend, regelverletzend, Aufmerksamkeitsstörungen
2. Kinder und Jugendliche mit internalisierendem, ängstlich-gehemmtem Verhalten	ängstlich, traurig, interesselos, zurückgezogen, freudlos, somatische Störungen, kränkelnd, Schlafstörungen, Minderwertigkeitsgefühl
3. Kinder und Jugendliche mit sozialunreifem Verhalten	nicht altersentsprechend, leicht ermüdbar, konzentrationsschwach, leistungsschwach, Sprach- und Sprechstörungen
4. Kinder und Jugendliche mit sozialisiert-delinquentem Verhalten	verantwortungslos, reizbar, aggressiv, gewalttätig, leicht erregt, leicht frustriert, reuelos, Normen missachtend, risikobereit, niedrige Hemmschwelle, Beziehungsstörungen

Die Aussagen zur Häufigkeit von Verhaltensstörungen orientieren sich zumeist an den spezifischen Störungsbildern.

In epidemiologischen Studien wird festgestellt, dass fast 20 % der Kinder und Jugendlichen an deutschen Schulen psychische Auffälligkeiten im Sinne von emotional-sozialen Entwicklungs- und Verhaltensstörungen zeigen (Hennemann, Casale, Leidig, Fleskes, Döpfner & Hanisch, 2020). Die Anzahl an Kindern und Jugendlichen mit psychischen Auffälligkeiten ist nicht mit dem Anteil der Schülerinnen und Schüler mit einem diagnostizierten Unterstützungsbedarf im sonderpädagogischen Schwerpunkt emotional-soziale Entwicklung gleichzusetzen.

2018 wurden »... in Deutschland 556.317 Schülerinnen und Schüler mit sonderpädagogischem Förderbedarf unterrichtet. Davon entfielen 95.765 auf den Förderschwerpunkt ESE, was einem Anteil von 17,2 % aller Schülerinnen und Schüler mit sonderpädagogischem Förderbedarf entspricht« (Ricking, Wittrock, Bolz & Rieß, 2021, S. 24).

4.3 Kinder und Jugendliche mit Schwierigkeiten in der emotional-sozialen Entwicklung

In diesem Zusammenhang gewinnt die Frage nach der Dringlichkeit und der Qualität einer prozessimmanenten Förderdiagnostik immer mehr an Bedeutung.

> Bei einer im Unterricht zu realisierenden Förderdiagnostik im Sinne einer Prozess- und Begleitdiagnostik geht es »... um das (Fremd-) Verstehen der Kinder, um Beziehungsgestaltung, ganzheitliche, qualitative und/oder prozessorientierte-systemische Sichtweisen« (Bundschuh & Winkler, 2019, S. 48).

Der möglichst frühzeitigen Erkennung von Problemverhalten kommt ein hoher Stellenwert zu. »Lehrerinnen und Lehrer diagnostizieren Lernvoraussetzungen und Lernprozesse von Schülerinnen und Schülern, sie fördern Schülerinnen und Schüler gezielt und beraten Lernende und deren Eltern« (KMK 2004, S. 11). In diesem Zusammenhang kommt der Prävention von emotional-sozialen Entwicklungs- und Verhaltensstörungen ein hoher Stellenwert zu. Die pädagogischen Bemühungen sind darauf auszurichten, bestimmten Risiken, die das Entstehen einer Verhaltensstörung begünstigen könnten, entgegenzuwirken.

Die Grundlage jedes präventiven pädagogischen Handelns »... ist immer eine tragfähige Beziehung zwischen Pädagogen und zu erziehenden jungen Menschen, die von Authentizität, Respekt und Akzeptanz im Miteinander bestimmt ist« (Hennemann, Hövel, Casale, Hagen & Fitting-Dahlmann, 2016, S. 11).

Im Bereich der Diagnostik von Verhaltensstörungen kommen verschiedene Verfahren zum Einsatz. Derzeit liegt ein vielfältiges Angebot verschiedener Methoden und Instrumente vor. Zu prüfen ist, welche dieser Verfahren durch eine Regelschullehrkraft ausführbar sind und welche Erhebungen im multiprofessionellen Team, d. h. in Zusammenarbeit mit Sonderpädagoginnen und -pädagogen, mit Schulpsychologinnen- und psychologen und anderen Fachkräften einzusetzen sind. Im inklusiven Unterricht gelten Gespräche, Exploration und Anamnese sowie Verhaltensbeobachtung und Verhaltensbeurteilung als geeignete Verfahren aus förderdiagnostischer Perspektive. Schulleistungstests, Intelligenztests und spezielle Leistungstests oder neuropsychologische und medizinische Verfahren (Myschker & Stein, 2018) gehören eher in die Hände der entsprechenden Fachleute.

Auf der Grundlage einer soliden Kenntnis um Ursachen, Begriffe und Klassifikationen sowie zugrundeliegende Erklärungs- und Handlungsansätze im Bereich Verhaltensstörungen sowie zu Ideen einer entsprechenden Diagnostik können die spezifischen Verhaltensstörungen der einzelnen Kinder und

Jugendlichen in der täglichen Unterrichtspraxis mitberücksichtigt und kontext- und entwicklungsabhängige Lösungen für die Schule insgesamt, aber auch für jede einzelne Unterrichtsstunde geschaffen werden.

Das Erscheinungsbild von Schülerinnen und Schülern mit Störungen in der emotional-sozialen Entwicklung und im Verhalten kann sehr unterschiedlich sein. Die pädagogische Ausgangslage ist von vielfältigen komplexen Wechselwirkungen zwischen Gesellschaft und Individuum, sozialem Umfeld und Persönlichkeitsentwicklung geprägt. Zudem können die Auswirkungen von Entwicklungsstörungen, Krankheiten und Behinderungen problemverstärkend wirken (Drave, Rumpler & Wachtel 2000).

Das Sozialverhalten ist gekennzeichnet durch eine gestörte soziale Erlebnisfähigkeit, ein unangepasstes Verhalten gegenüber Mitschülerinnen und Mitschülern und Erwachsenen und durch unangemessene Reaktionen auf Kritik bzw. Misserfolg. Häufig treten Probleme bei der Einhaltung sozialer Normen und Regeln auf. Eine geringe emotionale Stabilität und plötzliche Stimmungsschwankungen erschweren die Unterrichtsgestaltung oft zusätzlich. Die Konfliktlösekompetenz ist nur gering entwickelt. Zuweilen treten unvorhersehbare Reaktionen auf, die durch eine fehlerhafte Wahrnehmung und Beurteilung von sozialen Situationen entstehen können. Schülerinnen und Schüler mit dem Förderschwerpunkt emotional-soziale Entwicklung geraten häufig in Konflikte. Oft ist das Durchhaltevermögen eingeschränkt. Das Arbeitstempo unterliegt großen Schwankungen und ist sehr interessenabhängig. Die Einstellung zur Schule und zum Lernen ist zuweilen schon im Grundschulalter getrübt. Dies geht einher mit mangelnder Lern- und Leistungsbereitschaft. Verstärkt wird dies durch eine gestörte Aufmerksamkeit, eine kurze Aufmerksamkeitsspanne und leichte Ablenkbarkeit.

Lehrkräfte sollten sich immer wieder vergegenwärtigen, dass Kinder und Jugendliche mit Verhaltensstörungen über altersgerecht entwickelte intellektuelle Fähigkeiten verfügen, sofern kein sonderpädagogischer Unterstützungsbedarf im Schwerpunkt Lernen vorliegt. Trotzdem kann es in einzelnen Fächern zu Leistungsversagen kommen. Leistungsverweigerung kann eine Folge sein. Nicht selten kommt es zu schulaversivem Verhalten. Deutliche Hinweise auf Schulunlust sind häufig schon im jungen Schulalter zu beobachten.

Eine besondere Herausforderung besteht auch darin, dass Mädchen und Jungen mit Verhaltensstörungen ihr Leistungsvermögen entweder deutlich über- oder unterschätzen. Maßnahmen zur Selbst- und Fremdreflexion sind hier geeignete Unterrichtsmethoden, die den Kindern helfen können, ihr Leistungsvermögen in zunehmendem Maße realistisch einschätzen zu lernen. Einige dieser Schülerinnen und Schüler stehlen sich gern in die Rolle des Klassenclowns, um ihre große Selbstunsicherheit zu überspielen, denn das

4.3 Kinder und Jugendliche mit Schwierigkeiten in der emotional-sozialen Entwicklung

Vertrauen in die eigene Leistung ist nicht immer vorhanden. Die Ein- und Unterordnung in Gruppen fällt Kindern und Jugendlichen mit sonderpädagogischem Unterstützungsbedarf im Schwerpunkt emotional-soziale Entwicklung mitunter schwer und ist besonders bei der Organisation von Partner- und Gruppenlernen genau zu beachten. Treten Konflikte auf, sind zuweilen weder Einsicht in das sozial unerwünschte Verhalten noch die Fähigkeit, Kompromisse zu finden, zu erwarten. Häufig sind diese Schülerinnen und Schüler deutlich misserfolgsorientiert. Die pädagogischen Bemühungen sollten an dieser Stelle auf Motivationsförderung abzielen und erreichbare Ziele in Aussicht stellen. Die schnelle und häufig unerwartet hohe Erregbarkeit sowie die herabgesetzte Frustrationstoleranz gehören zum pädagogischen Alltag und erfordern ein hohes Maß an Flexibilität, Ruhe und Besonnenheit nicht nur von der Lehrkraft, sondern auch von den Mitschülerinnen und Mitschülern. Unüberlegte und zuweilen wenig kontrollierbare Reaktionen im verbalen und/ oder motorischen Bereich lassen konfliktbehaftete Situationen zuweilen eskalieren.

Die beschriebenen Auffälligkeiten, Besonderheiten und Beeinträchtigungen erschweren den pädagogischen Alltag oft gravierend und können sich gegenseitig verstärken.

Lehrerinnen und Lehrer stehen vor der Aufgabe, die Schülerin oder den Schüler in der jeweils besonderen Spezifik trotz aller Schwierigkeiten, Herausforderungen und Nöte emotional anzunehmen und zu wertschätzen sowie adäquate Unterrichtsmethoden zu installieren, die es ermöglichen, sich im Rahmen der vorhandenen Möglichkeiten am Unterrichtsprozess zu beteiligen und Lernen stattfinden zu lassen. Hilfreich ist die Kooperation mit sonderpädagogischen Lehrkräften und externen Professionen, wie z. B. Therapeutinnen und Therapeuten.

Lehrkräfte brauchen für die individuelle Förderung von Schülerinnen und Schülern mit sonderpädagogischem Unterstützungsbedarf im Schwerpunkt emotional-soziale Entwicklung »... Enthusiasmus, Optimismus, die Überzeugung in die Wichtigkeit ihrer Arbeit und den Glauben an die Entwicklungspotenziale der Kinder und Jugendlichen [...] Sie brauchen gleichzeitig aber auch Ausdauer und eine hohe Frustrationstoleranz, um die Widerstände gegen die Welt, welche die Kinder und Jugendlichen an ihnen erproben, immer wieder aufs Neue auszuhalten. Und sie brauchen umfangreiches theoretisches Wissen im Umgang mit schwierigen Erziehungssituationen, sowie vielfältige Unterstützung, um diese herausfordernde Arbeit leisten zu können, ohne auszubrennen« (Puhr, 2003, S. 81).

5

Wie gelingt zielgleicher Unterricht? Differenzierung, Individualisierung und Nachteilsausgleich

5.1 Was ist zielgleicher Unterricht?

In einer heterogenen Lerngruppe entwickeln sich Lern- und Erfahrungsräume, an denen Kinder und Jugendliche wachsen und wechselseitig voneinander profitieren können. Dabei sollte vor allem das Gemeinsame im Vordergrund stehen und die Fragen der individuellen Lern- und Entwicklungsmöglichkeiten in den Mittelpunkt gerückt werden (Guthörlein, Lindmeier, Laubenstein, Scheer & Sponholz, 2017). Der Individualität jedes Einzelnen wird möglichst Rechnung getragen, allerdings darf das gemeinsame Ganze im inklusiven Unterricht nicht verlorengehen.

Damit Lernziele bei aller Heterogenität vergleichbar bleiben, werden Ziele und Inhalte der jeweiligen Schulart durch bundesweit geltende und verbindliche Bildungsstandards der Kultusministerkonferenz bestimmt. Sie legen fest, über welche fachbezogenen Kompetenzen Schülerinnen und Schüler bis zu gewissen Abschnitten ihrer Schullaufbahn verfügen sollten. Die fachspezifischen Anforderungen für den Unterricht werden auf Grundlage dieser Vorgaben in den einzelnen Lehrplänen schulart- und klassenstufenspezifisch geregelt und inhaltlich mit Leben gefüllt. Lehrpläne ordnen das didaktische Feld und definieren den Zusammenhang der verschiedenen Fächer oder Lernbereiche im schulischen Curriculum. Sie geben einen staatlichen Rahmen vor und sind ein wichtiges Mittel in der Legitimation des schulischen Angebots. Lehrkräften bleiben viele Freiräume im Hinblick auf die Wege, auf denen die angestrebten Ziele erreicht werden können.

Ein *zielgleicher Unterricht* kann als ein Unterricht beschrieben werden, in dem Pädagoginnen und Pädagogen auf Grundlage von Lernzielen und Lerninhalten der Lehrpläne der Regelschule Lernprozesse planen und gestalten. Ziel ist, dass alle Lernenden im zielgleichen Unterricht ein definiertes Minimum an Kompetenzen der Bildungsstandards erreichen. Die Bildungsstandards sind nicht mit einer Hochsprunglatte in einer festgelegten Höhe zu vergleichen, die Schülerinnen und Schüler überspringen oder reißen. Vielmehr können innerhalb eines fest abgesteckten Zielfeldes verschiedene Sprunghöhen als zielerreichend gelten, die im Durchschnitt von den meisten Lernenden erreicht werden (Regelstandard), die deutlich höher (Maximalstandard) oder niedriger (Mindeststandard) liegen. Mit den Bildungsstandards der Kultusministerkonferenz wird jedoch die Erwartung verbunden, dass Schülerinnen und Schüler zum Abschluss des Primarbereichs, zum Hauptschulabschluss bzw. zum Mittleren Schulabschluss jeweils über Kompetenzen im Bereich der Regelstandards verfügen (KMK, 2010).

Tab. 5.1: Begriffe im Kompetenzstufenmodell der KMK (2010)

Maximalstandards	Leistungserwartungen, die unter sehr guten bzw. ausgezeichneten individuellen Lernvoraussetzungen und der Bereitstellung gelingender Lerngelegenheiten innerhalb und außerhalb der Schule erreicht werden und bei weitem die Erwartungen der Bildungsstandards übertreffen
Regelstandards	Kompetenzen, die im Durchschnitt von den Lernenden bis zu einem bestimmten Bildungsabschnitt erreicht werden sollen
Mindeststandards	Definiertes Minimum an Kompetenzen, das alle Lernenden bis zu einem bestimmten Bildungsabschnitt erreicht haben sollten

Die Regelstandards eines zielgleichen Unterrichts werden von den meisten Lernenden, trotz unterschiedlicher Lernausgangslagen und -voraussetzungen, mehr oder weniger problemlos erreicht. In (fast) jeder Schulklasse gibt es Lernende, die für das Erreichen der Mindeststandards ein temporäres oder dauerhaft individuelles Förderangebot benötigen. Individuelle Lernziele sind von Anfang an nötig, denn trotz der sogenannten Zielgleichheit werden »nicht alle alles lernen und das Gleiche erreichen können« (Gold, 2016, S. 57). Lernende, die bei weitem die Regelstandards übertreffen, dürfen in ihren Lernprozessen nicht ausgebremst werden. Mit schulischen Konzeptionen zur Förderung von überdurchschnittlicher und weit überdurchschnittlicher Begabung wird zunehmend stärker auf die intellektuellen Bedürfnisse dieser Kinder und Jugendlichen reagiert. Schülerinnen und Schüler einer Lerngruppe stehen somit von Anfang an auf unterschiedlichen »Treppenstufen« und erreichen das nächste »Treppenpodest« in unterschiedlichem Tempo und unter mehr oder weniger Kraftanstrengung. Das ist übrigens schon immer so gewesen.

Damit Lernenden mit einer Behinderung bzw. Beeinträchtigung das Erreichen der Lernziele im zielgleichen Unterricht uneingeschränkt möglich ist, wird ihnen Nachteilsausgleich gewährt. So können beispielsweise Schülerinnen und Schüler mit Verhaltensstörungen Lernziele im zielgleichen Unterricht bewältigen, wenn die durch die Verhaltensstörung bedingten Nachteile beachtet und ausgeglichen werden. Zudem ist es möglich, dass nur einzelne Bereiche des schulischen Lernens für Schülerinnen und Schüler schwierig sind. Lernende mit einer Teilleistungsstörung im Bereich Arithmetik benötigen im Fach Deutsch keinen Nachteilsausgleich, um beispielsweise Regelstandards anzusteuern. Lernenden mit gravierenden Lernschwierigkeiten kann das Erreichen von Lernzielen im zielgleichen Unterricht nicht grundsätzlich abgesprochen werden, wenn sie die Mindeststandards mithilfe von nachteilsausgleichenden Maßnahmen erreichen können. Näheres dazu wird in den folgenden Kapiteln ausführlicher beleuchtet.

5.2 Wie bekommen wir alle unter einen Hut? Differenzierung und Individualisierung im zielgleichen Unterricht

Wohl jede Lehrkraft kennt inzwischen die grobe Einteilung von Differenzierungsformen in äußere und innere Differenzierung, wobei die innere Differenzierung auch unter dem Begriff Binnendifferenzierung bekannt ist. Der Umwandlungsprozess von einem Unterricht im Gleichschritt für alle Schülerinnen und Schüler hin zu einem binnendifferenzierten und individualisierten Unterricht hat längst alle Schularten erreicht. Lehramtsstudierenden aller Lehrämter werden didaktische und organisatorische Konzepte der Differenzierung frühzeitig vermittelt. In schulpraktischen Übungen und später im Lehrervorbereitungsdienst erproben sie beispielsweise ein breites Repertoire an Möglichkeiten innerer Differenzierung und evaluieren deren Vielfältigkeit im Rahmen von Lehrproben. Ein angemessener Umgang mit Vielfalt in schulischen Settings wird vermutlich nicht allein mithilfe des Konzeptes der Differenzierung und Individualisierung zu lösen sein. Die Grundannahme, dass Differenzierung im Unterricht zu einer weitgehenden Homogenisierung innerhalb einer Lerngruppe führt, trifft nicht zu. Differenzierung im Unterricht verstärkt eher das Ungleichgewicht zwischen schwachen und starken Lernern (Gold, 2016).

»Differenzierung in der Schule und im Unterricht begreift Individualität als konstitutive Basis und verfolgt nur ein einziges Ziel: Jede einzelne Schülerin und jeder einzelne Schüler soll individuell maximal gefordert und damit individuell gefördert werden. Das individuelle Leistungsvermögen und das Lernverhalten sind Grundlage für differenzierende Maßnahmen auf der inhaltlichen, didaktischen, methodischen, sozialen und organisatorischen Ebene« (Paradies & Linser, 2008, S. 9).

Was so einfach klingt, ist in der praktischen Umsetzung in hochkomplexen Lerngruppen gar nicht so leicht, denn die Vielfalt an Lernangeboten trifft hier auf die Vielfalt von Lernvoraussetzungen und kann Lehrkräfte bereits in der Vorbereitung des Unterrichts schnell vor unlösbare Probleme stellen. Dabei bereitet meist nicht die Auswahl des Lernangebotes an sich das Kopfzerbrechen, sondern seine passgenaue, an den Bedürfnissen möglichst vieler Lernender orientierte Aufbereitung. In der schulischen Realität wird es Lehrkräften schwer möglich sein, zu *jedem* Zeitpunkt auf *alle* unterschiedlichen Merkmale und Lernvoraussetzungen *gleichermaßen* sensibel und angemessen reagieren zu können, denn das liefe unbestritten auf einen vollständig individualisierten Unterricht hinaus (Gold, 2011).

Zwei Leitfragen können zunächst hilfreich sein, um nicht von vornherein an Grenzen zu stoßen:

- Was brauchen die Schülerinnen und Schüler der Lerngruppe, damit sie gut lernen können? (Frage der Differenzierung)
- Was braucht die einzelne Schülerin oder der einzelne Schüler, damit sie oder er gut lernen kann? (Frage der Individualisierung)

Die erste Frage lässt einen kontrastierten Blick auf die gesamte Lerngruppe zu: Was brauchen die starken Lernenden? Was brauchen die mittelstarken Lernenden? Was brauchen die eher schwachen Lernenden? Eine stabile und äußerlich erkennbare Gruppenbildung soll damit definitiv nicht verstanden werden, sondern flexible und durchlässige Gruppierungen von Lernenden, die je nach Lerngegenstand und individuellen Bedürfnissen immer wieder neu entstehen. Jedem Lernenden wird ein Lernangebot auf seinem Niveau ermöglicht oder zumindest findet eine Annäherung an sein mögliches Leistungsvermögen statt (Textor, 2018). Die zweite Frage zielt auf die individuellen Bedürfnisse des einzelnen Lernenden ab und gibt den Impuls für eine auf das Kind oder den Jugendlichen zugeschnittene Einzelmaßnahme.

»Je nachdem, auf welcher Ebene die Differenzierung stattfindet – Gruppe oder Individuum – spricht man entweder von *Binnendifferenzierung* (oder interner Differenzierung) oder von *Individualisierung* (oft als äquivalent betrachtet mit individueller Förderung)« (Helmke, 2013, S. 34).

Genaue Kenntnisse über die Eingangsbedingungen der Schülerinnen und Schüler der Lerngruppe sowohl bezüglich Lernausgangslagen, Lernentwicklung als auch außerschulischem Lernumfeld sind Grundpfeiler, um differenzierte und individualisierte Lernangebote zu denken. Damit geht auch ein hoher Anspruch an die diagnostische Kompetenz von Lehrkräften einher. Kurzum: Lehrkräfte sollen die Bedürfnisse ihre Schülerinnen und Schüler gut im Blick behalten! Sie sollen sensibel beobachten, diagnostizieren, interpretieren und individuell beraten.

Äußere und innere Differenzierung

Wird eine begriffliche Unterscheidung vorgenommen, ist *äußere Differenzierung* als schulorganisatorische und *innere Differenzierung* als didaktisch-methodische Lösung zu benennen. Während durch äußere Differenzierung eine wenig flexible Gruppenbildung innerhalb schulischer Strukturen erwirkt wird, kann die innere Differenzierung von jeder Lehrkraft innerhalb der Lerngruppe situationsgerecht und variantenreich gestaltet werden.

Äußere Differenzierung

Die Maßnahmen der äußeren Differenzierung umfassen die Bildung von mehr oder weniger stabilen Gruppen zum Zwecke der gemeinsamen Unterrichtung (Wember, 2007) nach Kriterien wie Alter, Geschlecht, Interessen, Schulleistungen, Migrationshintergrund, auch sonderpädagogischer Förderbedarf und weitere. Nach diesem Strukturprinzip gebildete Gruppen werden im System Schule nun als homogen hinsichtlich des jeweiligen Kriteriums betrachtet (Paradies & Linser, 2008). Durch äußere Differenzierung wird eine möglichst große Homogenität von Lernenden auf Schulsystem-, Schul- und Klassenebene angestrebt. Eine vollständige Homogenität durch äußere Differenzierung zu erreichen, bleibt dabei eine Illusion, denn jede noch so kleine Gruppe trägt Merkmale von Verschiedenheit in sich.

> Die Schülerinnen und Schüler eines Landesförderzentrums mit dem Förderschwerpunkt Hören eint das Kriterium sonderpädagogischer Förderbedarf Hören. Sie werden aufgrund des Kriteriums als homogene Gruppe gebildet. Beschreiben Lehrkräfte des Förderzentrums Hören ihre jeweiligen Lerngruppen, werden sie viele Heterogenitätsmerkmale benennen, die in diesen Lerngruppen, genauso wie in anderen Lerngruppen, besonders hervortreten. Das Kriterium Förderbedarf Hören tritt eher in den Hintergrund, denn es ist ein Kriterium von vielen. So berichten Lehrkräfte u. a. von Konzentrations- und Aufmerksamkeitsproblemen ihrer Schülerinnen und Schüler, auffälligem sozialen Verhalten und der ganzen Bandbreite an Lernschwierigkeiten.

Auf Schulsystemebene stellt das gegliederte Schulsystem eine von außen vorgegebene Ordnung dar, dem Lernende nach bestimmten Kriterien (vorrangig nach Leistungsfähigkeit) zugeordnet werden. Dieser übergeordnete Rahmen wird vor allem durch bildungspolitische Entscheidungen bestimmt. Gesetzliche Regelungen in den Bundesländern ordnen die jeweiligen Organisationsstrukturen nach Schularten, die sich regional durchaus voneinander unterscheiden. Auf Schulebene findet äußere Differenzierung statt, indem Jahrgangsstufen nach Alter der Schülerinnen und Schüler zusammengestellt, Klassenbildung nach Leistungskategorien für ein bestimmtes Fach vorgenommen oder interessengebundener Wahlpflicht- und Neigungsunterricht angeboten werden. Auf Klassenebene wird äußere Differenzierung sichtbar durch Klassenteilung in einzelnen Fächern oder durch parallel zum Unterricht stattfindenden Förderunterricht in Kleingruppen.

Im Übergang von der Kindertagesstätte in die Grundschule spielt das Kriterium der Leistung zunächst eine untergeordnete Rolle. Nach dem Kriterium des Alters werden Jahrgangsgruppen oder jahrgangsübergreifende Lerngruppen gebildet, in die die Kinder eines Geburtsjahrganges nach erfolgtem Schuleingangsverfahren in die wohnortnahe Grundschule eingeschult werden. Dabei wird darauf geachtet, dass die Klassenstärke bei Mehrzügigkeit vergleichbar bleibt und eine ungefähre Gleichverteilung der Geschlechter gegeben ist. Kinder mit festgestelltem oder vermutetem sonderpädagogischen Förderbedarf werden möglichst gleichmäßig auf bestehende Lerngruppen verteilt, die sich fortan zu inklusiven Lerngruppen entwickeln sollen. Die Ausgangslage für eine Schule für alle scheint momentan in der Grundschule am ehesten zu finden zu sein (Mahnke, 2013).

> L. wird von ihrem Opa nach der Einschulungsfeier gefragt, ob die Kinder der Klasse sehr verschieden seien. L. antwortet: »Ich weiß nicht, was du meinst Opa. Da sind nur Kinder« (Aussage einer Erstklässlerin, 6 Jahre).

Spätestens im Übergang von der Grundschule in die Sekundarstufe greift die äußere Differenzierung verstärkt nach dem Kriterium der Leistungsfähigkeit. Die Umsetzung der inklusiven Beschulung von Schülerinnen und Schülern mit sonderpädagogischem Unterstützungsbedarf im Schwerpunkt Lernen steht genau an dieser Stelle noch einmal auf dem Prüfstand, vor allem auch deshalb, weil die Schulart Allgemeine Förderschule nach wie vor als eine Möglichkeit der äußeren Differenzierung vorgehalten wird.

Innerhalb der Sekundarstufe an Regelschulen sind in einigen Bundesländern Tendenzen der Bildung von möglichst leistungshomogenen Lerngruppen für Schülerinnen und Schüler mit sonderpädagogischem Unterstützungsbedarf im Schwerpunkt Lernen zu beobachten. Trotz gut gemeinter schulorganisatorischer Anpassungen für diese Zielgruppe dürfen Notlösungen der äußeren Differenzierung nicht dazu führen, dass die Lernenden aus inklusiven Settings wieder herausfallen. Eine Dystopie bleiben hoffentlich Container auf Schulhöfen von Regelschulen oder eigene Schulflure, in denen Kinder und Jugendliche mit sonderpädagogischem Unterstützungsbedarf im Schwerpunkt Lernen in eigenen Lerngruppen, vermeintlich inklusiv unterrichtet werden und wenn überhaupt, nur in Einzelfächern, z. B. im Fach Sport, in der Stammklasse lernen dürfen.

Eine äußere Differenzierung nach dem Kriterium der Leistungsfähigkeit widerspricht eher dem Grundgedanken von Inklusion, denn sie hat zur Folge, dass Lernenden aufgrund ihrer individuellen Voraussetzungen ein gleichberechtigter Zugang zu schulischen Angeboten verwehrt bleibt (Mahnke, 2013; Textor, 2018).

Innere Differenzierung

Diese Form der Differenzierung wird als gruppeninterne Differenzierung verstanden, die, wie eingangs beschrieben, keine Dauerlösung anstrebt, sondern eher situations- und lernzielorientiert bleibt (Bönsch, 1995). Sie basiert auf didaktisch-methodischen Entscheidungen der Lehrkraft, die auf individuelles Fordern und Fördern von Lernenden abzielen. In heterogenen Lerngruppen bedeutet dieser Differenzierungsanspruch, allen Lernenden entsprechend ihrer Fähigkeiten und Interessen möglichst weitgehend gerecht zu werden oder anders gesagt: Alle Lernenden unter einen Hut zu bekommen!

Unterschieden wird innerhalb dieser Differenzierungsform nach Kriterien, die den Umfang (quantitative Differenzierung) sowie die Art und Weise der Differenzierung (qualitative Differenzierung) näher bestimmen.

Quantitative Differenzierung

Eine quantitative Differenzierung beschreibt die Anzahl und die Länge von Aufgaben sowie das Ausmaß an Wiederholungen von Tätigkeiten. Je nach Auffassungsgabe und Lerntempo kann für langsame und schwache Lernende die Aufgabenanzahl Schritt um Schritt gesteigert werden, während starke und sichere Lerner durch zusätzliche Aufgaben die vorhandene Lernzeit ausnutzen. Diese, vor allem im lehrergelenkten Unterricht häufig praktizierte Anpassung hat ihre Tücken.

Die Kinder sollen aus einem Text, der aus drei Abschnitten besteht, Wortarten bestimmen und je fünf Nomen, Verben und Adjektive in eine Tabelle eintragen. Die Lehrerin hat für diese Übung zehn Minuten Arbeitszeit eingeplant. Wer früher fertig wird, darf noch je zwei weitere Nomen, Verben und Adjektive aus dem Text suchen und eintragen (Zusatzaufgabe). Danach soll das Ergebnis gemeinsam kontrolliert werden. Die Lehrerin hat im Rahmen einer rein quantitativen Differenzierung folgende Möglichkeiten für Max überlegt:

> **Variante a)**
> Max sucht aus den drei Textabschnitten je drei Nomen, Verben und Adjektive heraus und trägt diese in die Tabelle ein (Anzahlreduktion).
>
> **Variante b)**
> Max sucht aus dem ersten und zweiten Textabschnitt je fünf Nomen, Verben und Adjektive heraus und trägt diese in die Tabelle ein (Textumfangsreduktion).
>
> **Variante c)**
> Max sucht aus dem ersten Textabschnitt je drei Nomen, Verben und Adjektive heraus und trägt diese in die Tabelle ein (Anzahlreduktion, Textumfangsreduktion).

Wenn Lehrkräfte, wie im Beispiel beschrieben, ausschließlich nach dem Kriterium »mehr oder weniger« differenzieren, müssen sie mit Folgeproblemen rechnen. Denn: lernschwache Schülerinnen und Schüler lernen, wie im Beispiel gezeigt, vom Lernumfang her weniger als der Rest der Lerngruppe. Zusatzaufgaben bleiben ihnen von Vornherein verwehrt. Auch lernstarken Lernenden bieten ausschließlich quantitativ differenzierte Aufgaben auf Dauer wenig Lernanreize, denn sie lernen zwar insgesamt mehr, allerdings meist auf die gleiche Art und Weise.

> Ein Zusammenspiel von Maßnahmen quantitativer und qualitativer Differenzierung kann Lernende deutlich stärker zum Lernen herausfordern, dazu noch, wenn sie Aufgaben selbst auswählen können und somit den Grad der Anpassung selbst bestimmen.

Qualitative Differenzierung

Das Spektrum an Möglichkeiten innerer Differenzierung ist umfangreich. Die Qualität von Aufgaben wird bestimmt durch die

- Lerninhalte selbst,
- Komplexität und Schwierigkeit von Aufgaben,
- Zuwendung der Lehrkraft und weiterer Personen,

- Hilfsmittel und Medien,
- Sozialformen des Lernens.

Differenzierung hinsichtlich der Lerninhalte bedeutet, dass die Lernenden einer Lerngruppe zeitgleich an unterschiedlichen Lerngegenständen arbeiten (z. B. in der Wochenplanarbeit) oder ein Lerngegenstand gemeinsam bearbeitet wird, indem sich die Lernenden je einem Teilaspekt des Lerngegenstandes zuwenden (z. B. im Rahmen von Projektlernen). Die Entwicklung eines inklusiven Unterrichts wird momentan dadurch beeinträchtigt, das unterschiedliche Rahmenpläne und deren Anforderungen und Themen das Bestimmen von gemeinsamen Lerngegenstandes erschweren (▶ Kap. 6.3).

Vor Lehrkräften steht, aufgrund (noch) fehlender inklusiv gedachter Rahmenpläne, die anspruchsvolle und zeitintensive Aufgabe, die Themen und Inhalte der Rahmenpläne verschiedener Schularten zu analysieren und gemeinsame Anknüpfungspunkte zu finden (Sasse & Schulzeck, 2021). Vor allem im Fachunterricht der Sekundarstufe ist die Frage des individuellen Zugangs oder Bestimmens des kleinsten gemeinsamen Nenners derzeit eine Herausforderung. Je abstrakter der Lerngegenstand ist, desto schwieriger erscheint es auf den ersten Blick, diesen gemeinsamen Nenner zu bestimmen. Eine Orientierung an Kernideen erleichtert das Elementarisieren, ohne die Besonderheiten eines Themas aus den Augen zu verlieren (Lenze & Lutz-Westphal, 2015). Hilfreich kann die Frage sein: Was sollen alle Lernenden im Kern (am Ende der Stoffeinheit) verstanden haben?

Die *Komplexität und Schwierigkeit von Aufgaben* werden u. a. durch den Grad der Abstraktion und den Grad der Verarbeitung bestimmt. Die Differenzierung hinsichtlich der Komplexität von Aufgaben bildet sich in unterschiedlichen Anforderungsbereichen ab, die in den Bildungsstandards der Kultusministerkonferenz der Länder näher definiert werden. Sogenannte Operatoren (Aufforderungsverben) zeigen Lernenden an, was sie konkret tun sollen. Die Schülerinnen und Schüler einer Lerngruppe können somit zwar am gleichen Inhalt, dennoch an unterschiedlichen Aufgaben arbeiten. In den Bildungsstandards im Fach Mathematik für den Primarbereich (KMK, 2004) sind beispielsweise die Anforderungsbereiche wie folgt erklärt:

- Anforderungsbereich I (Reproduzieren)
  Das Lösen der Aufgabe erfordert Grundwissen und das Ausführen von Routinetätigkeiten.
  Operatoren: nennen, wiedergeben, darstellen, ermitteln, ….
- Anforderungsbereich II (Zusammenhänge herstellen)

Das Lösen der Aufgabe erfordert das Erkennen und Nutzen von Zusammenhängen.
Operatoren: erklären, erläutern, begründen, analysieren, ...
• Anforderungsbereich III (Verallgemeinern und Reflektieren)
Das Lösen der Aufgabe erfordert komplexe Tätigkeiten wie Strukturieren, Entwickeln von Strategien, Beurteilen und Verallgemeinern.
Operatoren: prüfen, erörtern, diskutieren, bewerten, ...

Schülerinnen und Schülern mit Lernschwierigkeiten wird aufgrund ihrer Lernproblematik Aufgaben, die Reflexions- und Problemlösungsfähigkeiten erfordern, weniger zugetraut, während sich leistungsstarke Schülerinnen und Schüler darin vorwiegend »tummeln« dürfen. Ihnen wiederum bleiben Reproduktionsaufgaben zuweilen verwehrt. Der Einsatz von Niveaustufen (leicht, mittel, schwer) ermöglicht es, für Lernende einer Lerngruppe einen differenzierten Zugang zu allen drei Anforderungsbereichen von Aufgaben zu finden, denn es sind sowohl Reproduktionsleistungen auf einem schweren Niveau als auch Reflexionsleistungen auf einem leichten Niveau möglich. In vielen Lehrwerken wird diese Problematik bereits mitgedacht. Ein mittelschweres Anforderungsniveau von Aufgaben, das Schülerinnen und Schüler (heraus-) fordert, jedoch nicht ständig überfordert, steigert nicht nur die Leistungsmotivation, sondert fördert ebenso günstige Ursachenzuschreibungen für Erfolg und Misserfolg (Textor, 2018; Helmke, 2013).

Auch im Hinblick auf die *Art und Weise der Zuwendung* kann differenziert werden. Hier sind die Hilfe und Unterstützung durch die Lehrkraft selbst, eine weitere Lehrkraft in Kooperation (z. B. Sonderpädagoginnen und -pädagogen, Sozialpädagoginnen und -pädagogen, Integrationshelferinnen und -helfer) oder durch andere Lernende der Lerngruppe, die als Ansprechpartner für einen bestimmten Inhalt fungieren, zu benennen. Das tutorielle Lernen ist in diesem Bereich ebenfalls zu verorten, da die Tutorin oder der Tutor in einem Lerntandem begleitende Funktionen übernimmt.

Die Differenzierung mithilfe von Medien und Hilfsmitteln schließt sämtliche Möglichkeiten zur Unterstützung des Lernens auf verschiedenen Aneignungs- und Wahrnehmungsebenen ein. In der Fachdidaktik wird die unter dem Begriff »EIS-Prinzip« beschriebene Differenzierung vorgeschlagen, die sich auf enaktiver (handelnder), ikonischer (bildhafter), symbolischer (abstrakter) Ebene vollzieht. Reale Begegnungen mit Dingen und Personen, konkrete Handlungen und Erfahrungen unter Berücksichtigung perzeptiver Tätigkeiten, Modelle, Bilder, Fotos und experimentelle Erfahrungen sowie Symbole und Schriftzeichen (Ziemen, 2018) erleichtern lernschwachen Schülerinnen und Schülern den Lernzugang und fordern lernstarke auf andere Weise zum Lernen heraus. Die besondere Aufgabe für Lehrkräfte besteht darin, einen Lerngegenstand mit möglichst verschiedenen Medien einzubringen, ohne gleichzeitig eine Reizüberfrachtung der Lehr- und Lernsituationen zu provozieren.

Den Bedürfnissen der Lernenden entsprechend, können Hilfsmittel angepasst werden, z. B. Schreibhilfen zur Unterstützung der Stifthaltung, Sanduhren für das Sichtbarmachen von Arbeitszeit oder Kopfhörer, um Ablenkbarkeit in Stillarbeitsphasen zu minimieren.

Die *Sozialformen des Unterrichts* bieten sich als weitere Möglichkeit der Differenzierung an. Während beispielsweise in Mathematik die Erarbeitung des Zehnerübergangs äußerst behutsam und kleinschrittig erfolgt, wird die Fähigkeit des Lernens mit Anderen oftmals als gegeben vorausgesetzt. Nicht jedes Kind und jeder Jugendliche kann jedoch in einer Partner- oder Gruppenarbeit sofort erfolgreich lernen. Oft müssen emotionale und soziale Kompetenzen kleinschrittig angebahnt und gefestigt werden, damit das Lernen in den Sozialformen sicher gelingt. Auch eine Einzelarbeit sollte zunächst geübt sein, damit sich Lernende in dieser Sozialform zurechtfinden und letztendlich effektiv und sicher lernen.

Damit binnendifferenzierter und individualisierter Unterricht nicht an seiner eigenen Komplexität zu scheitern droht, sondern heterogene Lerngruppen im besten Fall davon profitieren, sollten Lehrkräfte:

- kleine Veränderungsschritte wagen und deren Wirkung wahrnehmen, denn ausgetretene Pfade zu verlassen bedeutet zunächst, gewohnte Routinen und Abläufe zu überdenken,
- sich unter Umständen auf Stolperstellen in der Umsetzung einstellen, denn Formen der inneren Differenzierung und Individualisierung müssen von Lehrenden und Lernenden gewollt, verinnerlicht, geübt sein und bedürfen reflexiver Prozesse,
- aushalten und akzeptieren, dass Schülerinnen und Schüler nicht im Gleichschritt lernen und nicht alle, zur gleichen Zeit, alles können (Gold, 2016),
- beachten, dass bei innerer Differenzierung nach ausschließlich schulischem Leistungsniveau die Gefahr lauert, dass sich Kinder und Jugendliche mit Lernschwierigkeiten immer wieder in denselben unteren Leistungsgruppen wiederfinden (Schröder, 2005),
- wissen, dass ein Teil der Kinder mit Verhaltensschwierigkeiten auf ein Überangebot an innerer Differenzierung mit Störverhalten reagiert, was sich aufgrund einer subjektiven Überforderung zeigen kann (Textor, 2018),

- bedenken, dass unverhältnismäßige Individualisierung im Unterricht zu einer Vereinzelung führen würde und die Förderung sozialer Kompetenzen keine ausreichende Basis hätte (Helmke, 2013),
- schülergesteuerte Formen der Differenzierung und Individualisierung in der Unterrichtspraxis eher ermöglichen, dass die Lernenden selbst die für sie passenden und sie interessierenden Aufgaben auswählen und somit ihren Lernprozess auch selbst regulieren (Helmke, 2013),
- sich nicht als Einzelkämpfer sehen, sondern die gemeinsame Verantwortung für die Teilhabe aller Lernenden als Teamaufgabe verstehen.

Der letztgenannte Punkt impliziert die gegenseitige Akzeptanz der Heterogenität in einem Team (▶ Kap. 7.2).

5.3 Wie nutzen wir den Nachteilsausgleich im zielgleichen Unterricht?

5.3.1 Nachteilsausgleich – Was ist damit gemeint?

Der Nachteilsausgleich ist zum gegenwärtigen Zeitpunkt zweifellos ein viel diskutierter Aspekt der inklusiven Beschulung. Ist Nachteilsausgleich für eine bestimmte Gruppe Lernender in einem inklusiven Unterricht überhaupt angebracht? Bekommt in einem inklusiven Unterricht nicht *jeder* Lernende genau das, was er zum Lernen braucht, unabhängig davon, welche Schwierigkeiten vorliegen? Diese Fragen werden uns in den nächsten Jahren weiter begleiten. In diesem Kapitel geht es darum, den Sinn von Nachteilsausgleich zu verstehen und ihn als *ein* Instrument im Umgang mit Heterogenität zu nutzen.

Nachteilsausgleich gibt vorrangig Schülerinnen und Schülern mit einer Behinderung einen formalen Rechtsanspruch auf eine Anpassung des Bildungsangebotes (Glockengiesser, 2014). Hierbei handelt es sich um Maßnahmen, die behinderungsbedingte Nachteile der betroffenen Schülerinnen und Schüler ausgleichen und ihnen dadurch gleichberechtigte Bildungschancen einräumen.

»Nachteilsausgleiche dienen dazu, Einschränkungen durch Beeinträchtigungen oder Behinderungen auszugleichen oder zu verringern. Sie sollen ermöglichen, Leistungen mit anderen zu vergleichen« (KMK, 2011, S. 10).

5.3 Wie nutzen wir den Nachteilsausgleich im zielgleichen Unterricht?

Die Vorgaben der Kultusministerkonferenz zum Nachteilsausgleich in der Schule nehmen Kinder und Jugendliche mit Behinderungen in den Blick, die beim schulischen Lernen sonderpädagogische Bildungs-, Beratungs- und Unterstützungsangebote benötigen. Ebenso werden Schülerinnen und Schüler mit chronischen Erkrankungen, psychischen Beeinträchtigungen oder mit besonderen Schwierigkeiten im Lesen, Rechtschreiben oder Rechnen berücksichtigt, ohne dass bei ihnen zwingend ein sonderpädagogischer Unterstützungsbedarf vorliegt. Die Empfehlungen werden von den einzelnen Bundesländern adaptiert und auf unterschiedliche Weise formalisiert.

> Ein passgenauer Umgang mit Nachteilsausgleich setzt voraus, dass Lehrkräfte erkennen, worin der Nachteil eines Lernenden aufgrund seiner Behinderung bzw. Beeinträchtigung konkret besteht.

Sind es motorische, kognitive, sprachliche, sozial-emotionale Beeinträchtigungen, Sinneseinschränkungen, besondere Schwierigkeiten im Schriftspracherwerb oder im Erwerb mathematischer Fähigkeiten? Und welche sind es genau? Es ist zunächst die Frage zu klären, ob die Auswirkungen der jeweiligen Behinderung bzw. Beeinträchtigung erfolgreiches Lernen überhaupt hemmen und wenn ja, wie und wodurch dies geschieht. Je genauer der sogenannte Nachteil des Lernenden analysiert wird, desto leichter fällt es Pädagoginnen und Pädagogen, individuelle Bedürfnislagen zu erkennen und eine Entscheidung für eine entsprechende Maßnahme zu treffen, die im besten Fall den Nachteil verringert oder vollständig ausgleicht. Das Ziel besteht darin, diese Schülerinnen und Schüler darin zu unterstützen, ihre mögliche Leistungsfähigkeit voll ausschöpfen zu können (KMK, 2011). Wird ein Nachteilsausgleich festgelegt, sollten die Maßnahmen in Verbindung mit weiteren schulischen Förderbemühungen (unterrichtsintegrierte, unterrichtsergänzende Förderung) oder außerschulischen Angeboten gedacht werden. Der Nachteilsausgleich ist somit als *eine* Maßnahme innerhalb eines Förderprozesses zu betrachten. Während zum pädagogischen Alltag unterstützende Hilfen oder binnendifferenzierende Maßnahmen innerhalb einer Lerngruppe dazugehören, ist der Nachteilsausgleich eine Maßnahme, die über eine Binnendifferenzierung für alle Lernenden hinausgeht.

Der Begriff Nachteilsausgleich ist Pädagoginnen und Pädagogen längst geläufig. Deren Begriffsverständnisse, Haltungen und inhaltliche Auslegungen sind die Grundlage für ihr pädagogisches Agieren. Seit Jahrzehnten wird an deutschen Schulen darum gerungen, die erschwerenden Voraussetzungen von Kindern und Jugendlichen mit Behinderungen und Beeinträchtigungen zu berücksichtigen und anzuerkennen. Dennoch ist der Umgang mit Nachteilsausgleich im deutschsprachigen Raum kaum erforscht (Geber, 2017). Momentan verstärkt sich in der schulischen Praxis eher der Eindruck, dass, aufgrund fehlender Handlungsalternativen und teilweiser Unsicherheiten bei der Konfrontation mit Schwierigkeiten verschiedenster Art, Nachteilsausgleich zu einem Allheilmittel für die Bewältigung sämtlicher Probleme in heterogenen Lerngruppen mutiert. Begriffe wie pädagogischer Nachteilsausgleich und sonderpädagogischer Nachteilsausgleich werden in Beratungsgesprächen geprägt, um die Legitimation von Übergangslösungen bis zur Feststellung eines (sonderpädagogischen) Förderbedarfs zu rechtfertigen. Das macht die ganze Sache nicht unbedingt einfacher! Wirkt doch nun der Nachteilsausgleich hinsichtlich seiner Bestimmung wie ein endlos zu ziehendes Gummiband.

Die Verantwortung für die Gestaltung von Nachteilsausgleich wird den Akteurinnen und Akteuren auf Schulebene überlassen. Zwar wird inzwischen in den einzelnen Bundesländern durch Erlasse und Verordnungen ein rechtlicher Rahmen gesetzt, dennoch verbleibt für Lehrkräfte in der inklusiven Schule ein weiteres komplexes Aufgabenfeld, das einer engen schulinternen Abstimmung und Verbindlichkeit zum Wohle des einzelnen Kindes und Jugendlichen bedarf (Geber, 2017). Auch wenn sich Lehrkräfte bei der Vielzahl von Entscheidungen zum Nachteilsausgleich zunächst unsicher, auch überfordert fühlen, sind sie diejenigen, die mit ihrer pädagogischen Kompetenz am besten in der Lage sind, gemeinsam mit den Lernenden und in Absprache mit deren Eltern nach optimalen Lernbedingungen zu suchen und die verschiedenen Optionen zu nutzen, die das Lernen bei Behinderung bzw. Beeinträchtigungen unterstützen.

»Ein Nachteilsausgleich ist stets auf den Einzelfall abzustimmen, da bei gleichen Erscheinungsformen nicht immer gleiche Formen des Nachteilsausgleiches angemessen sind« (KMK, 2011, S. 11).

Ein Nachteilsausgleich ist kein starres Konstrukt an Vorgaben, sondern ein sich ständig verändernder Rahmen, der immer wieder geprüft und angepasst wird. In länderspezifischen rechtlichen Regelungen wird darauf verwiesen, dass der Nachteilsausgleich jährlich neu zu bestimmen ist. Ein Katalog an Empfehlungen, so wie ihn mehrere Bundesländer in Form von Handreichungen inzwischen präferieren, kann Pädagoginnen und Pädagogen zunächst eine gute Orientierung geben, da sie aus einer Vielzahl an Vorschlägen zur Umsetzung schöpfen können.

5.3 Wie nutzen wir den Nachteilsausgleich im zielgleichen Unterricht?

Schaut man genauer hin, sind die Formen von Nachteilsausgleich überschaubar. Sie umfassen:

- die Zeitstruktur,
- räumliche Gegebenheiten,
- personelle Hilfe und Assistenz,
- sächliche (technische) Hilfen,
- didaktisch-methodische Modifikationen.

Die Vergleichbarkeit von schulischen Leistungen, als eine wesentliche Anforderung an den Nachteilsausgleich, beinhaltet durchaus Konfliktpotenzial bis hin zu Rechtsstreitigkeiten. Schwierig wird es vor allem dann, wenn keine Trennschärfe zwischen Ausgleichsmaßnahmen und *zusätzlicher* Hilfestellung besteht (Schnell, 2013). Auf der einen Seite stehen die Eltern, die den Rechtsanspruch ihrer Kinder vertreten, und auf der anderen die Pädagoginnen und Pädagogen, die die Vergleichbarkeit von Leistungen, einschließlich von Prüfungen, für das Erreichen von Schulabschlüssen sichern. Lehrkräfte sollten sich dazu in den rechtlichen Grundlagen sicher auskennen, deren Handlungsspielräume nutzen und besorgten Eltern beratend zur Seite stehen.

Geht es im Rahmen des Nachteilsausgleiches um eine Maßnahme wie z. B. eine Zeitverlängerung in Leistungsbewertungssituationen, ist das häufig schnell und unproblematisch zu regeln. Wird allerdings eine sächliche Unterstützung benötigt, beispielsweise ein Laptop, um die verlangsamte Schreibmotorik eines Jugendlichen aufgrund einer körperlichen Beeinträchtigung auszugleichen, sind mitunter langwierige Antragstellungen an Schulträger oder weitere Institutionen nötig. Die konkrete Umsetzung von Maßnahmen erscheint im Einzelfall gerade dann mühsam, wenn nicht alle Beteiligten an einem Strang ziehen oder personelle, materielle und räumliche Ressourcen fehlen.

Anna wird aufgrund einer ausgeprägten Konzentrations- und Aufmerksamkeitsproblematik ermöglicht, schriftliche Leistungsüberprüfungen mit Zeitverlängerung in einem ruhigen Nebenraum zu erbringen (Nachteilsausgleich = Veränderung der Zeitstruktur, Veränderung von räumlichen Gegebenheiten).

Da der Nebenraum ab sofort auch für Förderzwecke genutzt werden muss, kann der Nachteilsausgleich für Anna nicht in jeder Leistungssituation umgesetzt werden. In diesem Fall wird für die Schülerin ein möglichst reizarmer Arbeitsplatz im Klassenraum eingerichtet, der ihr ein Erbringen der Leistung mit Zeitverlängerung ermöglicht.

Nicht jeder Maßnahmenvorschlag scheint demnach im Einzelfall schulorganisatorisch sofort uneingeschränkt umsetzbar. Dennoch gilt es, dem Nachteil entsprechend Maßnahmen abzuleiten, die den Lernenden zum jeweiligen Zeitpunkt die besten Lernchancen innerhalb der bestehenden Gegebenheiten ermöglichen und vor allem ihren individuellen Bedürfnissen gerecht werden. Die Maßnahmen des Nachteilsausgleichs sollten stets der einzelnen Schülerin oder dem einzelnen Schüler entsprechen und nicht umgekehrt.

5.3.2 Was kann Nachteilsausgleich leisten und was nicht?

Es handelt sich bei Nachteilsausgleich definitiv *nicht* um eine Bevorzugung der Lernenden mit Behinderung bzw. Beeinträchtigungen gegenüber anderen Schülerinnen und Schülern der Lerngruppe. Nachteilsausgleich ermöglicht eine chancengleiche Teilhabe am zielgleichen Unterricht. Die jeweiligen fachlichen Anforderungen werden weder verringert noch das angestrebte Lernziel des Faches sowie Inhalte und Umfang von Prüfungsanforderungen angetastet. Der Anspruch an die Qualität der Ergebnisse wird in keiner Weise geringer bemessen (Haider, Pertzel, Schmieg & Schütte, 2015).

Beispiel 1: Vorgehen im Rahmen einer Mathematikarbeit

Die Umfangsreduktion von Aufgaben einer Mathematikarbeit, beispielsweise um die Hälfte der Aufgaben, kann nicht als Nachteilsausgleich bezeichnet werden. Denn: Im zielgleichen Unterricht sollte eine in der Quantität reduzierte Mathematikarbeit (Anforderungsreduzierung) auch nur als solche bewertet werden (... % der Gesamtleistung wurde erbracht). Eine Zeitverlängerung, angepasst an den Gesamtumfang der Mathematikarbeit ist wiederum ein Nachteilsausgleich, da die inhaltlichen Anforderungen unverändert bleiben und sich nur die zeitliche Rahmenbedingung innerhalb des zielgleichen Unterrichts ändert. Die Schülerin/der Schüler erhält beispielsweise 15 Minuten mehr Zeit für die Bewältigung des Gesamtumfanges der Mathematikarbeit.

5.3 Wie nutzen wir den Nachteilsausgleich im zielgleichen Unterricht?

Beispiel 2: Vorgehen im Rahmen eines Gedichtvortrages

Das Lernen eines Gedichtes von sechs Strophen fällt Alexander leicht. Er erhält für seinen Gedichtvortrag die Note Eins. Fabian fällt es aufgrund seiner eingeschränkten Merkfähigkeit schwer, ein Gedicht von sechs Strophen zu reproduzieren. Er darf drei Strophen lernen und erhält für seinen Gedichtvortrag ebenfalls die Note Eins. Alexander und Fabian erhalten demzufolge im zielgleichen Unterricht die gleiche Note für eine vom Umfang her deutlich unterschiedliche Lernleistung. Geht das?

Auch hier bestünde die Möglichkeit, den reduzierten Umfang des Gedichtvortrages im Sinne einer zielgleichen differenzierten Lernanforderung zu benoten (... % der Gesamtleistung). Hilfen im Sinne eines Nachteilsausgleichs könnten Maximilian das Erbringen des vollen Umfangs der Leistung ermöglichen, z. B. indem das Gedicht mit Merkhilfen versehen wird oder der Schüler eine Verlängerung der Lernzeit erhält.

Bei jedem Nachteilsausgleich ist demnach ein Ausloten der Verhältnismäßigkeit notwendig, da in rechtlichen Vorgaben *das Kriterium der vergleichbaren Leistung* im Mittelpunkt steht. Es findet ein ständiger Abwägungsprozess zwischen individueller Bedürfnislage einerseits und zielgleicher Leistungsanforderung andererseits statt. Knifflig wird es vor allem dann, wenn sich die Art und Weise der Leistungserbringung ändert.

»Es gilt, Bedingungen zu finden, unter denen Kinder und Jugendliche ihre Leistungsfähigkeit unter Beweis stellen können, ohne dass die inhaltlichen Leistungsanforderungen grundlegend verändert werden« (KMK, 2011, S. 10).

Diese Bedingungen können u. a. über den Einsatz *veränderter Formen der Leistungsfeststellung* gegeben sein. In diesem Falle wird beispielsweise eine schriftliche Leistungsanforderung durch eine mündliche ersetzt oder umgekehrt. Oftmals sind beim Nachteilsausgleich gerade kreative Lösungen gefragt, die von konventionellen Maßnahmen abweichen und einen hohen Lernanreiz für die Lernenden mit Behinderung bzw. Beeinträchtigung auslösen. Hier gilt: Die jeweilige Äquivalenzleistung soll eine inhaltliche Vergleichbarkeit sichern.

5 Wie gelingt zielgleicher Unterricht?

> Wenn für einen Jugendlichen mit einer Störung der pragmatisch-kommunikativen Fähigkeiten die Möglichkeit besteht, eine geplante Präsentation im Fach Geschichte im Vorfeld mit einem Medium seiner Wahl aufzunehmen, wird er seine volle Leistungsfähigkeit mithilfe des Mediums unter Umständen eher entfalten können als bei einer Präsentation mit Blickkontakt vor der ganzen Lerngruppe.

Nicht nur in Leistungssituationen, sondern auch im Rahmen von Abschlussprüfungen haben Schülerinnen und Schüler mit Behinderungen bzw. Beeinträchtigungen einen Rechtsanspruch auf Maßnahmen, die der äußeren Anpassung von Rahmenbedingungen dienen. Es versteht sich von selbst, dass ein Nachteilsausgleich nicht erst kurz vor den Prüfungen in der Sekundarstufe I oder Abiturprüfungen geltend gemacht werden kann. Vielmehr sind die Maßnahmen Gegenstand langjähriger Förderpraxis und nur dann sinnstiftend, wenn sie in Lernsituationen immer wieder an die Bedürfnisse des Einzelnen angepasst werden. Nur wenn die Lernenden selbst veränderte Rahmenbedingungen und unterschiedliche Nachteilsausgleiche im täglichen Unterricht erproben, gemeinsam mit den Lehrkräften reflektieren und anpassen, werden sie in Prüfungssituationen auf diese Erfahrungen zurückgreifen können. Denn, auch der Umgang mit einer Zeitverlängerung oder der Gebrauch technischer Hilfen sollte vorher geübt sein!

Die Frage, ob ein *Nachteilsausgleich auf dem Zeugnis* ausgewiesen werden sollte, erübrigt sich, wenn der Kerngedanke des Begriffes Nachteilsausgleich verstanden wird. Keiner Lehrkraft würde je einfallen, die Brillenträger einer Lerngruppe aufzufordern, die individuellen Sehhilfen während einer Klassenarbeit abzusetzen, um dem Gleichheitsgrundsatz innerhalb der heterogenen Lerngruppe zu entsprechen. Niemand würde auf den Gedanken kommen, das Tragen einer Brille auf dem Zeugnis zu erwähnen. Warum auch? Wenn also der Nachteil kein Vorteil ist, die Vergleichbarkeit von Leistungen erfüllt und die inhaltlichen Leistungsanforderungen unberührt bleiben, besteht für Kinder und Jugendliche mit Behinderungen bzw. Beeinträchtigungen kein Grund, sie durch entsprechende Vermerke auf Zeugnissen oder weiteren Dokumenten gegenüber anderen Personen bloßzustellen.

> Ein Nachteilsausgleich wird *nicht* auf dem Zeugnis der Schülerin bzw. des Schülers vermerkt.

Abweichungen von den allgemeinen Grundsätzen der Leistungsbewertung werden hingegen auf Zeugnissen dokumentiert. Das ist der Fall, wenn Teilleistungen

5.3 Wie nutzen wir den Nachteilsausgleich im zielgleichen Unterricht?

eines Lernbereiches in der Benotung unberücksichtigt bleiben oder sogar ein temporäres Aussetzen einer Note erfolgt.

Diese Maßnahmen dienen sicherlich dazu, Kinder und Jugendliche zu bestärken und ermutigen, indem sie nicht ständig mit ungenügenden Leistungsbewertungen konfrontiert werden (Gold, 2016).

Mit Vorgehen dieser Art ist eine gleichzeitige Intensivierung des bisherigen Förderprozesses angeraten, denn eine Nichtbenotung von Teilleistungen bis hin zur vollständigen Notenaussetzung bewirkt, obgleich motivationale Lernaspekte Berücksichtigung finden, keine Verbesserung der eher schwach entwickelten Fähigkeiten. Bleibt entsprechende Förderung aus, können sich Lernlücken verfestigen oder neben den schon vorhandenen weitere auftun.

Dem Instrument Nachteilsausgleich im zielgleichen Unterricht sind *Grenzen* gesetzt, wenn Nachteile bei Behinderung bzw. Beeinträchtigung trotz umfassender Anpassungen nicht mehr ausgeglichen werden können. Dies zeigt sich u. a. darin, dass inhaltliche Anforderungen in Teilbereichen oder vollständig nicht erfüllt werden und die Vergleichbarkeit von Leistungen aufgrund geringerer fachlicher Anforderungen nicht mehr gegeben ist.

Durch *Lernzielanpassungen* in dem jeweiligen Lernbereich kann in einem weiteren Schritt ein Angleichen der fachlichen Anforderungen an die individuellen Fähigkeiten der Kinder und Jugendlichen (Glockengiesser, 2014) erfolgen.

> Lernzielanpassungen betreffen quantitative und/oder qualitative Veränderungen der Leistungsanforderung verbunden mit geringeren fachlichen Ansprüchen.

Die Konsequenzen, die mit der Entscheidung einer dauerhaften Lernzielanpassung verbunden sind, sollten im Vorfeld mit allen Beteiligten gut besprochen sein, denn vorschnelle Festlegungen können Entwicklungswege und Bildungslaufbahnen beeinflussen. Bevor Lernzielanpassungen getroffen werden, sollten alle bisherigen schulischen Maßnahmen auf den Prüfstand gestellt werden. Lernzielanpassungen werden auf Zeugnissen vermerkt.

Abschließend lohnt es sich, das eigene Wissen zu dieser umfassenden Problematik noch einmal zu überprüfen. Was wissen Sie nun über den Umgang mit Nachteilsausgleich? An welchen Stellen bedarf es für Sie noch näherer Informationen, die einer weiteren Recherche bedürfen?

5 Wie gelingt zielgleicher Unterricht?

> *Nachteilsausgleich – einige Fragen:*
>
> Was bedeutet Nachteilsausgleich im Kern?
> Welchen Kindern und Jugendlichen steht Nachteilsausgleich rechtlich zu?
> Welche grundlegenden Formen von Nachteilsausgleich gibt es?
> Weshalb wird ein Nachteilsausgleich nicht auf Zeugnissen vermerkt?
> Wann scheint die Grenze von Nachteilsausgleich erreicht und welche weiteren Möglichkeiten stehen in diesem Fall zur Diskussion?

5.3.3 Nachteilsausgleich festlegen – Ein Vorgehen Schritt um Schritt

Der folgende Handlungsleitfaden soll Lehrkräfte dabei unterstützen, Handlungssicherheit im Umgang mit Nachteilsausgleich zu gewinnen. Er soll die Kommunikation in pädagogischen Teams anregen und die Zusammenarbeit mit den Schülerinnen und Schülern sowie den Eltern mithilfe von ausgewählten Fragen erleichtern.

1. Auswirkungen der Behinderung bzw. Beeinträchtigung auf den Lernprozess beobachten und beschreiben:
   - Wie lernt die Schülerin/der Schüler in der Lerngruppe u. a. aus Sicht der Lehrkräfte?
   - Welche Schwierigkeiten zeigen sich konkret im Lernprozess?
   - Was äußert die Schülerin/der Schüler selbst, welche Hilfen sie/er braucht?
   - Was beobachten und beschreiben die Eltern in Bezug auf die Bewältigung schulischer Aufgaben ihres Kindes zu Hause?
2. Einschätzen, ob unter den gegebenen schulischen Bedingungen ein Nachteil für die Schülerinnen und Schüler vorhanden ist, und ggf. prüfen, ob und wie chancengerechtere Lern- und Leistungssituationen möglich sind:
   - Was braucht die Schülerin/der Schüler (noch), damit sie/er uneingeschränkt zeigen kann, wozu sie/er in der Lage ist?
   - Welche behinderungsbedingten bzw. beeinträchtigungsbedingten Nachteile sind konkret auszugleichen? Was wird kompensiert?
3. Vorschläge im pädagogischen Team abwägen und auswählen:
   - Welche Formen des Nachteilsausgleiches kommen überhaupt in Frage (Zeit, Raum, Materialien, personelle Hilfen, sächliche und technische Hilfen, didaktisch- methodische Anpassungen)?

- Wie können die Formen des Nachteilsausgleiches mit konkreten Maßnahmen unterlegt werden?
- Welche Maßnahmen sind besonders in Lernsituationen sinnvoll?
- Welche Maßnahmen sind besonders in Leistungssituationen möglich?
- Werden durch den Nachteilsausgleich die allgemeinen Richtlinien der Leistungsbewertung berührt und wenn ja, welche Konsequenzen sind damit verbunden?
- Wie werden die Maßnahmen in den gesamten Prozess der individuellen Förderung eingeordnet? Wie, wann und wo findet Förderung statt?

4. Verankern der Maßnahmen des Nachteilsausgleiches in einem Förderplan und informieren der Beteiligten:
   - Wie wird die Schülerin/der Schüler in den Austausch einbezogen?
   - Welche Vereinbarungen werden mit den Eltern getroffen?
   - Welche Absprachen bezüglich der Umsetzung nachteilsausgleichender Maßnahmen gibt es? Wie wird die Verbindlichkeit gesichert?
   - Wie werden wichtige Informationen für Fachlehrerinnen und -lehrer, auch Vertretungslehrerinnen und -lehrer griffbereit hinterlegt?

5. Regelmäßige Evaluation des Nachteilsausgleiches:
   - Wie werden die Maßnahmen von der Schülerin/dem Schüler angenommen und genutzt?
   - Was hat sich im Lernprozess und in Leistungssituationen verändert?
   - Was kann weitergeführt werden? Was hat sich nicht bewährt?

5.3.4 Gesetzliche Grundlagen und Empfehlungen in den Bundesländern – Ein Überblick

Gesetzliche Grundlagen

Die Bundesländer regeln auf Grundlage der Schulgesetze den Umgang mit Nachteilsausgleich in länderspezifischen Verordnungen, Verwaltungsvorschriften und Erlassen. Diese Gesetzestexte sind auf den Informationsseiten der jeweiligen Kultusministerien, online meist unter dem Stichwort Schulrecht, einsehbar. Regelungen zum Nachteilsausgleich sind u. a. in den Schulordnungen der Schularten, Sonderpädagogischen Förderverordnungen, Leistungsbewertungs-, Prüfungs- und Zeugnisverordnungen sowie in Regelungen zum Gemeinsamen Unterricht und zur inklusiven Beschulung aufgeführt. In den Vorschriften finden sich einzelne Paragraphen direkt zum Begriff Nachteilsausgleich sowie weitere Umschreibungen des Begriffes, wie Ausgleichsmaßnahmen, besondere pädagogische Maßnahmen oder ausgleichende Hilfen. Das Grundanliegen von Nachteilsausgleich wird in allen Dokumenten geklärt.

Der Anspruch auf Nachteilsausgleich nach der Feststellung eines sonderpädagogischen Förderbedarfs ist in allen 16 Bundesländern unumstritten. Die von der KMK (2003) formulierten Grundsätze für die Förderung von Schülerinnen und Schülern mit besonderen Schwierigkeiten im Lesen, Rechtschreiben oder im Rechnen unterstreichen den Anspruch auf unterstützende Maßnahmen auch für diese Zielgruppe:

»Ein Nachteilsausgleich oder ein Abweichen von den allgemeinen Grundsätzen der Leistungsbewertung kommt beim Erlernen von Lesen und Rechtschreiben in Betracht und wird mit andauernder Förderung in den höheren Klassen wieder abgebaut« (KMK, 2003, S. 2).

Für Schülerinnen und Schüler mit besonderen Schwierigkeiten im Rechnen empfiehlt die Kultusministerkonferenz die Nutzung pädagogischer Möglichkeiten einer differenzierten Förderung. Einen Hinweis auf Nachteilsausgleich für diese Kinder und Jugendlichen gibt es nicht. Laut KMK (2003) kann das Erscheinungsbild bei besonderen Schwierigkeiten im Rechnen nicht mit einer Lese-Rechtschreibschwäche gleichgesetzt werden.

»Während Schülerinnen und Schüler mit einer Lese-Rechtschreibschwäche ihre fachbezogenen Fähigkeiten, Fertigkeiten und Kenntnisse in der Regel durch mündliche Beiträge in den Unterricht einbringen können, wäre bei einer Berücksichtigung von Rechenstörungen eine Notengebung im Fach Mathematik und in vielen Bereichen der naturwissenschaftlichen Fächer ohne Verletzung des Grundsatzes der gleichen Leistungsbewertung kaum mehr möglich, da das Ergebnis verfehlter Rechenoperationen häufig dysfunktional ist« (KMK, 2003, S. 5).

Die Kultusministerkonferenz stellt jedoch nicht die Praxis einzelner Bundesländer in Frage, die gerade im Primarbereich bei manifesten Rechenstörungen Hilfen im Sinne eines Nachteilsausgleichs gewähren, um der »Generalisierung von Misserfolgserlebnissen auf die allgemeine Lernmotivation vorzubeugen« (KMK, 2003, S. 6). Damit ist zu erklären, dass auf die Bedürfnisse von Schülerinnen und Schülern mit besonderen Schwierigkeiten im Rechnen deutschlandweit unterschiedlich eingegangen wird und sie in entsprechenden rechtlichen Regelungen mehr oder weniger bedacht werden. Die Gewährleis-

5.3 Wie nutzen wir den Nachteilsausgleich im zielgleichen Unterricht?

tung eines Nachteilsanspruchs für diese Zielgruppe scheint momentan davon abhängig zu sein, in welcher Region der Bundesrepublik die Kinder und Jugendlichen zur Schule gehen. So wird für Lernende mit besonderen Schwierigkeiten im Rechnen in Mecklenburg-Vorpommern Anspruch auf Nachteilsausgleich bis zum Ende der Sekundarstufe I, in Hessen in der Grundschule und in Rheinland- Pfalz (noch) nicht verfügt.

Für Schülerinnen und Schüler mit besonderen Schwierigkeiten im Lesen und Rechtschreiben wird der Nachteilsausgleich in fast allen Bundesländern in gesonderten Verwaltungsvorschriften und Erlassen geregelt. In den rechtlichen Grundlagen werden unterschiedliche Definitionsansätze hinsichtlich der Beschreibung der Zielgruppe mit besonderen Schwierigkeiten im Lesen und Rechtschreiben deutlich. Je nachdem, wie weit oder eng die Definition der Zielgruppe gefasst wird, ergeben sich daraus Abweichungen hinsichtlich rechtlicher Festlegungen von Bundesland zu Bundesland.

Damit Nachteilsausgleich über den Primarbereich hinaus für Lernende geltend gemacht werden kann, bedarf es in den meisten Bundesländern einer förmlichen Anerkennung der besonderen Schwierigkeiten, meist über ein externes Fachgutachten. Einige Bundesländer (z. B. Hessen) verfügen andere Wege. Hier sind die Feststellung und Diagnose sowohl in der Grundschule als auch in der Sekundarstufe I nicht Aufgabe von außerschulischen Instituten. Vielmehr darf die Einzelschule im Rahmen des schuleigenen Förderkonzeptes eine Feststellung der besonderen Schwierigkeiten im Lesen, Rechtschreiben oder im Rechnen vornehmen und entsprechende Fördermaßnahmen einleiten, die in einem Förderplan verankert sind. Die Entscheidung über die Gewährung und Dauer eines Nachteilsausgleichs obliegt der Klassenkonferenz. Während in Mecklenburg-Vorpommern die Diagnostik über zentrale Fachdienste erfolgt, darf in Hessen die Einzelschule entscheiden, ob ein normiertes Testverfahren zur Anwendung kommt oder der Förderbedarf auf andere Weise ermittelt wird, z. B. mithilfe informeller Verfahren wie einer systematischen Lernentwicklungsbeobachtung, der Analyse von Arbeitsproben sowie Eltern- und Schülergesprächen (Hessisches Kultusministerium, 2017).

In fast allen Bundesländern herrscht Einigkeit darüber, dass Nachteilsausgleich bei sonderpädagogischem Förderbedarf und besonderen Schwierigkeiten im Lesen und Rechtschreiben nach entsprechenden Antragsverfahren in Prüfungen der Sekundarstufe I und auch in Abiturprüfungen gewährt werden kann, sofern dieser bereits vorher in Lern- und Leistungssituationen gewährt wurde. Maßnahmen, die in mündlichen und schriftlichen Abschlussprüfungen in Frage kommen, werden konkret benannt. Sie beziehen sich auf die angemessene Verlängerung der Vorbereitungs- und Arbeitszeit, Zulassung von besonderen technischen Hilfsmitteln sowie Anpassung von räumlichen oder personellen Bedingungen.

Anstelle des Begriffes Notenschutz wird in den gesetzlichen Vorgaben eher von Abweichungen von den allgemeinen Grundsätzen der Leistungsbewertung gesprochen. Jegliche Formen des Abweichens von den allgemeinen Grundsätzen der Leistungsbewertung sind auf dem Zeugnis zu vermerken. Eine vorübergehende Aussetzung der lese- und rechtschreibbezogenen Leistungsbewertung in der Primarstufe und Sekundarstufe I wird in einigen Rechtsverordnungen als zulässig benannt. Es gibt Bundesländer, die ein vollständiges Aussetzen von Noten nicht zulassen, wie z. B. Mecklenburg-Vorpommern.

Handreichungen

In Handreichungen und Leitfäden der Ministerien werden weiterführende Informationsportfolios für Lehrkräfte angeboten, die den länderspezifischen Rechtsverordnungen entsprechen. Neben Empfehlungen zur Ausgestaltung der Förderung für Schülerinnen und Schüler mit besonderen Schwierigkeiten im Lesen und Rechtschreiben oder im Rechnen enthalten sie Hinweise zum Umgang mit Nachteilsausgleich sowie zur Ausgestaltung einer pädagogischen und zu Besonderheiten einer sonderpädagogischen Förderung. Betrachtet werden Aspekte der Prävention, Gestaltung von Rahmenbedingungen, Verfahrenswege bei Feststellungsverfahren und Fördermöglichkeiten. Die Dokumente unterscheiden sich zwar hinsichtlich der Quantität und inhaltlichen Tiefe der Informationen, dennoch bieten sie allesamt eine umfassende thematische Orientierung.

Die Handreichung *Besondere Schwierigkeiten beim Lesen, Rechtschreiben oder Rechnen* (Hessisches Kultusministerium, 2017) umfasst einen strukturierten Überblick über das Vorgehen im Bundesland Hessen. Hier werden die geltenden Rechtsvorschriften aufgeführt, wesentliche Paragraphen ausführlich und verständlich erläutert und mit Empfehlungen zur Umsetzung verknüpft. Leitfäden für jede Schulart, Formblätter für Beschlussfassungen sowie Förderplanbeispiele werden ebenso bereitgestellt wie umfassende Materialsammlungen mit weiteren Literaturempfehlungen und vertiefenden Informationen.

Das Ministerium für Bildung in Sachsen-Anhalt (2017) veröffentlichte die Handreichung *Leistung fordern, fördern und bewerten. Nachteilsausgleich richtig anwenden.* Auch in diesem Handbuch werden zunächst die rechtlichen Grundlagen erläutert und die Zielgruppen für Nachteilsausgleich benannt. Die Lehrkräfte erhalten Informationen zu Verfahrensgrundsätzen und Formen sowie Anregungen zur Gewährung von Nachteilsausgleich in den sonderpädagogischen Förderschwerpunkten und bei besonderen Schwierigkeiten im Lesen und Rechtschreiben oder im Rechnen.

Diese beiden Beispiele stehen exemplarisch für die zahlreichen Materialsammlungen, die in den letzten Jahren auf Länderebene zu diesem Thema erarbeitet wurden. Sie wurden aufgrund ihrer Aktualität und inhaltlichen Güte für diese Kurzbeschreibung ausgewählt.

In der Bundesrepublik wird über die Fachverbände Legasthenie und Dyskalkulie ein langjähriges und umfassendes Beratungsangebot realisiert. Entsprechende Dokumentationen dazu finden sich auf den Homepages der Landesverbände. Hier erhalten Eltern, Schülerinnen und Schüler sowie Lehrkräfte aktuelle Informationen über Fördermöglichkeiten bei besonderen Schwierigkeiten sowie Auskünfte über gesetzliche Regelungen und weitere Ansprechpartner. Deutschlandweit entstand seit den Bemühungen um Inklusion im Bildungssystem ein flächendeckendes Netz an regionalen Beratungs- und Unterstützungseinrichtungen, die sich vor Ort u.a. den Themenfeldern *Konzeptarbeit an Schulen, sonderpädagogische Förderung, inklusive Unterrichtung, Umgang mit Nachteilsausgleich* und *Elternberatung* zuwenden. Die verschiedenen Arbeitsgruppen der Landesinstitute für Lehrerbildung bzw. Qualitätssicherung in der Schule veröffentlichen praxisnahe Handreichungen, Empfehlungen und Leitfäden rund um das Themenfeld Nachteilsausgleich.

5.4 Wie fangen wir es nun an? Handlungsmöglichkeiten und Fallbeispiele zur Gewährung von Nachteilsausgleich bei Lernschwierigkeiten

Zunächst ist die Frage zu klären, ob und wie sich Handlungsmöglichkeiten zur Realisierung von Nachteilsausgleich von Maßnahmen der Differenzierung und Individualisierung abgrenzen lassen.

In Fortbildungen zur Thematik »Förderplanung« treffen wir in Gesprächen mit Lehrkräften gehäuft auf genau diese Problematik. Die Lehrkräfte berichten, dass es ihnen schwerfällt, Maßnahmen des Nachteilsausgleiches in einem Förderplan konkret zu benennen. Sie stellen interessante Fragen, wie:

5 Wie gelingt zielgleicher Unterricht?

> Ist die Maßnahme »Sitzplatz in Tafelnähe« nun ein Nachteilsausgleich für ein Kind oder nicht?
>
> Bei Analyse ihrer Förderpläne treffen wir auf eher allgemeine Maßnahmen, die zwar das Lernen vieler Kinder und Jugendlicher hilfreich unterstützen, jedoch weniger auf Maßnahmen, die passgenau an Problemstellen der Schülerinnen und Schüler mit Behinderung bzw. Beeinträchtigungen ansetzen.

Und wie verhält es sich mit dem »Sitzplatz in Tafelnähe«? Wenn bspw. eine Schülerin/ein Schüler mit einer Sehschädigung das Tafelbild nur erkennen kann, wenn sie/er möglichst nah an der Tafel sitzt, kann dies durchaus eine Maßnahme für einen Nachteilsausgleich sein. Die Schülerin/der Schüler erhält in diesem Fall in allen Fachräumen genau diesen Sitzplatz, um die Nachteile durch die Sehbeeinträchtigung auszugleichen.

Sowohl durch Binnendifferenzierung als auch durch Nachteilsausgleich wird die Individualität von Lernenden in den Mittelpunkt gerückt. Nachteilsausgleich ist als *eine Maßnahme der Individualisierung* für eine ausgewählte Zielgruppe zu verstehen, deren individuelle und situationsbezogene *Benachteiligungen* kompensiert werden sollen.

Mit dem Nachteilsausgleich steht ein Instrument zur Verfügung, das Individualisierungen in Lern- und Leistungssituationen unterstützt und somit eine Annäherung an das Ideal Chancengleichheit ermöglicht (Ludwig, 2016). Hierbei geht es um:

- verbindliche, temporäre oder längerfristige, gesetzlich verankerte Ansprüche und *nicht* um die wohlwollende Ausnutzung eines pädagogischen Ermessensspielraums von Lehrkräften,
- zusätzliche zeitliche, räumliche, personelle und sächliche Anpassungen zwecks Ausgleich einer Benachteiligung, die über diejenigen pädagogisch unterstützenden Maßnahmen hinausgehen, welche sich in einem guten Unterricht von selbst verstehen und das Lernen aller Schülerinnen und Schüler unterstützen.

> Eine saubere Tafelschrift mit deutlichen Schriftzeichen ist *keine* Maßnahme des Nachteilsausgleichs, sondern ein genereller Anspruch, über den man eigentlich kein Wort verlieren sollte.
>
> Das Formulieren einer transparenten Leistungserwartung ist es ebenso wenig, denn jeder Lernende hat jederzeit einen Anspruch darauf zu erfahren, worauf es in Beurteilungs- und Leistungssituationen ankommt.

5.4 Wie fangen wir es nun an?

Und ein Richtungspfeil zur Orientierung im Heft ist es schon gar nicht, denn dieser sollte ebenfalls allen Kindern bei Bedarf zur Verfügung stehen und nicht als Nachteilsausgleich für einzelne Kinder deklariert werden.

Einem Jugendlichen mit besonderen Schwierigkeiten im Rechtschreiben wird in Lern- und Leistungssituationen Nachteilsausgleich gewährt. Durch eine Zeitverlängerung gelingt es ihm, seine Rechtschreibleistungen mithilfe eines Nachschlagewerkes gründlich zu überprüfen und Rechtschreibstrategien in der Nachkorrektur anzuwenden.
Er kann selbstverständlich von weiteren binnendifferenzierenden und individualisierenden Maßnahmen im Unterricht profitieren, die seine Rechtschreibfähigkeiten unterstützen.

Nachteilsausgleich ergänzt die Maßnahmen der inneren Differenzierung und Individualisierung in einer heterogenen Lerngruppe um genau die Maßnahmen, die passgenau auf die besonderen Bedürfnisse einzelner Lernender zugeschnitten sind. Nachteilsausgleich als EINE Maßnahme von Individualisierung ist alleinig auf die individuellen Problemfelder ausgerichtet, die bei Lernenden durch eine Beeinträchtigung oder besondere Schwierigkeiten entstehen.

Im Folgenden wird die Gruppe der Schülerinnen und Schüler mit Lernschwierigkeiten in Bezug auf Handlungsmöglichkeiten bei konkreten Beeinträchtigungen in ihrem schulischen Lernen näher betrachtet. Zunächst geraten die Lernenden mit *besonderen Schwierigkeiten im Lesen, Schreiben und/oder Rechnen* in den Fokus der Auseinandersetzungen. Es geht darum, die Besonderheit der Lernenden genauer unter die Lupe zu nehmen und einen Bogen zu nachteilsausgleichenden Maßnahmen zu schlagen.

Da für Lernende mit *sonderpädagogischem Unterstützungsbedarf im Schwerpunkt Lernen* die Möglichkeit einer zielgleichen Unterrichtung in ausgewählten Fächern oder Lernbereichen besteht, wird auch diese Zielgruppe nachfolgend beleuchtet. Hier geht es darum aufzuzeigen, wie Nachteilsausgleich die Lernenden im zielgleichen Unterricht unterstützen kann, die Mindestanforderungen der Regelschule anzusteuern.

Die Fallbeispiele sollen Lehrkräften dabei helfen, Anknüpfungspunkte zur eigenen schulischen Praxis zu finden und Problemstellen der Lernenden gut im Blick zu behalten.

5.4.1 Nachteilsausgleich für Schülerinnen und Schüler mit besonderen Schwierigkeiten im Lesen und/oder Rechtschreiben

 Isabell, 13 Jahre – ein Fallbeispiel aus mehreren Perspektiven

Das sagt Isabell:
»Ich gehe gern zur Schule. Momentan besuche ich die siebte Klasse einer Regionalen Schule. Besonders gefällt mir der naturwissenschaftliche Unterricht, auch wenn ich mit den Noten in den Fächern momentan eher unzufrieden bin. Besondere Probleme habe ich im Deutschbereich. Das Erlernen des Lesens und Schreibens fiel mir von Anfang an schwer. Ich fühlte mich immer unsicher, obwohl ich doch zu Hause so viel geübt hatte. In der Grundschulzeit wurde eine Diagnostik durchgeführt, die meine besonderen Schwierigkeiten im Lesen und Rechtschreiben bestätigte. Seitdem erhalte ich Nachteilsausgleich. Gerade die Zeitverlängerungen kommen mir bei Kontrollen sehr entgegen. Einmal wöchentlich besuche ich eine lerntherapeutische Einrichtung, um im Lesen schneller und in der Rechtschreibung sicherer zu werden. Dort lerne ich Kniffe und Tricks, um in der Schule gut mitzukommen. Ein kleines Merkheft mit Rechtschreibregeln nutze ich jetzt sogar in Kontrollen. In der Schule nehme ich am LRS-Förderunterricht teil, der jetzt wieder regelmäßiger stattfindet.«

Das sagt Isabells Mutter:
»Isabell fiel schon im Kindergarten wegen einer verzögerten Sprachentwicklung auf. Sie sprach einfach deutlich später als gleichaltrige Kinder der Gruppe. In Elterngesprächen wurden wir darauf aufmerksam gemacht, dass Isabell Unsicherheiten in der phonologischen Bewusstheit zeigen würde. Bis zum Schuleintritt konnten wir diese Probleme, auch mithilfe einer logopädischen Behandlung und der frühen Förderung im Kindergarten, gut aufholen. Während der Grundschulzeit brauchte Isabell viel Unterstützung beim Erlernen des Lesens und Schreibens. Es flossen, vor allem in der ersten Klasse, viele Tränen.
Auch wenn Isabell bis heute langsam liest und ungern vorliest, erschließt sie sich inzwischen viele Textinhalte selbst. Das Rechtschreiben gelingt ihr, vor allem aufgrund ihrer gut trainierten Regelkenntnisse. Die mit der anerkannten Lese-Rechtschreibstörung verbundenen Schwierigkeiten zeigen sich nach wie vor bei Schreibleistungen im Fachunterricht und wenn

sie unter Zeitdruck gerät. Auch die Hausaufgaben bedürfen einer mehrfachen Selbstkontrolle oder Kontrolle durch uns. Jährlich wird der Nachteilsausgleich für das Schuljahr festgelegt und mit uns abgestimmt. Wir erleben die Lehrkräfte als kompetente Berater. Die Förderlehrerein hat sogar eine LRS-Qualifikation abgeschlossen. Unsere Tochter ist ein selbstbewusstes, fröhliches Kind. Sie kennt ihre Stärken und hat gelernt, ihre Schwächen im Lesen und Rechtschreiben nicht zu verstecken, sondern Hilfe anzunehmen, wenn sie sie braucht. Dafür bewundern wir sie.«

Das sagt Isabells neue Klassenlehrerin:
»Ich kenne Isabell seit diesem Schuljahr. Die anerkannte Lese- und Rechtschreibstörung wurde mir in der Förderplankonferenz übermittelt. Der Nachteilsausgleich aus Klasse sechs konnte in die siebte Klasse übernommen werden. Er wurde im Förderplan verschriftlicht und mit den Eltern und Isabell besprochen.
Sie erhält weiterhin eine Zeitverlängerung in Leistungssituationen und darf ein Regelmerkheft und ein Nachschlagewerk nutzen. Als Fachlehrerin in Mathematik und Physik hatte ich von Anfang an bemerkt, dass Isabell trotz der Zeitverlängerung Probleme zeigte, längere und komplexe Aufgabenstellungen zu erlesen und den Inhalt sinngerecht zu erfassen. Deshalb schlug ich als weitere Maßnahme eine Aufbereitung der komplexen Aufgaben in mehrere kurze Teilaufgaben vor, in denen der Operator zusätzlich unterstrichen wird. Bereits nach kurzer Zeit meldete Isabell mir zurück, dass sie deutlich besser mit den Aufgaben zurechtkäme. Das bestätigten auch ihre Lernergebnisse.«

Besondere Schwierigkeiten im Lesen und Rechtschreiben bleiben oft über die gesamte Schulzeit hinweg stabil (Gasteiger-Klicpera & Klicpera, 2014). Ohne entsprechende Förderung schaffen es Betroffene kaum, die Auswirkungen eines problematischen Schriftspracherwerbs gut in den Griff zu bekommen. Die KMK (2019) geht bei diesen Schülerinnen und Schülern von einem Unterstützungsbedarf im schulischen Lernen aus. Ein sonderpädagogischer Unterstützungsbedarf besteht für sie nicht, wenngleich die Auswirkungen mangelnder Lese- und Rechtschreibkompetenz auf die Lernleistungen dies in dem einen oder anderen Fall vermuten lassen. Die Übergänge können jedoch fließend sein, wenn Förderung ausbleibt und weitere Risikofaktoren die Lernentwicklung hemmen.

Ein Ziel der individuellen Förderung besteht darin, die besonderen Schwierigkeiten im Lesen und Rechtschreiben systematisch zu mindern, indem zunächst eine genaue Abklärung der Problemstellen erfolgt und in einem weiteren Schritt Fördermaßnahmen ausgewählt werden, die an diesen Problemstellen nahtlos ansetzen. Wissenschaftliche Erkenntnisse deuten darauf hin, dass sich in der Förderung ausschließlich Verfahren bewährt haben, die unmittelbar auf die Lernprozesse beim Lesen und Rechtschreiben ausgerichtet sind (Scheerer-Neumann, 2018).

Eher unspezifische Verfahren, wie visuelle, akustische Wahrnehmungstrainings, auch motorische Übungsprogramme und Aufmerksamkeitstrainings trainieren zwar das, was sie trainieren sollen, sind allerdings nicht wirksam in Bezug auf das Lesen und Rechtschreiben (Scheerer-Neumann, 2018). Demnach führt das Training allgemeiner Basisfunktionen bei Kindern mit Schwierigkeiten im Lesen und Rechtschreiben eher nicht zum Ziel (Born & Oehler, 2009).

In der spezifischen Förderung lernen Schülerinnen und Schüler Strategien zum Umgang mit den Schwierigkeiten, die sie im schulischen Kontext und darüber hinaus anwenden. Lösungsalgorithmen führen sie Schritt um Schritt durch Aufgaben. Die von Isabell benannten »Kniffe und Tricks« aus der Lerntherapie beziehen sich beispielsweise auf Strategien, die systematisches Wissen über Rechtschreibregeln vermitteln. Im Schulalltag greift die Schülerin mithilfe des Regelmerkheftes auf die Rechtschreibregeln zurück und wendet diese an. Die Lernenden darin fit zu machen, die Maßnahmen des Nachteilsausgleichs effektiv zu nutzen, ist als ein wesentliches Ziel der Förderung anzusehen.

Für Isabell besteht aus schulrechtlicher Perspektive sowohl ein Anspruch auf individuelle Förderung als auch auf Nachteilsausgleich. Ihre besonderen Schwierigkeiten im Lesen und Rechtschreiben werden momentan in ihrem Bundesland nach Definition einer Lernstörung betrachtet. In anderen Bundesländern werden schulrechtlich die Weichen dafür gestellt, auch Schülerinnen und Schülern mit Lernschwächen im Lesen und Rechtschreiben ein Anspruchsrecht einzuräumen.

Schülerinnen und Schüler mit besonderen Schwierigkeiten im Lesen und/oder Rechtschreiben werden zielgleich unterrichtet.

Während die Maßnahmen der individuellen Förderung bis zum Ende der Sekundarstufe I abgeschlossen sein sollen, bleibt der Anspruch auf Nachteilsausgleich auch in der Sekundarstufe II bestehen. In den gesetzlichen Grundlagen der Bundesländer finden sich entsprechende länderbezogene Regelungen. Die KMK (2003) formuliert in ihren Grundsätzen zur Förderung:

> »Für die individuelle Förderung der Schülerinnen und Schüler mit besonderen Schwierigkeiten im Lesen und im Rechtschreiben werden in Auswertung förderdiagnostischer Beobachtungen Förderpläne/Lernpläne entwickelt und für den individuell fördernden Unterricht genutzt. Sie sollen im Rahmen des schulischen Gesamtkonzeptes mit allen beteiligten Lehrkräften, den Eltern sowie den Schülerinnen und Schülern abgesprochen werden. Sie bilden die Grundlage für Maßnahmen der inneren und äußeren Differenzierung« (KMK, 2003, S. 2).

Damit Lehrkräfte im Rahmen der Förderarbeit zielsicher agieren können, bedarf es einer präzisen Beschreibung möglicher Erscheinungsformen. Nicht immer treten Schwierigkeiten im Lesen und Rechtschreiben gemeinsam auf. Es können:

- wie im Fallbeispiel Isabell, besondere Schwierigkeiten im Lesen und Rechtschreiben auftreten (Lese- Rechtschreibschwäche oder -störung) oder
- besondere Schwierigkeiten vorrangig im Rechtschreiben auftreten (isolierte Rechtschreibschwäche oder -störung) oder
- besondere Schwierigkeiten vorrangig im Lesen auftreten (isolierte Leseschwäche oder -störung).

Dazu kommen weitere Schwierigkeiten, die als Folge- oder Begleiterscheinungen auftreten können. Erst wenn diese Problemstellen identifiziert und näher beschrieben sind, lassen sich passgenaue Nachteilsausgleiche ableiten. Dieser Zusammenhang wird in der folgenden Tabelle (▶ Tab. 5.2) überblicksartig aufgegriffen. Hier werden Unterstützungsmöglichkeiten und Hilfen bei Schwierigkeiten im Lesen und Rechtschreiben vorgeschlagen, die im Rahmen innerer Differenzierung und Individualisierung im Unterricht gut umsetzbar erscheinen. Darüber hinaus werden diejenigen Maßnahmen abgeleitet, die eher einem Nachteilsausgleich entsprechen.

Isabells Schwierigkeiten im Lesen und Rechtschreiben sind an mehreren der benannten Problemstellen zu verorten. Eine frühe Förderung im Kindergarten und in der Grundschule, intensive Unterstützung im Elternhaus, regelmäßige lerntherapeutische Begleitung und ein inzwischen stabiles Selbstkonzept der Schülerin sind als wesentliche Bedingungen für ihren derzeitigen Lernerfolg zu benennen. Isabell erreicht die Lernziele im zielgleichen Unterricht im Bereich der Regelstandards und erfüllt die allgemein gültigen Maßstäbe der Leistungsbewertung der Regionalen Schule.

5 Wie gelingt zielgleicher Unterricht?

Der Nachteilsausgleich, den die Schülerin im siebten Schuljahr in Anspruch nehmen kann, bezieht sich auf folgende Maßnahmen, die im Förderplan verbindlich verankert werden (▶ Kap. 7.1.3; Förderplanbeispiel Isabell):

- Gewährung einer Zeitverlängerung in Leistungssituationen,
- Benutzung des Regelmerkheftes zur Anwendung von Rechtschreibstrategien bei Schreibleistungen in allen Fächern,
- Benutzung eines Nachschlagewerkes, wenn die Rechtschreibleistung nicht Inhalt der Leistungsfeststellung ist,
- Ermöglichung der digitalen Rechtschreibprüfung von Begriffen im Fachunterricht,
- Hervorheben des Operators in Aufgabenstellungen (z. B. unterstreichen, farbig markieren, fett drucken).

Tab. 5.2: Auswahl an Maßnahmen zur Unterstützung von Schülerinnen und Schülern mit besonderen Schwierigkeiten im Lesen und/oder Rechtschreiben

Ausgewählte Problemstellen	Maßnahmen	
	pädagogisch unterstützend	ergänzend als Nachteilsausgleich besonders geeignet
Lesen		
Insgesamt deutlich verlangsamte Lesegeschwindigkeit	deutlich strukturierte und übersichtliche Arbeitsblätter anbieten	personelle Unterstützung und Assistenz beim Vor- und Mitlesen
	Zeit zum Nachfragen einräumen, wenn ein Wort nicht erlesen werden kann	Einlese- und Bearbeitungszeit verlängern
	Hilfen beim Vor- und Mitlesen durch Lernpartner anregen	Lesematerial vergrößern
	Material mit Leseanteilen aufbereiten und anpassen, z. B. • Stolperstellen kennzeichnen • Silbenbögen setzen bei unbekannten Wörtern	Lautlesen in 1:1-Situationen durchführen (kein Lesevortrag vor der ganzen Klasse)
	Ankündigen von Leistungssituationen und Eingrenzen der Schwerpunkte	

Tab. 5.2: Auswahl an Maßnahmen zur Unterstützung von Schülerinnen und Schülern mit besonderen Schwierigkeiten im Lesen und/oder Rechtschreiben – Fortsetzung

Ausgewählte Problemstellen	Maßnahmen	
	pädagogisch unterstützend	**ergänzend als Nachteilsausgleich besonders geeignet**
	Lesefortschritte sichtbar machen, z. B. Anzahl gelesener Wörter in Tabelle erfassen	
	Signale vereinbaren, wenn Unterstützung notwendig ist	
Verlieren der Zeile im Text	Lesehilfen geben, z. B. • Lesezeichen bereitlegen • Zeile im Text abdecken • stummen Impuls durch Zeigen der Zeile geben	Material aufbereiten und anpassen, z. B. • Zeilen nummerieren • Zeilenabstände vergrößern • Absätze kennzeichnen • Überschriften hervorheben
	Richtungspfeil zur Kennzeichnung der Leserichtung einsetzen	personelle Unterstützung und Assistenz beim Vor- und Mitlesen
Sinnerfassung bei hohem Textumfang erschwert	sämtliche Materialien aufbereiten und anpassen, z. B. • Texte gliedern und Textabschnitte nummerieren • Textabschnitte zerschneiden und Abschnitte nacheinander reichen • einzelne Textabschnitte abdecken • illustrierte Texte auswählen oder zusätzliches Bildmaterial anbieten • treffende Überschriften einfügen	ausgewählte Materialien bei Bedarf auch in Leistungssituationen aufbereiten, z. B. • Texte gliedern und Textabschnitte nummerieren • zusätzliche Illustrationen, um Textinhalte zu antizipieren
	Strategieschritte anschaulich aufbereiten	Einlese- und Bearbeitungszeit verlängern
		personelle Unterstützung und Assistenz, z. B. • Text insgesamt vorlesen • Text abwechselnd lesen (Erst ich ein Stück, dann du!)

Tab. 5.2: Auswahl an Maßnahmen zur Unterstützung von Schülerinnen und Schülern mit besonderen Schwierigkeiten im Lesen und/oder Rechtschreiben – Fortsetzung

Ausgewählte Problemstellen	Maßnahmen	
	pädagogisch unterstützend	ergänzend als Nachteilsausgleich besonders geeignet
		Leistungen zur Sinnerfassung mündlich erbringen (Hörleistung)
Sinnerfassung bei komplexen Aufgabenstellungen erschwert	Aufgabenstellungen in Lernsituationen anpassen, z. B. • Aufgaben in Teilaufgaben zerlegen • Aufgaben in leichter Sprache umformulieren • Operatoren hervorheben	Aufgabenstellungen besonders in Leistungssituationen anpassen, z. B. • besonders komplexe Aufgaben in Teilaufgaben zerlegen • Aufgabenverständnis vor Arbeitsbeginn sichern
		personelle Unterstützung und Assistenz, z. B. Verständnis der Aufgaben abfragen und mit eigenen Worten wiedergeben lassen
		Absichern von schriftlich gegebenen Aufgabenstellungen durch mündliche Erklärungen
Leseprobleme bei Wechsel der Schriftarten	Gestaltung der Lesetexte und Arbeitsblätter anpassen, z. B. • Schriftvariationen einschränken • Texte vergrößern • eindeutige Schriftzeichen setzen • Druckschrift bevorzugen	Schriftart in Leistungssituationen anbieten, die besonders gut erlesen werden kann
Leseprobleme bei komplexem Tafelbild	Tafelschrift anpassen, z. B. • deutliche Tafelschrift erzeugen • eindeutige Schriftzeichen setzen • Druckschrift bevorzugen	Tafelbild als Handout mit klaren Schriftzeichen und in entsprechender Schriftgröße zusätzlich bereitstellen

Tab. 5.2: Auswahl an Maßnahmen zur Unterstützung von Schülerinnen und Schülern mit besonderen Schwierigkeiten im Lesen und/oder Rechtschreiben – Fortsetzung

Ausgewählte Problemstellen	Maßnahmen	
	pädagogisch unterstützend	ergänzend als Nachteilsausgleich besonders geeignet
	Tafelbild insgesamt gut strukturieren, z. B. ♦ Unterstreichungen nutzen ♦ Wesentliches farbig hervorheben Tafelbild vorlesen und schwierige Wörter wiederholen	
Leseprobleme bei eigener Handschrift	Mitschriften auf dem Laptop anfertigen lassen	Leistungsnachweise auf dem Laptop erbringen
	Druckschrift als Handschrift akzeptieren	personelle Unterstützung und Assistenz, z. B. ♦ Hilfe beim Entziffern eigener Mitschriften in Leistungssituationen geben ♦ entzifferte Antworten mitschreiben
	Zeitdruck in Vorlesesituationen vermeiden	mündliche Leistungserbringung anstelle Vorlesen der handschriftlichen Darlegungen
Rechtschreiben		
Mangelhafte Rechtschreibung in allen schriftlichen Anforderungen	Materialien bereitstellen, z. B. ♦ Nachschlagewerke und Wörterlisten zur Verfügung stellen ♦ Überhangfolien in Arbeitsheften und Lehrbüchern einsetzen, anstatt Abschreiben von Aufgaben ♦ Bereitstellen von Aufgabenmaterial in digitaler Form	Bearbeitungszeit verlängern Materialien in Leistungssituationen bereitstellen ♦ Nachschlagewerke und Wörterlisten zur Verfügung stellen ♦ Bereitstellen der Lernzielkontrollen auf Arbeitsblättern anstatt Abschrift von der Tafel
	Regelmerkheft erstellen	Regelmerkheft in Leistungssituationen nutzen

5 Wie gelingt zielgleicher Unterricht?

Tab. 5.2: Auswahl an Maßnahmen zur Unterstützung von Schülerinnen und Schülern mit besonderen Schwierigkeiten im Lesen und/oder Rechtschreiben – Fortsetzung

Ausgewählte Problemstellen	Maßnahmen	
	pädagogisch unterstützend	ergänzend als Nachteilsausgleich besonders geeignet
	digitale Rechtschreibprüfung nutzen lassen	digitale Rechtschreibprüfung gewähren, wenn Rechtschreiben nicht Teil der Leistungsbewertung
	richtig geschriebene Wörter hervorheben vor Fehlerkennzeichnung	stärkere Gewichtung mündlicher statt schriftlicher Leistungen
	ausreichend Zeit für die Selbstkontrolle einräumen	vorrangige Betrachtung der inhaltlichen Anforderungen vor der Sprachrichtigkeit
Fehlerhaftes Schreiben nach Diktat	äquivalente Übungsformen anbieten, um Rechtschreiben zu lernen, z. B. ♦ Laufdiktate ♦ Lückendiktate ♦ Wörterlisten ♦ Wörterkartei	personelle Unterstützung und Assistenz gewähren durch, z. B. ♦ Diktate in 1:1-Situationen schreiben lassen ♦ Diktiergeschwindigkeit anpassen ♦ überdeutliche Diktiersprache verwenden mit zusätzlichem Silbenklatschen oder Silbenschwingen
	Zeit für Selbstkontrolle des Geschriebenen einräumen	äquivalente Möglichkeit der Leistungserbringung anbieten (Wertigkeit der Aufgaben beachten)
	richtig geschriebene Wörter hervorheben (Motivationsaspekt)	Verzicht auf Diktieren von Arbeitsaufträgen und Aufgaben
	Rechtschreibtraining täglich durchführen (auch zu Hause)	Vorlage der Arbeitsaufträge zusätzlich in schriftlicher Form
	Stolperstellen in Wörtern hervorheben	
Unleserliche Schrift, eigenes Schriftbild wird nicht identifiziert	mündliche Wiedergabe des Geschriebenen	Schreibleistungen in der Schrift anfertigen lassen, die besser gelingt

Tab. 5.2: Auswahl an Maßnahmen zur Unterstützung von Schülerinnen und Schülern mit besonderen Schwierigkeiten im Lesen und/oder Rechtschreiben – Fortsetzung

Ausgewählte Problemstellen	Maßnahmen	
	pädagogisch unterstützend	ergänzend als Nachteilsausgleich besonders geeignet
	passende Lineatur anbieten oder daran erinnern, eine Zwischenzeile freizulassen	Schreibleistungen auf dem Laptop gewähren
	Schreibanforderungen auf dem Laptop ausführen	Schreibleistungen reduzieren (Äquivalenzleistung)
Fehlerbewusstsein, Selbstkontrolle erschwert	Zeit für die Selbstkontrolle einräumen und Nachkontrolle vornehmen	Zeitzugabe für die Selbstkontrolle einräumen
	Auswahl an Nachschlagewerken eingrenzen und Handhabung üben	personelle Unterstützung und Assistenz in Phasen der Selbstkontrolle, z. B. • richtig geschriebene Wörter kennzeichnen • Suche im Nachschlagewerk aktiv unterstützen • Wörter wiederholt deutlich vorsprechen
Lern- und Arbeitsverhalten		
Geringe Aufmerksamkeit und Konzentration	Blickkontakt, direkte Ansprache	reizarmen Arbeitsplatz in Leistungssituationen zur Verfügung stellen
	Reize minimieren am Arbeitsplatz und Lernumgebung klar und übersichtlich vorbereiten	Arbeitsphasen rhythmisieren und individuelle Pausen und Auszeiten vereinbaren
	Arbeitszeit sichtbar machen, z. B. mit Uhr, Sanduhr, Piktogrammen	Bearbeitungszeit in Leistungssituationen anpassen und ggf. Pausen gewährleisten
Eingeschränktes Arbeitsgedächtnis	kleine Lernportionen und Wiederholungsschleifen anbieten	komplexe Aufgaben in Teilaufgaben zerlegen

Tab. 5.2: Auswahl an Maßnahmen zur Unterstützung von Schülerinnen und Schülern mit besonderen Schwierigkeiten im Lesen und/oder Rechtschreiben – Fortsetzung

Ausgewählte Problemstellen	Maßnahmen	
	pädagogisch unterstützend	ergänzend als Nachteilsausgleich besonders geeignet
Emotionale und soziale Probleme		
Versagensängste	Zeitdruck vermeiden	personelle Unterstützung und Assistenz, z. B. Leistungsnachweise in 1:1-Situationen durchführen
	Stärken aufzeigen	räumliche Unterstützung, z. B. Nebenraum in Leistungssituationen nutzen
Motivationsverlust	interessengeleitete Themen anbieten (persönliche Bedeutsamkeit)	Vereinbarungen über Arbeitszeit und -umfang bei Hausaufgaben treffen
	Selbstwirksamkeit spüren lassen, z. B. nach Übungsphasen, kleinste Erfolge zurückmelden	äquivalente Leistungen vereinbaren (Wertigkeit der Leistung beachten)

Grenzen des Nachteilsausgleichs bei besonderen Schwierigkeiten im Lesen und Rechtschreiben

Wenn besondere Schwierigkeiten im Lesen und/oder Rechtschreiben trotz individueller Förderung und Nachteilsausgleich über einen längeren Zeitraum nicht ausgeglichen werden können und sogar Leistungsversagen durch überwiegend ungenügende Benotung droht, können weitere Schritte in Betracht gezogen werden. Diese wurden im Kapitel 5.3.2 bereits ausführlich beschrieben:

- Abweichungen von den allgemeinen Grundsätzen der Leistungsfeststellung,
- Abweichungen von den allgemeinen Grundsätzen der Leistungsbewertung.

Hier sind meist Entscheidungen im Einzelfall zu treffen, die voraussetzen, dass bisherige Förderbemühungen umfänglich ausgeschöpft sind. Vor allem Abweichungen von den sonst gültigen Bewertungsregeln werden auf Grundlage der individuellen Förderplanung getroffen und dort auch dokumentiert. Sie sind im Zeugnis zu vermerken. Die KMK (2003) schlägt folgende Maßnahmen vor:

- Einordnen der Leistungen im schriftlichen und mündlichen Bereich unter dem Aspekt der Erreichung des individuellen Lernstandes unterpädagogischer Würdigung von Anstrengung und individuellem Lernfortschritt (besonders in der Grundschule),
- stärkere Gewichtung mündlicher anstelle schriftlicher Leistungen (besonders in Deutsch und den Fremdsprachen),
- zeitweiser Verzicht der Bewertung von Lese- und Rechtschreibleistungen auch über das Fach Deutsch hinaus und
- zeitweiser Verzicht der Bewertung von Rechtschreibleistungen in Klassenarbeiten.

Gleichzeitig ist in Verbindung mit diesen Maßnahmen über eine Erhöhung der Förderintensität und -spezifik bzw. weitere Unterstützungsmöglichkeiten im nächsten Förderzeitraum nachzudenken, denn eine Notenaussetzung allein, so wie bereits im Kapitel Nachteilsausgleich bemerkt, hilft den betroffenen Schülerinnen und Schülern in keiner Weise, die bestehenden Probleme im Lesen und/oder Rechtschreiben längerfristig in den Griff zu bekommen. Sie kann vorrangig einen situationsentlastenden Effekt für Lernende (auch für Lehrende) haben, der sich unter Umständen kurzzeitig positiv auf ihre Lernmotivation auswirkt. Kurzfristiges Denken hilft an dieser Stelle jedoch nicht weiter! Langfristige, realistische Zielsetzungen und Perspektiven, verbunden mit einem langen Atem aller Beteiligten, kann Kinder wieder aus dem Misserfolgskreis zurückholen (Born & Oehler, 2009). Ein fließender Übergang von pädagogischer Unterstützung hin zu sonderpädagogischen Hilfen wäre eine weitere Konsequenz. Die Klassenkonferenz kann in diesen Fällen entsprechende Entscheidungen zum Wohle des Kindes fällen.

5.4.2 Nachteilsausgleich für Schülerinnen und Schüler mit besonderen Schwierigkeiten im Rechnen

Hier liegen die Schwierigkeiten der Schülerinnen und Schüler vor allem in der Beherrschung grundlegender mathematischer Rechenfertigkeiten der Addition, Subtraktion, Multiplikation und Division. Frühzeitig sichtbare Minderleistungen im Fach Mathematik treten trotz nicht beeinträchtigter Intelligenz auf. Die Schwierigkeiten im Umgang mit Zahlen und Operationen deuten sich bereits in der ersten und zweiten Klasse der Grundschule an. Die Lernenden machen immer wieder Fehler bei mathematischen Aufgaben.

5 Wie gelingt zielgleicher Unterricht?

Dabei ist nicht nur die Vielfalt der Fehler, sondern deren Häufung und Hartnäckigkeit auffallend.

Die Schülerinnen und Schüler rechnen meist sehr langsam, was beispielsweise auf ein langanhaltendes zählendes Rechnen hindeutet. Finger und Gegenstände in der näheren Umgebung werden von ihnen unentwegt zum Auf- und Abwärtszählen von Zahlenreihen genutzt. Die Inkonstanz ihrer Fehler weist darauf hin, dass die Abfolge von Rechenschritten nicht fest im Langzeitgedächtnis abgespeichert ist. Rechenschwächespezifische Fehler lassen sich jedoch nicht beobachten, denn die Fehler können auch bei Kindern mit vorübergehenden Rechenproblemen auftreten.

Koch (2005) differenziert Schwierigkeiten in zwei Bereichen. Zum einen betreffen sie das *Verstehen des Zahlenraumes sowie des Rechenweges* und zum anderen sind es Probleme, die mit Fähigkeiten verbunden sind, die zum Rechnen benötigt werden, wie z. B. *Gedächtnis- und Wahrnehmungsleistungen* oder auch *feinmotorische* Fähigkeiten.

»Rechenschwierigkeiten (bzw. ›Rechenschwächen‹, ›Rechenstörungen‹ oder ›Dyskalkulie‹) bezeichnen solche Lernschwierigkeiten, bei denen Kinder und Jugendliche im Umgang mit mathematischen Operationen auf den verschiedenen Entwicklungsstufen einen besonderen Bedarf an pädagogischer Unterstützung haben« (Heimlich, 2009, S. 39).

Bleibt eine möglichst frühzeitige Förderung aus, verlieren die Kinder beim Erlernen des Rechnens schnell den Anschluss und mühen sich mit den Folgen eines instabilen Fundaments an Rechenfertigkeiten von Klassenstufe zu Klassenstufe. Bis zum Ende der Grundschulzeit sollen die besonderen Schwierigkeiten der Kinder im Bereich der Grundlagen eigentlich überwunden sein. Dies wird jedoch nur erreicht, wenn in folgenden Teilbereichen ein möglichst hoher Grad an Automatisierung angebahnt wird:

- Basales Zahl- und Mengenverständnis (Verständnis dafür, was Zahlen bedeuten und wofür sie stehen)
- Arithmetisches und numerisches Faktenwissen (Gedächtnismäßiges Beherrschen der Grundaufgaben in den Grundrechenarten)
- Arithmetische Prozeduren (Ausführen der einzelnen Rechenschritte im Umgang mit Rechenoperationen)
(Born & Oehler, 2009)

5.4 Wie fangen wir es nun an?

Der Übergang von der Grundschule in die Sekundarstufe stellt für Kinder mit besonderen Rechenschwierigkeiten eine erhebliche Herausforderung dar, denn die neuen Anforderungen des Faches erfordern spätestens jetzt einen sicheren Umgang mit Basiskompetenzen. In den Schulbüchern und Arbeitsheften werden zwar in den letzten Jahren zunehmend mehr Förderaufgaben angeboten. Allerdings unterstützen diese vor allem die Sicherung von Rechenfertigkeiten. Sie reichen nicht aus, tragfähige und verständnisorientierte Vorstellungen von Zahlen und Operationen aufzubauen, die einige Kinder zum Zeitpunkt des Übergangs noch dringend brauchen (Prediger, 2009). Lehrkräfte an weiterführenden Schulen verfügen meist über wenig fachdidaktische Kenntnisse zu den zentralen Lerninhalten der Grundschule (Schulz, Leuders & Rangel, 2017). In der Förderung kommt es jedoch nicht nur darauf an, die aktuellen Lernlücken im Fach Mathematik zu schließen, sondern eher die niedrigste gefestigte Stufe der mathematischen Entwicklung des Kindes zu ermitteln und genau an der Stelle mit der Förderung zu beginnen. Das kann bei einem Fünftklässler noch einmal das Verständnis darüber sein, was Malnehmen eigentlich bedeutet.

Schülerinnen und Schülern mit besonderen Schwierigkeiten im Rechnen ist das Verstehen höherer Mathematik im Allgemeinen gegeben, auch wenn es zu Beginn des Rechenlernprozesses oftmals nicht danach aussieht. Mathematische Fertigkeiten, die für Algebra, Trigonometrie, Geometrie und Differential- und Integralrechnung benötigt werden, entwickeln sie durchaus (Lorenz, 2014). In der Grundschule fällt bereits auf, dass die Lernenden deutlich weniger Schwierigkeiten mit geometrischen Lerninhalten zeigen als mit arithmetischen. Mit einer stabilen Basis an Grundlagen könnte ihnen demnach in höheren Klassenstufen ein erfolgreiches Lernen im Fach Mathematik möglich sein.

Die Diagnose einer Rechenstörung ist in den meisten Fällen die Grundlage für Förderentscheidungen und Nachteilsausgleich. Einige wenige Bundesländer regeln auch in der Sekundarstufe I, demnach über die Grundschulzeit hinaus, weiterführende Unterstützungs- und Ausgleichsformen. Die KMK (2003) verweist im Umgang mit besonderen Schwierigkeiten im Rechnen auf die Nutzung *vorrangig pädagogischer Möglichkeiten* in der Schule.

Elena, 11 Jahre – Ein Fallbeispiel

Die bereits frühzeitig vermuteten Rechenprobleme des Kindes wurden in der zweiten Klasse diagnostisch abgeklärt. Eine Rechenstörung wurde

> festgestellt. Elena erhielt fortan Förderunterricht in einer Kleingruppe und Nachteilsausgleich in Leistungssituationen. Zwar blieb die Aneignung mathematischer Inhalte weiterhin schwierig, aber mithilfe differenzierender und individualisierter Maßnahmen im Unterricht und regelmäßigem Förderunterricht bewältigte sie die Anforderungen des Mathematikunterrichts der Grundschule in zunehmendem Maße sicherer, was sich in der Zeugnisnote der vierten Klasse widerspiegelte. Mit dem Übergang in die fünfte Klasse wurde Nachteilsausgleich aufgrund schulrechtlicher Bestimmungen des Bundeslandes nun nicht mehr gewährt.
>
> Seit dem zweiten Schulhalbjahr deutet sich mit steigenden Anforderungen des Faches Mathematik ein sichtbares Leistungsversagen des Kindes an. Nicht gefestigte arithmetische Prozeduren scheinen sie nach wie vor am Lernen neuer Inhalte zu hindern. Die Misserfolge durch andauernd schlechte Noten wirken sich zunehmend auf Elenas Lernmotivation aus. Sie erscheint teilnahmslos und resigniert. Die kurzfristig einberufene Förderplankonferenz ist sich einig darüber, dass die Förderbemühungen umgehend intensiviert werden sollten, um den weiteren Schulerfolg des Kindes zu sichern.

Wie geht die Förderplankonferenz vor?

Sammeln von Informationen

Es soll zunächst geklärt werden,

- inwieweit die Schülerin den mathematischen Basisstoff der Grundschule beherrscht, um Ansatzpunkte für eine zielgerichtete Förderung im Bereich der Grundlagen zu erhalten (z. B. Sichtung von Arbeitsproben, Diagnostik mit BASIS-MATH 4-8 (Moser Opitz, Reusser, Moeri Müller, Anliker, Wittich & Freesemann, 2010),
- wie sich die Lernmotivation des Kindes in anderen Fächern entwickelt (Gespräche mit weiteren Fachlehrkräften),
- wie die Schülerin ihre derzeitige schulische Situation beschreibt, was sie hindert bzw. stärkt (Gespräch mit Elena),
- ob und wie Förderressourcen im Elternhaus genutzt werden und ob weitere außerschulische Förderressourcen bestehen (Gespräch mit Elenas Eltern),
- welche additiven schulischen Förderangebote kurzfristig zur Verfügung gestellt werden können (Analyse des schulinternen Netzwerks und der vorhandenen Förderressourcen) und

- durch welche konkreten Maßnahmen der Differenzierung und Individualisierung die unterrichtsintegrierte Förderung intensiviert werden kann (Gespräch mit Elenas Mathematiklehrerin).

> Auswertung der Ergebnisse von Arbeitsproben und des BASIS-MATH 4-8 (Moser Opitz et. al (2010):
> Elena verwendet beim Kopfrechnen mehrheitlich effiziente Strategien. Die Grundrechenoperationen sind, bis auf die Division, gut automatisiert. Das Verständnis der Teil-Ganzes-Beziehung, das Zählen in Schritten und die Arbeit mit der Stellentafel erweisen sich im Rahmen der Testsituation noch lückenhaft. Das Ergänzen bereitet ihr in kleinen und großen Zahlenräumen erhebliche Mühe. Sie verfügt offenbar nicht über geeignete Strategien bei der Bewältigung dieser Aufgaben. Elena greift bei Schwierigkeiten auf Anschauungsmittel zurück, ist jedoch bei dessen Anwendung nicht sicher. Da sie schriftliche Rechenverfahren der Addition und Multiplikation gut beherrscht, wählt sie diese Strategie häufig in Form von Nebenrechnungen auf einem Extrablatt. Hier fällt auf, dass Elena mit Stellenwerten von Zahlen noch unsicher agiert, vor allem dann, wenn Rechenkästchen keine Orientierung auf dem Blatt geben. Insgesamt ist während der Testsituation ein sehr unterschiedliches Arbeitstempo beobachtbar. In den Arbeitsproben aus täglichen Übungen, die sich vorwiegend auf grundlegende und bereits automatisierte Rechenprozeduren beziehen, tauchen kaum fehlerhafte, jedoch immer wieder nichtgelöste Aufgaben auf. Es entsteht der Eindruck, dass ihr vor allem die Zeitknappheit bei den Übungen zu schaffen macht.

> Auszüge aus den Ergebnissen der Gespräche:
> Elena berichtet, dass sie traurig sei, wenn sie schlechte Noten im Fach erhält. Sie würde die Arbeit immer schnell wegstecken und erst zu Hause angucken. Mathe sei in der fünften Klasse sehr schwer und sie würde viel zu Hause üben müssen. Im Unterricht brauche sie mehr Zeit für die Aufgaben und oft schaffe sie diese nicht ohne fremde Hilfe. Die Hausaufgaben erledige sie mit den Eltern oder einer Freundin, die im selben Haus wohnt und ein Jahr älter ist. Ihre Lehrerin unterstütze sie im Unterricht und setze sich oft neben sie, um eine Aufgabe noch einmal zu erklären. Sie fühle sich in der Klasse wohl, da sie viele Kinder aus der Grundschule kenne.
> Die Eltern berichten von langen Hausaufgabenzeiten am Abend, da Elena die Aufgaben am Nachmittag nicht allein bewältigte. Sie sei dann übermüdet und weinerlich. Bei schlechten Noten gäbe es keinen Ärger, denn die

> Probleme kennen sie aus der Grundschule. Sie möchten ihrem Kind unbedingt helfen und seien außerdem schon auf der Suche nach einer Nachhilfe, denn so könne es nicht weitergehen.
> Die Mathematiklehrerin erklärt, dass ihr vor allem die zunehmende Unlust des Kindes auffiele. Sie wirke überfordert und manchmal auch gleichgültig. Das wäre zu Beginn der fünften Klasse nicht so gewesen. Die Hausaufgaben seien in letzter Zeit unvollständig. Im Unterricht gehöre sie zu den schwächeren Lernenden, die mehr Unterstützung bekämen. Die Grundlagen aus der Grundschule wären bei Elena noch lückenhaft. Sie benötige mehr Zeit als die meisten anderen Kinder der Klasse.

Festlegen der Förderstrategie

In der Förderplankonferenz wird nach Sichtung aller Ergebnisse die Förderstrategie besprochen und im Förderplan hinterlegt (▶ Kap. 7.1.3; Förderplanbeispiel Elena).

Die Förderstrategie sieht Maßnahmen der unterrichtsergänzenden und unterrichtsintegrierten Förderung vor. Außerdem sind Maßnahmen abgestimmt, die in der Häuslichkeit umgesetzt werden.

Die Lernmotivation des Kindes soll über schnell erlebbare Erfolgserlebnisse gestärkt werden. Elena soll wieder spüren, dass sie »Mathe schaffen kann«. Sofortige Rückmeldungen bei kleinsten Lernerfolgen, regelmäßige Gespräche und Ermunterungen sowie realistische Zielsetzungen sollen dazu führen, dass Elena zu einer positiven Bewertung mathematischer Lerngegenstände gelangt.

Unterrichtsergänzende Maßnahmen

Elena erhält ab dem zweiten Schulhalbjahr additive Förderung in einer Kleingruppe. Diese wurde im Rahmen des schulischen Förderkonzeptes für rechenschwache Schülerinnen und Schüler aufgebaut. Der Förderunterricht wird von einer fachkundigen Förderlehrerin geleitet, die von der Sonderpädagogin der Schule im Förderprozess beraten wird. Das vorrangige Ziel der Förderung besteht zunächst in der Festigung des Basisstoffes der Grundschule. Hier sind besonders die Ergebnisse aus dem BASIS- MATH 4-8 zu berücksichtigen. Damit die Lernlücken im Fach nicht noch größer werden, wird ein kürzerer zeitlicher Anteil der Förderstunde für die Nachbearbeitung laufenden Stoffes genutzt. Hier werden einzelne Lernschritte anschaulich erklärt. Es schließt sich angeleitetes Üben an. Selbstständiges Üben erfolgt erst dann, wenn die Lernstrategie verinnerlicht ist.

Unterrichtsintegrierte Maßnahmen

Gleichzeitig findet die Intensivierung der unterrichtsintegrierten Förderung statt. Die Mathematiklehrerin wird Phasen geöffneten Unterrichts verstärkt für eine individuelle Förderung des Kindes nutzen. Sie bespricht mit Elena außerdem die Übungsaufgaben für zu Hause und stellt differenzierte Hausaufgaben bereit. Elena wird innerhalb des Klassenunterrichts von einer Lernpartnerin/einem Lernpartner unterstützt. Sie zeigt der Lehrerin oder dem unterstützenden Kind aktiv an, wenn sie Hilfe benötigt. In der mündlichen täglichen Übung erhält Elena die Aufgaben zusätzlich in schriftlicher Form.

Maßnahmen in der Häuslichkeit

In der Häuslichkeit steht die tägliche Automatisierung der Malfolgen und Divisionsaufgaben im Vordergrund. Hier wird das Kind durch die Eltern unterstützt, die in kleinen Lernportionen, möglichst über den Tag verteilt, die Grundaufgaben der vier Rechenoperationen mündlich abfragen. Elena soll die Zeit vermerken, in der sie die Hausaufgaben erledigt hat. Die zeitliche Erledigung schriftlicher Hausaufgaben im Fach Mathematik soll 30 Minuten nicht überschreiten.

Umsetzen der Förderstrategie

Die Fördereinheit wird im Umfang von 10 Förderstunden geplant. Eine Förderstunde umfasst 45 Minuten. Davon werden zwei Drittel für das Training der Grundlagen, ein Drittel für den laufenden Unterrichtsstoff genutzt. Für die Planung der Fördereinheit ermitteln Förderlehrerin, Mathematiklehrerin und Sonderpädagogin die Schwerpunkte, die sich aus den Ergebnissen des BASIS-MATH 4-8 ableiten lassen. Das sind im Falle von Elena:

- Teile-Ganzes-Beziehung verinnerlichen,
- Prozedur Ergänzen verstehen und üben,
- Grundaufgaben der Division automatisieren,
- Zählen in Schritten festigen,
- Stellenwerte von Zahlen erkennen,
- Sicherheit im Umgang mit der Stellentafel gewinnen und
- Anschauungsmittel sinnvoll nutzen (wie z. B. DIENES-Material).

Im Förderprozess arbeiten die beteiligten Lehrkräfte eng verzahnt. Die Förderinhalte werden aufeinander abgestimmt und die Implementierung des geübten Stoffes in den Unterricht angestrebt. Regelmäßige Lernverlaufsmessungen geben Auskunft über die Lernentwicklung im Unterricht sowie die Wirksamkeit von Interventionen im Rahmen unterrichtsintegrierter und unterrichtsergänzender Förderung.

Evaluation des Förderprozesses

Nach Abschluss der Fördereinheit werden die Ergebnisse im Team betrachtet und das weitere Vorgehen abgestimmt.

In der folgenden Tabelle (▸ Tab. 5.3) werden Unterstützungsmöglichkeiten und Hilfen bei Rechenschwierigkeiten vorgeschlagen, die im Rahmen innerer Differenzierung und Individualisierung im Unterricht gut umsetzbar erscheinen. Darüber hinaus werden diejenigen Maßnahmen abgeleitet, die eher einem Nachteilsausgleich entsprechen. Die Maßnahmen betreffen nicht nur den Unterricht im Fach Mathematik, sondern sollten in allen Gegenstandsbereichen des Unterrichts Berücksichtigung finden, in denen die Problemstellen bei Schwierigkeiten im Rechnen auftreten.

Tab. 5.3: Auswahl an Maßnahmen zur Unterstützung von Schülerinnen und Schülern mit besonderen Schwierigkeiten im Rechnen

Ausgewählte Problemstellen	Maßnahmen	
	pädagogisch unterstützend	ergänzend für Nachteilsausgleich besonders geeignet
Zahlenräume und Rechenwege verstehen		
Unsicherheiten beim Schreiben und Lesen von Zahlen	sprachliche Aspekte beachten, z. B. ♦ deutliche Aussprache der Lehrkraft ♦ Sprechpausen lassen ♦ überdeutliches Artikulieren	auf das Diktieren von Zahlen verzichten
	Kennzeichnung der Zahlen, z. B. ♦ farbiges Hervorheben ♦ Stellenwerte unterstreichen	mündliche Aufgaben durch schriftliche ersetzen, z. B. Aufgaben zur täglichen Übung werden schriftlich gegeben

Tab. 5.3: Auswahl an Maßnahmen zur Unterstützung von Schülerinnen und Schülern mit besonderen Schwierigkeiten im Rechnen – Fortsetzung

Ausgewählte Problemstellen	Maßnahmen	
	pädagogisch unterstützend	ergänzend für Nachteilsausgleich besonders geeignet
	Richtungspfeil zur Kennzeichnung der Schreib- und Leserichtung, z. B. • auf die Bank kleben • ins Heft zeichnen (lassen)	personelle Unterstützung und Assistenz beim Lesen und Schreiben von Zahlen
Geringe Zahlvorstellungen	Mengen mithilfe von Anschauungsmitteln darstellen	zusätzliche Hilfsmittel auch in Leistungssituationen bereitstellen, z. B. • Zehner-/Zwanzigerstreifen • Würfelbilder • Dienes-Material
	simultane/quasisimultane Erfassung von Mengen verstärkt üben, z. B. durch Blitzblick	personelle Unterstützung und Assistenz, z. B. bei der Nutzung geeigneter Anschauungsmittel
Probleme im Umgang Stellenwerten	Stellenwerte kennzeichnen, z. B. durch • farbiges Hervorheben • Unterstreichen	zusätzliche Hilfsmittel auch in Leistungssituationen bereitstellen, z. B. • DIENES-Material • Stellentafel (vergrößert) • Kästchenpapier
	Legen von Mengenmaterial in die Stellentafel ermöglichen	personelle Unterstützung und Assistenz, z. B. beim Untereinanderschreiben von Stellenwerten im Heft
	Stellenwerte exakt an der Tafel untereinanderschreiben, z. B. bei schriftlichen Rechenverfahren	Bearbeitungszeit verlängern, um das Legen von Mengenmaterial in die Stellentafel zu ermöglichen
Lückenhafte Zahlenreihen	Zahlenreihen vor- und mitsprechen	zusätzliche Hilfsmittel auch in Leistungssituationen bereitstellen, z. B. Zahlenstrahl oder Hunderterfeld (ohne Zahlen)

5 Wie gelingt zielgleicher Unterricht?

Tab. 5.3: Auswahl an Maßnahmen zur Unterstützung von Schülerinnen und Schülern mit besonderen Schwierigkeiten im Rechnen – Fortsetzung

Ausgewählte Problemstellen	Maßnahmen	
	pädagogisch unterstützend	**ergänzend für Nachteilsausgleich besonders geeignet**
	Zähltempo bei chorischem Zählen anpassen	
	Richtungspfeil, um Richtung der Zahlenreihe zu kennzeichnen	
	Hilfsmittel bereitstellen, z. B. Lineal, Zahlenstrahl, Hunderterfeld	
Unsicherheiten in der Ausführung von Rechenoperationen	Prinzip der Anschaulichkeit durchgehend einhalten (EIS-Prinzip)	Anschauungsmaterialien auch in Leistungssituationen bereitstellen
	Rechengeschichten erzählen oder erzählen lassen	Nachkorrektur ermöglichen, z. B. • drei Ergebnismöglichkeiten vorgeben • falsche Ergebnisse kennzeichnen
	Rechenzeichen farbig hervorheben	Merkhilfen zu Inhalten der Rechenoperationen auch in Leistungssituationen nutzen
	Merkhilfen zu Inhalten der Rechenoperationen geben, z. B. Addition = Plusrechnen = es kommt etwas hinzu	Materialien in Leistungssituationen aufbereiten, z. B. • Rechenzeichen markieren • Stolperstellen kennzeichnen
	mathematische Begriffe vereinfachen, z. B. Multiplikation = Malnehmen	
	Computerprogramme mit gezielter Lernsoftware zur Automatisierung der Grundrechenoperationen auswählen	

Tab. 5.3: Auswahl an Maßnahmen zur Unterstützung von Schülerinnen und Schülern mit besonderen Schwierigkeiten im Rechnen – Fortsetzung

Ausgewählte Problemstellen	Maßnahmen	
	pädagogisch unterstützend	ergänzend für Nachteilsausgleich besonders geeignet
Probleme beim Lösen von Sachaufgaben	Sachaufgaben in Teilschritte zerlegen	personelle Unterstützung und Assistenz, z. B. • unklare Begriffe klären • Sachaufgabe vorlesen mit besonderer Betonung von Signalwörtern
	einzelne Signalwörter im Text hervorheben	Fragesatz und besonders relevante Informationen hervorheben z. B. durch Fettdruck
	einfache Sprache verwenden	Satzanfänge zur Formulierung des Fragesatzes vorgeben
	Skizzen zur Veranschaulichung bereitstellen	Satzanfänge zur Formulierung von Antwortsätzen vorgeben
	überflüssige Informationen vermeiden	Anschauungsmittel zur Verfügung stellen, z. B. Mengenmaterial
	Texterschließungshilfen geben, z. B. • relevante Informationen markieren • Frage im Text unterstreichen	Materialien zur bildhaften Veranschaulichung auch in Leistungssituationen anbieten, z. B. • Tabellen • Skizzen • Illustrationen
Rechentempo		
Langsames, zögerliches Rechnen	Zeitspannen bewusstmachen, z. B. mit • Time-Timer • Sanduhr	Zeitzugabe in Lern- und Leistungssituationen vereinbaren
	unverzüglichen Arbeitsbeginn sichern, z. B. durch • direkte Ansprache • nonverbales Signal	personelle Unterstützung und Assistenz, z. B. bei der Auswahl von Rechenwegen

Tab. 5.3: Auswahl an Maßnahmen zur Unterstützung von Schülerinnen und Schülern mit besonderen Schwierigkeiten im Rechnen – Fortsetzung

Ausgewählte Problemstellen	Maßnahmen	
	pädagogisch unterstützend	ergänzend für Nachteilsausgleich besonders geeignet
	Signale verabreden, falls Hilfe notwendig wird	Vereinbarungen zu Arbeitszeit und -umfang bei Hausaufgaben treffen
	Auswahl an möglichen Rechenwegen eingrenzen	kurze Pausen gewähren
	Lernpartner zur Unterstützung aktivieren, z. B. bei der Selbstkontrolle von Aufgaben	Umfang von Kontrollen auf zwei Tage verteilen (Teil A und B)
	Schreibumfang von Aufgaben reduzieren, z. B. • Überhangfolien für Aufgaben im Mathebuch anbieten • Arbeitsblätter mit geringem Schreibumfang bereitstellen	Anforderungen auf Arbeitsblättern bereitstellen anstatt Abschrift der Aufgaben von der Tafel
	Nebenrechnungen auf Kästchenpapier ermöglichen	Wiederholung einer Leistungsanforderung ermöglichen, z. B. einen Freiversuch pro Schulhalbjahr gewähren
	Aufgaben abdecken, die nicht relevant sind	
	Leistungskontrollen ankündigen und Schwerpunkte benennen	
Weitere Fähigkeiten, die für das Rechnen und Verstehen mathematischer Inhalte benötigt werden		
Probleme beim Erfassen von mathematischen Aufgabenstellungen und Instruktionen	Verstehen von Aufgabenstellungen unterstützen z. B. wiederkehrende Symbole oder Piktogramme einsetzen	verlängerte Vorbereitungs- und Bearbeitungszeit bereitstellen, um Aufgabenstellungen zu erfassen
	Operatoren in Aufgabenstellungen kennzeichnen, z. B. • farbiges Hervorheben • Unterstreichen • Fettdruck	Layout der Arbeitsblätter auch in Leistungssituationen anpassen, z. B. • größere Schrift

Tab. 5.3: Auswahl an Maßnahmen zur Unterstützung von Schülerinnen und Schülern mit besonderen Schwierigkeiten im Rechnen – Fortsetzung

Ausgewählte Problemstellen	Maßnahmen	
	pädagogisch unterstützend	**ergänzend für Nachteilsausgleich besonders geeignet**
		• übersichtliche Darstellungen von Aufgaben • Platz für Nebenrechnungen • Hervorhebungen von Signalwörtern
	Aufgabentypen wiederholt nutzen, z. B. in täglichen Übungen	mehrteilige Aufgaben in Teilaufgaben darbieten
	Layout der Arbeitsblätter anpassen, z. B.	personelle Unterstützung und Assistenz, z. B.
	• größere Schrift • übersichtliche Darstellungen von Aufgaben • Platz für Nebenrechnungen • Hervorhebungen von Signalwörtern	• Klärung von Fragen bei Unsicherheiten (gegebene Hilfen kennzeichnen) • Beratung zur Nutzung geeigneter Anschauungsmittel
	Sprachkonstruktionen vereinfachen durch z. B. kurze und einfache Sätze	
Geringe Merkfähigkeit	kleine Lernportionen über den Tag verteilen	Merkhilfen auch in Leistungssituationen gewähren, z. B.
		• Regelmerkheft • Hilfekarten mit Merksätzen
	komplexe Rechenaktivitäten in Teilschritte zerlegen	
	Memorierungstechniken systematisch und regelmäßig trainieren	
Beeinträchtigte Wahrnehmung	zeitliche Orientierung erleichtern, z. B.	zeitliche Orientierung auch in Leistungssituationen absichern, z. B.
	• Signalwörter einsetzen (vorher, nachher, dauert länger, dauert kürzer)	• verbleibende Arbeitszeit ansagen

Tab. 5.3: Auswahl an Maßnahmen zur Unterstützung von Schülerinnen und Schülern mit besonderen Schwierigkeiten im Rechnen – Fortsetzung

Ausgewählte Problemstellen	Maßnahmen	
	pädagogisch unterstützend	ergänzend für Nachteilsausgleich besonders geeignet
	• Gesten zur Unterstützung der Bedeutung von Signalwörtern verwenden optische Orientierung erleichtern, z. B. • Aufgaben übersichtlich anordnen • wichtige Informationen hervorheben • bekannte Piktogramme und Zeichen einsetzen	• Materialien auf dem Arbeitsplatz bereitstellen (Uhr, Time-Timer, Piktogramm) sämtliche Materialien auch in Leistungssituationen so aufbereiten, dass optische Orientierung erleichtert wird
Auffälligkeiten in der Feinmotorik	Auge-Hand-Koordination unterstützen, z. B. • Auswahl an Schreib- und Zeichenmaterialien (dicke Bleistifte) empfehlen • Hefte mit großen Rechenkästchen bereitlegen • Geometriehefte in • A4-Format nutzen	Verlängerung der Bearbeitungszeit, z. B. bei • der Anfertigung von Tabellen • Aktivitäten zur Erstellung geometrischer Flächen, Formen und Figuren personelle Unterstützung und Assistenz bei der Handhabung von Zeichengeräten, wie z. B. Zirkel

5.4.3 Nachteilsausgleich bei sonderpädagogischem Unterstützungsbedarf im Schwerpunkt Lernen im zielgleichen inklusiven Unterricht

Die Erscheinungsformen bei gravierenden Lernschwierigkeiten sind komplex. Sichtbar werden sie in den Lernbereichen in Form von deutlichen schulischen Minderleistungen im Lesen, Rechtschreiben und Rechnen sowie durch Probleme in der Aneignung von Lerninhalten. Denk- und Gedächtnisprozesse sind bei den Lernenden beeinträchtigt. Darüber hinaus können weitere Entwicklungsauffälligkeiten in den Bereichen Sprache, Wahrnehmung, Motorik sowie im Arbeitsverhalten und emotional-sozialen Bereich auftreten. Die umfassenden Problemfelder der Lernenden scheinen zunächst gleiche Lernziele völlig auszuschließen. Eine differenzierte Betrachtung der gravierenden Schwierigkeiten in Verbindung mit einer konkreten Beschreibung der aktuellen Lernausgangslage und des Lernvermögens des Einzelnen ermöglicht Lehrkräften abzuschätzen, ob und wie ein zielgleiches Lernen in einige Fächern dennoch gelingen kann.

An mehreren Stellen dieses Buches wurde betont, dass mit der Feststellung eines sonderpädagogischen Bildungs-, Beratungs- und Unterstützungsbedarfs im Schwerpunkt Lernen nicht zwangsläufig eine durchgehend zieldifferente Beschulung in allen Fächern verbunden ist. Es besteht im Einzelfall die Möglichkeit einer zielgleichen Beschulung in *ausgewählten* Fächern bzw. Lernbereichen, in denen die Lernenden Lernziele des Regelunterrichts erfüllen können. Im inklusiven Unterricht wird in diesem Fall chancengerechtes Lernen durch Maßnahmen des Nachteilsausgleichs gewährleistet. Lehrkräfte der Regelschule beraten gemeinsam mit Sonderpädagoginnen und Sonderpädagogen zu Beginn des jeweiligen Schuljahres, ob und in welchen Fächern eine zielgleiche Unterrichtung in Verbindung mit Nachteilsausgleich möglich ist. Da sich diese Entscheidung letztendlich auf die Leistungsbewertung auswirkt, sind auf dem Zeugnis der Schulart entsprechende Vermerke vorgesehen. In der Grundschule ist diese Entscheidung oft unproblematisch, da der Fächerkanon überschaubar bleibt.

Ole, 9 Jahre – ein Fallbeispiel:

Ole lernt in der vierten Klasse der Grundschule. Aufgrund eines sonderpädagogischen Förderbedarfs im Lernen wird er seit Beginn des Schuljahres in drei Fächern zieldifferent unterrichtet. In Deutsch, Mathematik und Sachkunde erhält er Aufgaben, die an seine individuellen Lernziele angepasst sind. Die Leistungsbewertung in diesen drei Fächern entspricht den Grundsätzen der Allgemeinen Förderschule. Er erhält das Zeugnis der Regelschule, aus dem hervorgeht, in welchen Fächern er zieldifferent unterrichtet wird.

In den anderen Fächern nimmt er am Regelunterricht teil. Er wird in diesen Fächern zielgleich unterrichtet und hat Anspruch auf nachteilsausgleichende Maßnahmen, die in der Gesamtkonferenz der Lehrkräfte wie folgt festgelegt und im Förderplan verankert sind. Demnach erhält Ole:

• *Personelle Unterstützung* durch die Sonderpädagogin mindestens zwei Stunden am Tag. Sie erklärt und visualisiert Lernschritte, unterstützt die Handlungssteuerung und das handlungsbegleitende Sprechen in Ar-

beitsphasen, beantwortet auftretende Fragen und sichert die Orientierung und Lernplanung am Arbeitsplatz.
- *Räumliche Unterstützung.* Er hat einen festen Sitzplatz mit Blick auf die Tafel. Seine Lernmaterialien befinden sich sichtbar beschriftet in einem Regal in der Nähe seines Arbeitsplatzes. In Phasen schriftlicher Leistungsermittlung kann er bei Bedarf in einen abgetrennten Bereich im hinteren Klassenraum oder in Begleitung der Sonderpädagogin in den Förderraum wechseln.
- *Zeitliche Unterstützung.* Er bekommt flexible Zeitverlängerungen für die Bearbeitung von Aufgaben in Lern- und Leistungssituationen. Der Beginn der Arbeitszeit wird ihm deutlich signalisiert, indem die Lehrkraft auf ein Piktogramm auf seinem Arbeitsplatz deutet. Für das Erlesen und Verstehen von Aufgabenstellungen sowie Nachfragen wird vor der eigentlichen Bearbeitungszeit eine Vorbereitungszeit eingeräumt.
- *Unterstützung durch die Bereitstellung von Medien.* Ihm werden fachbezogene Mittel zur Veranschaulichung von Lerninhalten bereitgestellt (z. B. Bewegungsgeschichten im Sportunterricht zur Veranschaulichung von Bewegungsabläufen; Bildmaterial zur Unterstützung der Vorstellungen im Fach Kunsterziehung; farbige Veranschaulichung von Noten im Musikunterricht).

Mit steigender Komplexität der Anforderungen in der Sekundarstufe werden sich die Möglichkeiten einer zielgleichen Unterrichtung von Lernenden mit dem Förderschwerpunkt Lernen möglicherweise weiter eingrenzen. Der Übergang in den Sekundarbereich ist verbunden mit einem Wechsel von Lehrpersonen und Lerngruppen und einer deutlich umfangreicheren Stundentafel mit einer Vielzahl neuer Fächer. Der Wissensaufbau erfolgt auf bereits bestehendem Vorwissen, Fachbegriffe gewinnen an Bedeutung und Lerninhalte werden abstrakter vermittelt. Es werden also genau die Kompetenzen vorausgesetzt, über die die Lernenden mit gravierenden Lernschwierigkeiten eher selten verfügen. Dennoch ist auch in der Sekundarstufe nicht schon im Vorfeld davon auszugehen, dass die Lernenden die Mindestanforderungen des jeweiligen Faches definitiv verfehlen. Im Fächerkanon gibt es Fächer wie Sport, Kunst, Musik und andere, in denen Schülerinnen und Schüler, vielleicht aufgrund besonderer Einzelbegabungen, kein zieldifferentes Lernangebot erhalten müssen.

Sonderpädagogische Unterstützung bleibt jedoch auch bei zielgleicher Unterrichtung dieser Kinder und Jugendlichen eine wesentliche Bedingung für erfolgreiches Lernen.

5.4 Wie fangen wir es nun an?

Da die Lernenden bei der Bewältigung der Anforderungen auf Hilfe angewiesen sind, kommt der personellen Unterstützung eine besondere Bedeutung im Bündel nachteilsausgleichender Maßnahmen zu.

In der folgenden Tabelle (▶ Tab. 5.4) werden Maßnahmen für Schülerinnen und Schüler mit sonderpädagogischem Unterstützungsbedarf im Schwerpunkt Lernen vorgeschlagen, die in *ausgewählten Fächern* zielgleich unterrichtet werden. Die Problemstellen Handlungssteuerung, Beherrschung von Lernstrategien, bereichsspezifisches Vorwissen, Konzentration und Motivation werden betrachtet, da diese Bereiche im Vergleich zu unauffälligen Schülerinnen und Schülern besonders hervortreten (Grünke & Grosche, 2014).

Die Schwierigkeiten der Schülerinnen und Schüler mit sonderpädagogischem Unterstützungsbedarf im Schwerpunkt Lernen unterscheiden sich in den Lernbereichen Lesen, Rechtschreiben und Rechnen nicht wesentlich von Problemstellen anderer Schülerinnen und Schüler mit Lernschwierigkeiten in diesen Bereichen. Die Tabellen (▶ Tab. 5.2.) und (▶ Tab. 5.3.) können deshalb ebenso für die Auswahl von Maßnahmen genutzt werden.

Tab. 5.4: Auswahl an Maßnahmen zur Unterstützung von Schülerinnen und Schülern mit sonderpädagogischem Unterstützungsbedarf im Schwerpunkt Lernen im zielgleichen Unterricht

Ausgewählte Problemstellen	Maßnahmen	
	pädagogisch unterstützend	ergänzend als Nachteilsausgleich besonders geeignet
Mangelnde metakognitive Handlungssteuerung		
Lückenhaftes und oberflächliches Planen von Lösungswegen	Planungsschritte nach und nach erarbeiten und jeden Planungsschritt mehrfach wiederholen (Einschleifen)	personelle Unterstützung und Assistenz, z. B. • Vorgehen beschreiben lassen und Fehlstrategien korrigieren • vorschnelle und nicht zielführende Handlungen unterdrücken • komplexe Aufgaben in Teilaufgaben gliedern • Planungshilfen geben, die kleinschrittig zu Lösungen führen (Piktogramme nutzen)

Tab. 5.4: Auswahl an Maßnahmen zur Unterstützung von Schülerinnen und Schülern mit sonderpädagogischem Unterstützungsbedarf im Schwerpunkt Lernen im zielgleichen Unterricht – Fortsetzung

Ausgewählte Problemstellen	Maßnahmen	
	pädagogisch unterstützend	**ergänzend als Nachteilsausgleich besonders geeignet**
	Planungsabfolge abhaken lassen, damit kein Planungsschritt vergessen wird (kontinuierliche Kontrolle)	Bearbeitungszeit anpassen
	Vorteile der Anwendung von Planungsstrategien bewusstmachen	
	vorteilhafte Planungshandlungen positiv verstärken	
Fehlende Strategien zur Problemerkennung und Problemlösung	Erfahrungen zur Selbstwirksamkeit stärken, indem Vorschläge für gelungene Problemlösungen beschrieben werden	personelle Unterstützung und Assistenz, z. B. • auf Fehlstrategien hinweisen • Problemlösungsstrategien erfragen (Was ist dein erster/nächster Schritt?) • Problemlösungsstrategien vorschlagen und Einsatz reflektieren • bei der Nutzung von Hilfsmitteln beraten
	gezielte Fragen in Reflexionsrunden stellen, z. B. • Wie hast du bemerkt, dass …? • Was war dein nächster Schritt …?	Materialien in Reflexionsrunden vorhalten, z. B. • Kärtchen mit Frageimpulsen für Reflexionsrunden • Kärtchen mit Satzanfängen
	Strategien modellhaft erarbeiten, z. B. • in Rollenspielen • durch Beschreibung von schulischen Situationen	Bearbeitungszeit anpassen

Tab. 5.4: Auswahl an Maßnahmen zur Unterstützung von Schülerinnen und Schülern mit sonderpädagogischem Unterstützungsbedarf im Schwerpunkt Lernen im zielgleichen Unterricht – Fortsetzung

Ausgewählte Problemstellen	Maßnahmen	
	pädagogisch unterstützend	ergänzend als Nachteilsausgleich besonders geeignet
Mangelnde Beherrschung von Lernstrategien		
Teilfertigkeiten fehlen, um Lern-, Denk-, Gedächtnisstrategien erfolgreich anzuwenden	Zeitdruck im Lernprozess vermeiden	personelle Unterstützung und Assistenz, z. B. ◆ Lernanreize geben, solange sie benötigt werden ◆ direktes Instruieren ◆ Aufgaben in einfacher Sprache erklären ◆ Umgang mit Hilfsmitteln anleiten
	explizite, kleinschrittige und systematische Vermittlung	Bearbeitungszeit anpassen
	direkt instruierendes Vorgehen in der Erarbeitung von Lerninhalten	Materialien aufbereiten, z. B. ◆ Klarheit von Arbeitsblättern sichern ◆ wesentliche Informationen unterstreichen oder farbig hervorheben ◆ Sprache vereinfachen ◆ unwesentliche Elemente reduzieren ◆ Schriftgröße anpassen
	unbedingte Aufmerksamkeit sichern, wenn eine neue Strategie im Unterricht erarbeitet wird	
	modellgeleitetes Einüben selbstständiger Strategieanwendung	
	Strategien ausreichend lange unter Anleitung üben	

Tab. 5.4: Auswahl an Maßnahmen zur Unterstützung von Schülerinnen und Schülern mit sonderpädagogischem Unterstützungsbedarf im Schwerpunkt Lernen im zielgleichen Unterricht – Fortsetzung

Ausgewählte Problemstellen	Maßnahmen	
	pädagogisch unterstützend	ergänzend als Nachteilsausgleich besonders geeignet
	Strategietransfer üben durch Variation von Anforderungen und Aufgaben	
	erfolgreiche Anwendung auf erworbene Fähigkeiten zurückführen	
Geplantes Vorgehen wird wenig zielstrebig umgesetzt	Handlungen in Teilschritten ausführen lassen	personelle Unterstützung und Assistenz, z. B. in • selbstständigen Arbeitsphasen • Selbstkontrollphasen
	Feedback einsetzen, um Zwischenerfolge aufzuzeigen	Bearbeitungszeit anpassen
	Lösungsgewissheit vermitteln, z. B. Du kannst die Aufgabe lösen!	
	Tutorenfunktion im Rahmen kooperativer Techniken nutzen	
Fehlendes bereichsspezifisches Vorwissen		
Fehlende inhaltliche Vorkenntnisse in vielen Bereichen und insgesamt schmale Wissensbasis	Wissenslücken ausfüllen, z. B. • Begriffe erarbeiten • Wissensspeicher anlegen • Lerninhalte veranschaulichen • Komplexreduktion vornehmen	personelle Unterstützung und Assistenz, z. B. • fehlende Teilfähigkeiten kompensieren (Vorlesen) • komplexe Aufgaben in Teilaufgaben gliedern • Fachbegriffe in einfacher Sprache erklären • zusätzliche Erklärungen geben • Lerninhalte in 1:1 Situation wiederholen und festigen
	Wissen auf enaktiver, ikonischer und symbolischer Ebene repräsentieren	Bearbeitungszeit anpassen

Tab. 5.4: Auswahl an Maßnahmen zur Unterstützung von Schülerinnen und Schülern mit sonderpädagogischem Unterstützungsbedarf im Schwerpunkt Lernen im zielgleichen Unterricht – Fortsetzung

Ausgewählte Problemstellen	Maßnahmen	
	pädagogisch unterstützend	**ergänzend als Nachteilsausgleich besonders geeignet**
	niedrigste gefestigte Stufe der Vorkenntnisse finden und Lernerfolg auf dieser Stufe absichern	Materialien aufbereiten, z. B. • Schwierigkeitsgrad von Aufgaben kennzeichnen • Vorauswahl von Aufgaben treffen, die Mindestanforderungen abbilden
	systematischer Aufbau von Wissen über leichte und erfolgversprechende, hin zu schwierigen Aufgaben ermöglichen	Art der Leistungsfeststellung verändern, z. B. • mündlich statt schriftlich • schriftlich statt mündlich
	systematisch aufgebaute Übungsprogramme auswählen, z. B. • Training von Vorläuferfähigkeiten • Programme zum Erstlesen • Programme zum Lösen von Sachaufgaben	äquivalente Leistungsanforderung stellen (Wertigkeit der Aufgaben beachten)
	Routinen automatisieren, damit Ressourcen für neues Wissen genutzt werden	
	bereits gefestigtes Wissen für den Aufbau von neuem Wissen nutzen	

Tab. 5.4: Auswahl an Maßnahmen zur Unterstützung von Schülerinnen und Schülern mit sonderpädagogischem Unterstützungsbedarf im Schwerpunkt Lernen im zielgleichen Unterricht – Fortsetzung

Ausgewählte Problemstellen	Maßnahmen	
	pädagogisch unterstützend	ergänzend als Nachteilsausgleich besonders geeignet
Eingeschränkte Konzentrationsfähigkeit		
Schnelle Ablenkbarkeit	Störreize antizipieren und Lernumgebung entsprechend vorbereiten	personelle Unterstützung und Assistenz, z. B. • Unterteilung des Aufgabenpensums in Teilaufgaben • Leistungsermittlung in geschützter und reizarmer Umgebung begleiten
	uneingeschränkten Blick zur Tafel oder zum Lerngegenstand ermöglichen	Materialien aufbereiten, z. B. • klar strukturierte und übersichtliche Arbeitsblätter vorbereiten • Wesentliches markieren
	in das Unterrichtsgeschehen zurückholen, z. B. durch • Blickkontakt • direkte Ansprache • auffordernde Fragen	Bearbeitungszeit der Konzentrationsfähigkeit anpassen und ggf. Pausen gewährleisten
	Reizreduktion auf Arbeitsblättern vornehmen	räumliche Unterstützung, z. B. fester Sitzplatz in reizarmer Umgebung
	Unwesentliches auf Arbeitsblättern abdecken	
Geringe Konzentrationsspanne	Unterrichtsmethoden an das Konzentrationsvermögen flexibel anpassen	Bearbeitungszeit anpassen, um zwischendurch kurze Pausen zu gewähren
	Rhythmisierung durch An- und Entspannungsphasen	Leistungsanforderungen in mehrere Teilaufgaben gliedern und nacheinander bearbeiten lassen

Tab. 5.4: Auswahl an Maßnahmen zur Unterstützung von Schülerinnen und Schülern mit sonderpädagogischem Unterstützungsbedarf im Schwerpunkt Lernen im zielgleichen Unterricht – Fortsetzung

Ausgewählte Problemstellen	Maßnahmen	
	pädagogisch unterstützend	ergänzend als Nachteilsausgleich besonders geeignet
	Bewegungselemente zur Auflockerung einbauen	
	Zeitspannen sichtbar machen	
Verfallen schnell in Aktivitäten, die sie am Lernen hindern	aktiv in Unterrichtsprozesse einbinden, z. B. • Zwischenfragen stellen • zur Mitarbeit ermuntern Unterricht »interessant« gestalten und persönliche Bedeutsamkeit bewusstmachen	personelle Unterstützung und Assistenz, z. B. in • selbstständigen Arbeitsphasen • Phasen, in denen eine Auszeit/Pause erforderlich wird • Phasen, in denen Lernbegleitung notwendig wird
Geringe Motivation		
Brechen Lernbemühungen schnell ab oder weichen Lernaufgaben aus	angemessen schwierige Aufgaben vorbereiten Interessantheit von Lerninhalten nutzen und persönliche Bedeutsamkeit anregen, z. B. • anregende Gestaltung der unterrichtlichen Situation • Anwendungsbezug und lebenspraktische Bedeutsamkeit herstellen motivierende Aufgabenauswahl im Pflicht- und Wahlbereich	individuelle Pausen gewähren personelle Unterstützung und Assistenz, z. B. • bereits erreichte Zwischenziele unmittelbar positiv verstärken • Teilerfolge auf die Anstrengungen und Fähigkeiten zurückführen • komplexe Lernaufgaben in überschaubare Teilaufgaben gliedern Leistungsfeststellung in 1:1 Situationen gestalten

Tab. 5.4: Auswahl an Maßnahmen zur Unterstützung von Schülerinnen und Schülern mit sonderpädagogischem Unterstützungsbedarf im Schwerpunkt Lernen im zielgleichen Unterricht – Fortsetzung

Ausgewählte Problemstellen	Maßnahmen	
	pädagogisch unterstützend	ergänzend als Nachteilsausgleich besonders geeignet
	realistisches Zielsetzungsverhalten anbahnen, z. B. Was kann ich schaffen?	Reduzierung von Hausaufgabenzeit und -umfang
	Zusammenhang zwischen dem Ausmaß der eigenen Lernanstrengung und dem erzielten Leistungsergebnis bekräftigen	kurze Auszeiten gewähren, in denen interessengebundene Tätigkeiten ausgeführt werden, z. B. Musik hören unter Kopfhörern
	Lerninhalte an den Interessen ausrichten	Bearbeitungszeit anpassen
	Aufgabenpensum auf einem Aufgabenzettel abhaken	
Investieren von sich aus wenig Lernzeit	Lernerfahrungen positiv verstärken, z. B. an Lernerfolge erinnern	personelle Unterstützung und Assistenz, z. B. Bearbeitung von Aufgaben in selbstständigen Arbeitsphasen anleiten
	individuelle Lernfortschritte sichtbar machen (Steigerungseffekte nachweisen)	genügend Zeit für zusätzliche Hilfe, Wiederholungen und Strukturierungen einräumen
	motivierende Hausaufgaben erteilen	Zeit für die Anfertigung von Hausaufgaben eingrenzen

5.5 Was unterstützt wen und wobei? Handlungsmöglichkeiten und Fallbeispiele zur Gewährung von Nachteilsausgleich bei Schwierigkeiten in der emotional-sozialen Entwicklung und im Verhalten

5.5.1 Nachteilsausgleich für Schülerinnen und Schüler mit AD(H)S

Kaum einer Lehrkraft ist das Kürzel AD(H)S unbekannt. Die meisten wissen, dass sich dahinter die Bezeichnung »Aufmerksamkeitsdefizit/Hyperaktivitätsstörung« oder »Aufmerksamkeits-Defizit/Hyperaktivitätssyndrom« verbirgt.

Die ICD-11 führt die Bezeichnung der Aufmerksamkeitsdefizit-/Hyperaktivitätsstörung (ADHS) und unterscheidet – ebenso wie das Klassifikationssystem DSM-5 – zwischen einer Aufmerksamkeitsdefizit-/Hyperaktivitätsstörung

- mit vorwiegend *unaufmerksamem* Erscheinungsbild,
- mit vorwiegend *hyperaktiv-impulsivem* Erscheinungsbild und
- mit *gemischtem* Erscheinungsbild.

Die Auffälligkeiten der Schülerin oder des Schülers müssen, um von einer AD(H)S sprechen zu können, laut DSM-5 mindestens 6 Monate andauern, in der Kindheit auftreten und sich in verschiedenen Lebensbereichen, z.B. in der Schule, in der Häuslichkeit und im Sportverein äußern und folgende Kernsymptome der AD(H)S aufweisen:

- Unaufmerksamkeit,
- Hyperaktivität und
- Impulsivität.

Kinder und Jugendliche, deren *Aufmerksamkeit* gestört ist, nehmen viele Reize ungefiltert wahr und können diese nicht adäquat verarbeiten. Sie brechen ihre Aufgaben frühzeitig ab, arbeiten verlangsamt, wechseln ihre Aktivitäten häufig und verlieren oft Dinge. Im schulischen Bereich fallen sie besonders dadurch auf, dass sie viele Flüchtigkeitsfehler machen und ihre Hefte nur sehr unvollständig und unordentlich führen. Es ist ihnen kaum möglich, sich auf das Unterrichtsgeschehen zu konzentrieren, unabhängig davon, wie motiviert sie auch sein mögen. Häufig wirkt es, als seien sie völlig desinteressiert und hätten komplett abgeschaltet.

5 Wie gelingt zielgleicher Unterricht?

Hyperaktivitätsstörungen zeigen sich vor allem durch eine erhöhte Rastlosigkeit, die völlig desorganisiert wirkt. Die Kinder bzw. Jugendlichen wirken, als seien sie ununterbrochen in Bewegung. Es fällt ihnen schwer, sich an die Struktur und Ordnung ihrer Umgebung anzupassen und sie erzeugen permanent Geräusche, wie z. B. Klappern, Summen, Zwischenrufe. Da sie Klassenregeln oft nicht einzuhalten vermögen, wird ihnen häufig oppositionelles Verhalten zugeschrieben.

Impulsive Kinder und Jugendliche neigen dazu, ihrem ersten Impuls nachzugeben und ihrem ersten Gedanken oder ihrer ersten Idee zu folgen. Ihr Verhalten ist von einem Streben nach unmittelbarer und sofortiger Bedürfnisbefriedigung geprägt. Situationen schätzen sie häufig nur sehr undifferenziert ein und sie vermögen es kaum, sich in eine andere Person oder in ein Geschehen einzufühlen. Sie sprechen häufig dazwischen, wenn andere sich unterhalten und sind sehr stimmungslabil (Ellinger, 2007a).

Es gibt Kinder und Jugendliche mit einer AD(H)S-Diagnose, die medikamentös eingestellt sind. Dieser Fakt entbindet Lehrkräfte jedoch nicht davon, ihre pädagogischen Überlegungen auf die Bedarfe dieser Zielgruppe hin abzustimmen. Ein positives, vorurteilsfreies und beziehungsförderndes Lehrkraftverhalten wirkt effektiver als jede didaktisch-methodische Überlegung und jedes Behandlungsverfahren (Abelein & Stein, 2017). Weiß man als Lehrkraft also, welche Auffälligkeiten mit dem Störungsbild AD(H)S verbunden sind, wird es leichter gelingen, binnendifferenzierende Maßnahmen zu initiieren und Nachteilsausgleich zum Einsatz zu bringen.

»Das einzige Verhalten, das Lehrkräfte in der Interaktion mit von ADHS betroffenen Schülern kontrollieren können, ist ihr eigenes« (Hoberg, 2018, S. 101).

Lehrkräfte sind, wie eingangs bereits beschrieben, durch das oftmals als störend empfundene Verhalten besonders herausgefordert, sehen sie doch den reibungslosen Unterrichtsverlauf in Gefahr und sich selbst häufig außerstande, angemessen und subjektiv empfunden richtig auf die spezifischen Verhaltensweisen zu reagieren. Dies führt in der Regel bei allen Beteiligten zu einer großen Unzufriedenheit. Hilfreich kann sein, diejenigen pädagogischen Maßnahmen auszuwählen, die einen nachgewiesenermaßen positiven Effekt auf das Lern- und Leistungsverhalten von Kindern und Jugendlichen mit einer AD(H)S-Symptomatik aufweisen. Programme zur Verhaltensmodifikation mit Elementen der positiven Verstärkung bzw. dem Entzug von Verstärkern und Time-Out-Praktiken sind in diesem Zusammenhang gut evaluiert und weisen durchweg positive Effekte auf. Auch pädagogische Interventionen, die z. B. das

5.5 Was unterstützt wen und wobei?

Arbeitsgedächtnis, die Planung und Organisation von Handlungsvollzügen oder das Zeitmanagement unterstützen, sind angezeigt. Darüber hinaus scheint es wichtig und sinnvoll, und schadet nebenbei bemerkt auch allen anderen Schülerinnen und Schülern der Klasse nicht, die Aufmerksamkeit auf jede erdenkliche Weise zu aktivieren, zu sichern und aufrecht zu erhalten.

> »Alles das, was hilft, den Kindern eine äußere Stütze im Denken, Planen und Handeln zu sein, ist dienlich. Anzuvisieren ist es, den Kindern zu helfen oder gar beizubringen, ihre grundsätzlich vorhandenen Fähigkeiten in der richtigen Situation zum richtigen Zeitpunkt in Verhalten umzusetzen« (Hoberg, 2018, S. 99).

Hinsichtlich der Gestaltung des Nachteilsausgleiches für Schülerinnen und Schüler mit AD(H)S ergeben sich zahlreiche Möglichkeiten, die, wie in allen anderen Fällen auch, jeweils dem Einzelfall angepasst werden müssen.

Felix, 13 Jahre – ein Fallbeispiel

Das Stillsitzen und Abwarten stellen für Felix, 13 Jahre, die größten Herausforderungen im schulischen Alltag dar. Die 45 Minuten einer Unterrichtsstunde erscheinen ihm unendlich lang, da seine Aufmerksamkeit bereits nach 10 Minuten nachlässt und er dem Unterrichtsgeschehen nur noch mit großer Mühe folgen kann. Felix Geschichtslehrer weiß um die AD(H)S-Diagnose seines Schülers und bemüht sich sehr, ihm bei der Bewältigung seiner schulischen Aufgaben zu helfen. Das gelingt nicht immer erfolgreich, denn an dieser Stelle lauern Fallstricke: Ein Nachteilsausgleich, den Felix Lehrer gern und häufig zum Einsatz bringt, ist die Zeitverlängerung in Klassenarbeiten. Während alle anderen Schülerinnen und Schüler nach der einstündigen Kontrollarbeit auf den Pausenhof gehen, »darf« Felix noch 10 Minuten länger an seinen Aufgaben arbeiten. Doch hilft diese Maßnahme Felix wirklich?

Die Zeitverlängerung scheint im inklusiven Unterricht oft als Nachteilsausgleich zum Einsatz zu kommen und als probates Mittel zur Unterstützung von Kindern und Jugendlichen mit Verhaltensstörungen allgemein, aber besonders für Schülerinnen und Schüler mit AD(H)S zu gelten. Diese »Hilfe« wird hauptsächlich in Leistungssituationen gewährt, ist aber im Falle von Felix gründlich zu prüfen, denn er hat große Mühe, seine Aufmerksamkeit fokussiert auf einen Lerngegenstand zu richten und sich

> über einen längeren Zeitraum zu konzentrieren. Umso weniger wird es Felix also gelingen, sich zu konzentrieren, wenn sich Zeitspannen verlängern. Viel eher ist es angezeigt, die Bearbeitungszeiten für ihn zu verkürzen oder in Teilabschnitte, z. B. auf dreimal 15 Minuten zu zerlegen, um die Aufmerksamkeit, die von Felix aufgebracht werden kann, sinnvoll zu nutzen und auf diese Weise sein Leistungsvermögen auszuschöpfen.

Das Ziel aller pädagogischen Bemühungen sollte es sein, die individuellen Stärken und Ressourcen der Kinder und Jugendlichen zu benennen und zu stärken, z. B. herauszufinden, ob die Schülerin oder der Schüler besonders neugierig oder besonders fröhlich ist und ob ein großer Wissensdrang oder eine besondere Begeisterungsfähigkeit für bestimmte Unterrichtsinhalte mitgebracht wird. Der stärkenorientierte Blick auf Kinder mit Schwierigkeiten im Verhalten kann gar nicht oft genug betont werden.

Möglichkeiten, Problemstellen mit Maßnahmen zur inneren Differenzierung und Individualisierung zu begegnen und Nachteilsausgleich für Kinder und Jugendliche mit AD(H)S zu gewähren, sollen in der folgenden Tabelle exemplarisch aufgeführt werden.

Tab. 5.5: Auswahl an Maßnahmen zur Unterstützung von Schülerinnen und Schülern mit AD(H)S

Ausgewählte Problemstellen	Maßnahmen	
	pädagogisch unterstützend	ergänzend als Nachteilsausgleich besonders geeignet
Aufmerksamkeitsprobleme		
Schwierigkeiten beim längeren Zuhören	Konzentrationsspannen berücksichtigen, z. B. durch • Methodenwechsel • kleine Pausen zwischendurch Aufmerksamkeit auf die Lehrperson lenken, z. B. durch • Blickkontakt • stumme Impulse • Sitzplatz Sprechpausen im Lehrervortrag einlegen	in Leistungssituationen Unterbrechungen einplanen, z. B. • kleine Pausen • kurze Auszeiten

5.5 Was unterstützt wen und wobei?

Tab. 5.5: Auswahl an Maßnahmen zur Unterstützung von Schülerinnen und Schülern mit AD(H)S – Fortsetzung

Ausgewählte Problemstellen	Maßnahmen	
	pädagogisch unterstützend	ergänzend als Nachteilsausgleich besonders geeignet
leichte Ablenkbarkeit durch Geräusche und andere Reize	ablenkungsarmen Sitzplatz (in Absprache mit der Schülerin/dem Schüler) finden, z. B. • Tisch zur Wand drehen • Paravent bereitstellen	Gehörschutz zur Verfügung stellen, z. B. • Kopfhörer • Ohrstöpsel
	klare Lernumgebung gestalten, z. B. • Reduzierung der Reize in der nahen Umgebung • Verzicht auf Zeichnungen, Poster etc. an der Tafelseite • sparsame Dekoration	Tests und Klassenarbeiten in Einzelsituationen schreiben lassen
	auf Reizreduzierung bei der Gestaltung von Arbeitsblättern achten, z. B. • Verzicht auf unnötige Illustrationen • Verwendung serifenloser Schrift	separaten Arbeitsplatz (ggf. in einem Nebenraum) ermöglichen
		mit Sichtblenden abgetrennten Arbeitsplatz einrichten, z. B. Paravent
		personelle Unterstützung und Assistenz zur Begleitung in gesonderte Arbeitsräume
verzögerter Arbeitsbeginn	Hilfen zum unmittelbaren Arbeitsbeginn anbieten, z. B. • Zeitspannen visuell darstellen (Time-Timer, Eieruhr) • nonverbales Signal • deutlicher verbaler Hinweis • Piktogramm mit Hinweis auf Uhr • Hinweis durch Lernpartner	personelle Unterstützung und Assistenz zur Sicherung eines unverzüglichen Arbeitsbeginns

5 Wie gelingt zielgleicher Unterricht?

Tab. 5.5: Auswahl an Maßnahmen zur Unterstützung von Schülerinnen und Schülern mit AD(H)S – Fortsetzung

Ausgewählte Problemstellen	Maßnahmen	
	pädagogisch unterstützend	**ergänzend als Nachteilsausgleich besonders geeignet**
Aufrechterhalten der Aufmerksamkeit in längeren Arbeitsphasen	Aufgaben strukturieren, z. B. durch • Zwischenüberschriften • Markern von Teilabschnitten • Verwenden unterschiedlicher Schriftgrößen oder Fettdruck	Anforderung einer Leistungssituation in Teilabschnitte gliedern, z. B. • auf verschiedene Stunden verteilen • aufeinanderfolgende Tage nutzen
	Zwischenziele festlegen, z. B. • Abschnitte einer Unterrichtsstunde visualisieren • Was passiert wann? • Was ist wann zu tun?	Bearbeitungszeit durch Pausen rhythmisieren
	Erfolge durch Lösungsgewissheit in Aussicht stellen	Klassenarbeiten vorstrukturieren, z. B. ein Blatt pro Aufgabe
	relevante Aufgaben hervorheben, z. B. • Abdecken anderer Aufgaben • Zureichen einzelner Aufgaben nacheinander	
	Erfolge sichtbar machen durch Abhaken von Teilaufgaben	
Hyperaktivität		
motorische Unruhe	nichtstörende Bewegungen (z. B. geräuschloses Wippen mit dem Oberkörper) ignorieren	Bewegungspausen auch in Leistungssituationen gewähren
	Bewegung als Unterrichtsprinzip gestalten	personelle Unterstützung und Assistenz bei der Begleitung in Bewegungspausen außer der Reihe
	auf angepasste Sitzgelegenheiten achten, z. B. Stuhlhöhe	

5.5 Was unterstützt wen und wobei?

Tab. 5.5: Auswahl an Maßnahmen zur Unterstützung von Schülerinnen und Schülern mit AD(H)S – Fortsetzung

Ausgewählte Problemstellen	Maßnahmen	
	pädagogisch unterstützend	ergänzend als Nachteilsausgleich besonders geeignet
	äquivalente Sitzgelegenheiten zur Verfügung stellen, z. B. • Sitzball • Wackelhocker • Sitzkissen • luftgefülltes Kissen Arbeiten im Stehen erlauben bewussten Wechsel des Lernortes anbieten, z. B. • Leseecke • Gruppentische • Fußboden	
Spielen mit unterrichtsfremden Dingen	geräuschlose Materialien als Äquivalent anbieten, z. B. • Sandsäckchen • Knautschball	
Impulsivität		
fehlende Impulskontrolle	wenige Regeln sehr klar formulieren	Time-Out-Angebote bereitstellen, z. B. Aufenthalt bei der Schulsozialarbeit
	Geduldsübungen durchführen	Time-Out-Angebote im Klassenzimmer zur Verfügung stellen, z. B. Funktionsecke im hinteren Teil des Raumes
	Ressourcen bewusstmachen, die das Lernen unterstützen, z. B. • Was hilft dabei abzuwarten? • Wer hilft dabei abzuwarten?	personelle Unterstützung und Assistenz bei Time-Out-Angeboten außerhalb des Klassenraumes
unangemessenes Reagieren auf Kritik	Konflikte im Einzelgespräch klären Konflikte zeitverzögert und in ruhiger Atmosphäre bearbeiten	

Tab. 5.5: Auswahl an Maßnahmen zur Unterstützung von Schülerinnen und Schülern mit AD(H)S – Fortsetzung

Ausgewählte Problemstellen	Maßnahmen	
	pädagogisch unterstützend	ergänzend als Nachteilsausgleich besonders geeignet
geringe Frustrationstoleranz	nonverbale Zeichen zur Deeskalation vereinbaren	
	individuelle Inhalte in speziellen Unterrichtsfächern anbieten, z. B. durch • Beachtung besonderer Interessen • Verzicht auf Themen, die von der Schülerin/dem Schüler abgelehnt werden	
regelverletzendes Verhalten	Verhaltensverträge abschließen	Pausenregelungen individuell gestalten, z. B. versetzte Pausenzeiten, um Erholungsphasen zu sichern und Teilnahme am Unterricht zu ermöglichen
	Tokensysteme nutzen	personelle Unterstützung und Assistenz bei Verhaltensregulation im Unterricht
	Lern- und Verhaltenstagebuch führen lassen	personelle Unterstützung durch Assistenz bei individueller Pausenbetreuung
	Selbstreflexion anregen, z. B. durch • reflexive Fragen (Was kann ich gut, was eher nicht? Welchen Anteil hatte ich an dem Problem? Was ist mir wirklich wichtig?) • Einsatz von Smileys • Reflexionskarten (mit Satzanfängen wie »Ich habe gelernt, dass ich...«)	Note für das Arbeits- und Sozialverhalten durch Verbalbeurteilung ersetzen
	Problemverhalten bewusst ignorieren	
	positives Verhalten verstärken	
	an Situationen erinnern, in denen sozial erwünschtes Verhalten gezeigt wurde	

5.5.2 Nachteilsausgleich bei Störungen des Sozialverhaltens

Frederic, 10 Jahre – ein Fallbeispiel

Frederic kommt morgens schon missgelaunt in die Schule. Dies wird dadurch deutlich, dass er gegen den Papierkorb auf dem Pausenhof tritt, nicht grüßt und einem Mitschüler Schläge androht. Im Unterricht verweigert er die Mitarbeit, wirft die Stifte aus seiner Federtasche durch den Raum und reagiert auf Ermahnungen seiner Lehrerin Frau M. mit einem Wutausbruch.

Sein Antwortverhalten wirkt aggressiv und er zeigt keine Einsicht in sein Fehlverhalten. Frederic provoziert in einer Weise, dass sich Frau M. genötigt sieht, ihre Aufmerksamkeit fast ununterbrochen auf Frederic zu lenken.

Frederic fällt nicht nur im Unterrichtsgeschehen, sondern auch im Pausenverhalten durch provozierende verbale und körperliche Angriffe und regelverletzendes Verhalten auf. Er ist nur schwer in der Lage, sich nach Auseinandersetzungen mit Lehrkräften oder anderen Kindern wieder zu beruhigen.

Den Leistungsanforderungen kann Frederic noch entsprechen. Einige Lehrerinnen und Lehrer berichten von einem Leistungsabfall in den letzten Wochen und führen dies auf die beobachteten Störungen des Sozialverhaltens zurück.

Die Pausengespräche unter den Lehrkräften drehen sich fast ausschließlich um das Verhalten von Frederic. Die Kolleginnen und Kollegen sind sich mehrheitlich darüber einig, dass sie die täglichen Auseinandersetzungen mit dem Kind als Belastung empfinden, sich permanent von ihm gestört fühlen und sie einfach nicht mehr wissen, was sie noch tun sollen. Das als störend empfundene Verhalten wird dabei offensichtlich sehr unterschiedlich wahrgenommen. So empfindet die eine Kollegin schon Frederics Sitzhaltung als massive Unterrichtsstörung und ein Kollege meint, er würde Frederics ständige Zwischenrufe gar nicht mehr wahrnehmen. Daraufhin kommt es auch zwischen den Kolleginnen und Kollegen zu Streitgesprächen, wie die Störungen in Frederics Sozialverhalten einzuschätzen, zu bewerten und zu sanktionieren seien. Alle fühlen sich ratlos und sind völlig entnervt.

Frederics Mutter meidet den Kontakt zur Schule und nimmt auch telefonische Kontaktbemühungen nicht an. Sie artikuliert deutlich, dass ihr die Kraft fehle, sich immer nur anhören zu müssen, was Frederic »nun diesmal wieder alles verbrochen habe«.

5 Wie gelingt zielgleicher Unterricht?

Bei Frederic ist von einer Störung seines Sozialverhaltens auszugehen.

»Die Diagnose einer Störung des Sozialverhaltens setzt ein durchgehendes Muster von oppositionellem, aggressivem oder dissozialem Verhalten voraus, das (auf dem Hintergrund des kindlichen Entwicklungsniveaus) deutlich normverletzend ist und nicht nur auf vereinzelten dissozialen (oder auch delinquenten) Verhaltensweisen beruht« (Fegert, Eggers & Resch, 2012, S. 912).

Die Überlegungen zur Gewährung von Nachteilsausgleich und zur Implementation binnendifferenzierender und individualisierender Maßnahmen müssen in diesem Falle zum einen auf die Reduzierung von Fehlverhalten und auf der anderen Seite darauf gerichtet sein, dass Frederic sein Leistungsvermögen abrufen und ein zielgleicher Unterricht aufrechterhalten werden kann.

Ein erstes, vom Förderplanteam (► Kap. 7.1.3) festgelegtes Förderziel ist die *Einhaltung von Regeln.*

Um sich an Regeln halten zu können, sollte Frederic diese zunächst einmal kennen. Im weiteren Verlauf der Förderarbeit soll es dann gelingen, dass der Schüler diese akzeptiert und umsetzt. Zu beachten ist, dass sich die Anzahl der einzuhaltenden Regeln langsam steigert. Auch die Art der Formulierung der Regeln spielt eine wichtige Rolle. So sollten

* einfache und klare Formulierungen,
* Gebote, keine Verbote, z. B. »Ich verhalte mich im Unterricht leise« statt »Wir schwatzen nicht« und
* Regeln in der Ich-Form

Beachtung finden. Zu kommunizieren sind die Beobachtungen dazu, ob und wann Regeln eingehalten werden, daraufhin einsetzende positive Verstärkungen, aber auch das Vorgehen bei Regelverstößen.

Frederic zeigt große Schwierigkeiten bei seiner *Impulskontrolle.* So ist er nur schwer in der Lage, sein Handeln vor der Ausführung zu kontrollieren oder die Folgen seines Handelns richtig abzuschätzen. Frederic ist ungeduldig. Er kann weder abwarten noch eigene Bedürfnisse zurückstellen. Dies führt dazu, dass er schnell sehr wütend wird und kaum Freunde hat.

Eine gut entwickelte Impulskontrolle wäre die Voraussetzung dafür, dass Frederic ein angemesseneres Arbeitsverhalten zeigt und Lernerfolge erzielen könnte.

Frederic verfügt noch nicht über eine ausreichend gut entwickelte *Konfliktfähigkeit*.

> »Unter einem Konflikt wird ... eine Auseinandersetzung, Belastung und/oder Schwierigkeit verstanden, die bei der beteiligten Person oder den beteiligten Personen zu einer emotionalen Betroffenheit und zu Beeinträchtigungen von unterschiedlicher Relevanz führt« (Becker, 2006, S. 17).

Um die Intensität eines Konfliktes einschätzen zu können, werden der Grad der emotionalen Betroffenheit und die physischen, psychischen und sozialen Beeinträchtigungen, die ein Konflikt zur Folge haben kann, herangezogen.

Scheinkonflikte: momentane Betroffenheit, keine Beeinträchtigungen
Randkonflikte: kurzzeitige und geringe emotionale Betroffenheit, geringe Beeinträchtigungen
Zentralkonflikte: starke emotionale Betroffenheit mit Langzeitwirkung, starke Beeinträchtigungen
Extremkonflikte: sehr starke und dauerhafte emotionale Betroffenheit, Beeinträchtigungen, die nicht korrigierbar sind (Becker, 2006).

Im Falle von Frederic ist bei den Überlegungen zu binnendifferenzierenden und individualisierenden Maßnahmen mithin zu unterscheiden, ob es sich um einen Schein- oder Randkonflikt handelt oder ob er in Zentral- oder gar Extremkonflikte gerät.

Dadurch, dass alle Lehrkräfte über den gesamten Schultag hinweg gefühlt ununterbrochen mit Frederics Fehlverhalten befasst sind, kann es ggf. dazu kommen, dass Schein- und Randkonflikte höher bewertet werden, als es vielleicht nötig wäre. Wenn Frederic am Morgen auf den Schulhof kommt und den leeren Papierkorb umtritt, diesen nach einem scharfen Blick der aufsichtsführenden Lehrkraft aber sofort wieder aufstellt, bestünde unter Umständen die Möglichkeit, dies als Scheinkonflikt einzuordnen. Stört Frederic den Unterricht durch unaufgeforderte Zwischenrufe, die er nach einer deutlichen Ermahnung sofort wieder unterlässt, kann von einem Randkonflikt gesprochen werden. Diese Konflikte sind deutlich zu unterscheiden von den Situationen, in denen Frederic sich auf dem Pausenhof prügelt. Der Unterricht der Folgestunde kann nicht pünktlich beginnen, weil es einer gründlichen und häufig zeitintensiven Klärung des Sachverhaltes vom Charakter eines Zentralkonfliktes bedarf. Kommt es wiederholt und langandauernd zu Übergriffen von Frederic auf ausgewählte Mitschülerinnen und

Mitschüler, so dass diese nur mit großen Ängsten zur Schule kommen, wäre beispielsweise von einem Extremkonflikt zu sprechen. Ratsam wäre es an dieser Stelle, systematische Verhaltensbeobachtungen durchzuführen, die eine objektive Einschätzung des Verhaltens ermöglichen. Eine andere Möglichkeit bestünde im Führen eines pädagogischen Tagebuches. Das klingt zunächst nach einem größeren Mehraufwand, gelingt jedoch rasch und unkompliziert, hat die Lehrkraft erst eine gute und praktikable Form für sich gefunden. Notiert wird, wann was in Frederics Verhalten beobachtet wurde. Mit Hilfe der notierten Beobachtungen und im Vergleich dieser ließe sich eine Bewertung des Konfliktgrades vornehmen. Alleiniges Ziel von Interventionsmaßnahmen müssen nicht immer die Zentral- und Extremkonflikte sein. Diese bedürfen einer unmittelbaren und deutlichen Sanktionierung. Unterrichtsintegriert können sich die Förderziele auch auf das Schein- und Randkonfliktverhalten beziehen, um über die Fördererfolge in diesen Bereichen sukzessive Einfluss auf weiteres konfliktbehaftetes Verhalten zu nehmen.

Frederic ist in seiner *Kooperationsfähigkeit* deutlich eingeschränkt. Aufgrund der beschriebenen Störungen des Sozialverhaltens lehnen es die anderen Kinder der Klasse oft ab, mit Frederic zusammen zu arbeiten. Er zeigt große Schwierigkeiten, sich mit seinen Mitschülerinnen und Mitschülern angemessen zu einem Lerngegenstand auszutauschen, die Meinungen der anderen zu akzeptieren oder Kompromissbereitschaft zu entwickeln.

Alle Schwierigkeiten, die Frederic in seinem Verhalten zeigt, mit einem Mal bewältigen zu wollen, würde eine Überforderung für das Kind darstellen und wäre von den Lehrkräften nicht in kurzer Zeit leistbar. Eine geeignete Grundlage für Interventionsmaßnahmen kann ein Förderplan für Frederic darstellen, der konkrete Angaben zur inneren Differenzierung und zu einem möglichen Nachteilsausgleich enthält. Das Förderplanteam ist angehalten, ein bis zwei Ziele der Förderung zu priorisieren und für die nächsten Wochen, z. B. bis zu den nächsten Ferien festzulegen und zunächst daran zu arbeiten (▶ Kap. 7.1.3). Sobald eine Verhaltensveränderung eintritt und gute Erfolge sichtbar werden, können weitere, zu fördernde Bereiche in den Mittelpunkt rücken.

Beispiele mit Maßnahmen, die Schülerinnen und Schülern mit ähnlichen Problemlagen dabei helfen können, am Unterricht teilzunehmen, werden in der folgenden Tabelle aufgezeigt.

Tab. 5.6: Auswahl an Maßnahmen zur Unterstützung von Schülerinnen und Schülern mit Störungen des Sozialverhaltens

Ausgewählte Problemstellen	Maßnahmen	
	pädagogisch unterstützend	ergänzend als Nachteilsausgleich besonders geeignet
Regeleinhaltung		
Hält sich nicht an Unterrichtsregeln	Verhaltensvertrag abschließen	personelle Unterstützung und Assistenz zur Einhaltung der Unterrichtsregeln, z. B. • neben der Schülerin/dem Schüler sitzen • individuelle Hinweise auf Regelverstöße geben, ohne den Unterrichtsablauf zu stören • stumme Signale zur Einhaltung der Unterrichtsregeln einsetzen
	Umfang der einzuhaltenden Regeln begrenzen (mit wenigen Regeln beginnen und erst, wenn diese beherrscht werden, Anzahl steigern oder durch neue Regeln ersetzen)	Time-Out-Angebote außerhalb des Klassenzimmers bereitstellen, z. B. Aufenthalt bei der Schulsozialarbeit
	Regeln mit der Schülerin/dem Schüler genau besprechen (in Einzelgesprächen und im Klassenverband)	Time-Out-Angebote im Klassenzimmer zur Verfügung stellen, z. B. Funktionsecke in einem Teil des Klassenraumes
	Regeln für den Schüler/die Schülerin visualisieren, z. B. • Piktogramm mit aktuell wichtigster Verhaltensregel auf der Schülerbank • Regelkärtchen in der Federtasche • Regelblatt in der Hülle des Hausaufgabenheftes Regelverhalten in verschiedenen Gruppensituationen erproben, z. B. • in Rollenspielen • in Gesprächskreisen • bei Sportspielen	personelle Unterstützung und Assistenz bei Time-Out-Angeboten außerhalb und innerhalb des Klassenraumes

Tab. 5.6: Auswahl an Maßnahmen zur Unterstützung von Schülerinnen und Schülern mit Störungen des Sozialverhaltens – Fortsetzung

Ausgewählte Problemstellen	Maßnahmen	
	pädagogisch unterstützend	ergänzend als Nachteilsausgleich besonders geeignet
	regelmäßige und unmittelbare Rückmeldung zur Einhaltung der Regeln an die Schülerin/den Schüler geben	
	Verstärkung positiven Verhaltens, z. B. • die Schülerin/den Schüler erwischen, wenn er/sie gut ist • Verstärkerpläne • Lob	
	sozial unerwünschtes Verhalten ignorieren	
	Peer-Feedback zu einem festen Unterrichtsprinzip machen	
	regelmäßige Rückmeldungen an das Elternhaus geben	
Hält sich nicht an Pausenregeln	Absprachen mit der Schulsozialarbeiterin/dem Schulsozialarbeiter zur individuellen Pausengestaltung treffen	ggf. individuelle Pausenregelung, z. B. versetzte Pausenzeiten (Stressabbau)
	Patenschaften mit anderen Schülerinnen/Schülern der Klasse oder höherer Klassen initiieren	personelle Unterstützung und Assistenz bei individueller Pausenbetreuung • in der regulären Hofpause • unter abgestimmter individueller Pausengestaltung (bei Bedarf)
		Raum für Rückzugsmöglichkeiten vorhalten
Impulskontrolle		
Hat Schwierigkeiten abzuwarten	gut nachvollziehbare Begründungen für das Abwarten geben, z. B. • andere aussprechen lassen • Schrittfolgen einhalten	personelle Unterstützung und Assistenz, z. B. • beruhigende Einflussnahme • Hilfe bei Fokussierung auf den Lerngegenstand

5.5 Was unterstützt wen und wobei?

Tab. 5.6: Auswahl an Maßnahmen zur Unterstützung von Schülerinnen und Schülern mit Störungen des Sozialverhaltens – Fortsetzung

Ausgewählte Problemstellen	Maßnahmen	
	pädagogisch unterstützend	ergänzend als Nachteilsausgleich besonders geeignet
	Abwarten üben, z. B. durch • Bewusstmachen von Zeitspannen (Time-Timer oder Eieruhr) • Zeitspannen des Abwartens langsam steigern • Reihenfolge ankündigen (»In dieser Woche kommst du immer als Zweiter/Zweite bzw. Dritter/Dritte usw. ran.«) Reflexionsgespräche führen, z. B. zu Fragen wie • In welchen Situationen kann ich schon gut abwarten? • Was hilft mir dabei? • Wann gelingt es mir noch nicht so gut? Geduldsspiele in den Unterricht einfließen lassen erfolgreiches Abwarten loben nonverbale Signale vereinbaren	
Kann die Folgen seines Handelns nicht abschätzen	wiederkehrende konflikthafte Situationen analysieren, z. B. • Verhalten auf dem Pausenhof • Begegnung mit bestimmten Mitschülerinnen oder Mitschülern konkrete Handlungsabfolgen üben, z. B. mit Hilfe von • Bildgeschichten • Rollenspielen Lernpatenschaften initiieren	personelle Unterstützung und Assistenz durch individuelle Betreuung von Partner- und Gruppenarbeitsphasen

5 Wie gelingt zielgleicher Unterricht?

Tab. 5.6: Auswahl an Maßnahmen zur Unterstützung von Schülerinnen und Schülern mit Störungen des Sozialverhaltens – Fortsetzung

Ausgewählte Problemstellen	Maßnahmen	
	pädagogisch unterstützend	ergänzend als Nachteilsausgleich besonders geeignet
	Eigenverantwortung stärken, z. B. durch Bewusstmachen von Handlungsfolgen (»Wenn ich ... tue, hat es ... zur Folge.«)	
	Handlungsalternativen erarbeiten	
	Lob in schriftlicher Form mitteilen, z. B. • Lobzettel • Hausaufgabenheft • Pendelheft	
Konfliktfähigkeit		
Gerät häufig in Konflikte	konkrete Verhaltensziele kleinschrittig festlegen, z. B. • im Förderplan • im Verhaltensvertrag	personelle Unterstützung und Assistenz, z. B. • zur Anwendung von Konfliktbewältigungsstrategien in Konfliktsituationen im Klassenraum und auf dem Pausenhof • Begleitung der Schülerin/des Schülers in Freiarbeitsphasen • Herausnahme der Schülerin/des Schülers aus der Konfliktsituation
	Verhaltenserwartung an die Schülerin/den Schüler klar formulieren	Time-Out-Angebote außerhalb des Klassenzimmers bereitstellen, z. B. Aufenthalt bei der Schulsozialarbeit
	in Konfliktsituationen pädagogisch angemessen reagieren, z. B. • Scheinkonflikte bewusst ignorieren • (wenn möglich) humorvoll reagieren • absehbare Konfliktsituationen entschärfen	Time-Out-Angebote im Klassenzimmer zur Verfügung stellen, z. B. Funktionsecke in einem Teil des Klassenraumes

Tab. 5.6: Auswahl an Maßnahmen zur Unterstützung von Schülerinnen und Schülern mit Störungen des Sozialverhaltens – Fortsetzung

Ausgewählte Problemstellen	Maßnahmen	
	pädagogisch unterstützend	ergänzend als Nachteilsausgleich besonders geeignet
	Konfliktverhalten zum Unterrichtsgegenstand machen, z. B. ♦ Konfliktbeispiele vorgeben und gemeinsam Lösungsmöglichkeiten erarbeiten ♦ Rollenspiele	personelle Unterstützung durch Assistenz bei Time-Out-Angeboten innerhalb und außerhalb des Klassenraumes
Reagiert auf vermeintliche Provokationen mit verbaler oder körperlicher Gewalt	Erarbeitung und Übung von Handlungsalternativen, z. B. ♦ Was tue ich, wenn ich mich provoziert fühle? Was kann ich tun? ♦ Was tue ich, wenn ich die Wut in mir aufsteigen spüre? Was kann ich tun?	personelle Unterstützung und Assistenz bei der Fokussierung auf den Lerngegenstand, z. B. durch beruhigende Einflussnahme in Krisensituation
	Streitschlichtungsprogramme nutzen, z. B. Konfliktlotsen bei der Klärung konfliktreicher Situationen einsetzen	ggf. Anpassung der Stundentafel, z. B. Kernfächer an den Tagesanfang legen
	Verhaltensverträge abschließen	Time-Out-Angebote außerhalb des Klassenzimmers bereitstellen, z. B. Aufenthalt bei der Schulsozialarbeit
		personelle Unterstützung und Assistenz im Sinne einer individualisierten Pausenaufsicht
		äquivalente Anforderungen in konfliktträchtigen Fächern finden, z. B. Sport: in Krisen besser Einzeldisziplin als Mannschaftsspiele
Kooperationsfähigkeit		
Kann sich nur schwer auf Partner- oder Gruppenarbeiten einlassen	Kooperationsfähigkeit schrittweise entwickeln: Einzelarbeit ⇓	personelle Unterstützung und Assistenz zur Bewältigung von Partner-/bzw. Gruppenarbeitsphasen

Tab. 5.6: Auswahl an Maßnahmen zur Unterstützung von Schülerinnen und Schülern mit Störungen des Sozialverhaltens – Fortsetzung

Ausgewählte Problemstellen	Maßnahmen	
	pädagogisch unterstützend	ergänzend als Nachteilsausgleich besonders geeignet
	Partnerarbeit mit befreundeter Mitschülerin/befreundetem Mitschüler ⇓ Arbeit in einer Kleingruppe ⇓ Partnerarbeit mit Mitschülerinnen/Mitschülern die nicht unbedingt positiv konnotiert sind ⇓ Gruppenarbeit Aufgabenverteilung und Handlungsplanung in Gruppenarbeiten moderieren	
Verfolgt in kooperativen Lernformen vornehmlich eigene Ziele	Erfahrungen aus Kooperation mit anderen verbalisieren lassen: • eigene Ideen, Wünsche und Erwartungen formulieren und in die Gruppe einbringen • Ideen, Wünsche und Erwartungen anderer wahrnehmen • Handlungen gemeinsam planen, verstehen und umsetzen	

5.5.3 Nachteilsausgleich für Schülerinnen und Schüler mit Ängsten

Die Schülerinnen und Schüler mit einer AD(H)S-Symptomatik oder mit externalisierenden, aggressiv-ausagierenden Verhaltensweisen bündeln oft die gesamte Aufmerksamkeit aller am Unterrichtsgeschehen beteiligten Personen (▶ Kap. 4.3). Kinder und Jugendliche mit internalisierendem, ängstlich gehemmtem Verhalten dagegen ziehen sich eher zurück und fallen im Trubel des Schulalltages mitunter kaum auf. Wenn Ängste von Kindern und Jugendlichen das Ausmaß einer Bedrohung annehmen und einen negativen Einfluss auf das schulische Lern- und Leistungsverhalten ausüben, herrscht Handlungsbedarf.

5.5 Was unterstützt wen und wobei?

Im pädagogischen Handlungsfeld treten soziale Ängste, Leistungs- und Prüfungsängste sowie Schulängste in verschiedenen Erscheinungsformen und Ausprägungsgraden auf, die in stärkerer Ausprägung zu einer Beeinträchtigung des schulischen Lernens führen können.

Soziale Ängste sind gekennzeichnet durch intensive Gefühle der Furcht, Aufregung und Unsicherheit in der Gegenwart anderer, nicht vertrauter Personen oder durch negative Erwartungen im Hinblick auf die eigenen sozialen Fähigkeiten im Umgang mit fremden Menschen (Büch & Döpfner, 2015).

Kinder und Jugendliche mit sozialen Ängsten sind nach Melfsen und Walitza (2013) unter anderem an folgenden Verhaltensweisen zu erkennen:

- Sie passen sich sehr an aktuelle Modetrends an, um nicht aufzufallen.
- Sie wählen Kleidung aus, unter der sie sich gut verstecken können, z. B. Hoodies und Caps.
- Sie halten ihre Hände oft wie zum Schutz vor ihr Gesicht.
- Sie lassen ihre Haare ins Gesicht fallen.
- Sie suchen sich meistens einen Platz, an dem sie möglichst wenig Aufmerksamkeit erregen.
- Der gewählte Platz ermöglicht ihnen einen kurzen Fluchtweg.
- Sie vermeiden Blickkontakt.
- Sie sprechen sehr leise.
- Sie stellen keine Fragen und beteiligen sich nicht aktiv am Unterrichtsgeschehen.

Schülerinnen und Schüler mit *Leistungsängsten* nehmen im schulischen Alltag vieles als Leistungssituation wahr. Dabei muss es sich nicht zwingend um Tests oder Klassenarbeiten handeln. Auch mündliche Vorträge oder die Beantwortung einer Frage im Unterricht kann für manche Kinder und Jugendliche angstauslösend wirken.

»Leistungsängste stellen eine besondere Form im Spektrum von Angststörungen dar und sind bei der Gestaltung von Test- oder Prüfungssituationen zu bedenken. Leistungsängstlichkeit als Persönlichkeitsmerkmal und Leistungsängste als Zustand beziehen sich auf vielgestaltige Situationen wie Prüfungen, Klassenarbeiten, sportliche Wettkämpfe und andere Aktivitäten, in denen die Gefahr von Versagen, Blamage, Strafen usw. besteht und der Verlust von Selbstwertgefühl, Anerkennung und Zuwendung oder von sozialen Beziehungen droht« (Sieland, 2007, S. 279).

Die *Prüfungsangst* wird zwar häufig uneinheitlich definiert, wird aber in den meisten Ansichten als ein Teilaspekt der Leistungsangst verstanden. Betroffene Schülerinnen und Schüler entwickeln »Angst vor der Prüfung. Angst, die sich bis zur Panik steigern kann. Diese Angst beginnt oft schon im Zeitraum der Prüfungsvorbereitung, erschwert diese und steigert sich weiter bis zur tatsächlichen Prüfungssituation. Bei manchen [...] wird sie so groß, dass sie die Prüfung erst gar nicht antreten« (Warnecke, 2017, S. 9). Prüfungsangst bezieht sich auf Leistungssituationen und enthält eine soziale Komponente durch die antizipierte Bewertung z. B. durch Freundinnen und Freunde, Mitschülerinnen und Mitschüler oder Lehrkräfte. Angstauslösend wirken spezifische Einschätzungsprozesse, die sich auf die Wahrnehmung eines Ungleichgewichts zwischen externen Anforderungen und persönlichen Ressourcen sowie auf eine Bedrohung des Selbstwertes beziehen können (Schumacher, 2016).

Innerhalb der Dimensionen von Ängsten im Bereich der Schule taucht auch der Begriff der *Schulangst* auf. Das Erleben von angstbesetzten Situationen kann durch verschiedene Faktoren, die in direktem Zusammenhang mit der Schule stehen, ausgelöst werden. Das können Angst vor Mitschülerinnen oder Mitschülern, die Angst vor Schulversagen allgemein oder auch die Angst vor einer Lehrperson sein (Melfsen & Walitza, 2013).

»Schulangst meint die Besorgtheit und Aufgeregtheit angesichts

a) schulischer Leistungsanforderungen, deren mangelnde Bewältigung antizipiert und als selbstwertbedrohlich, potentiell kränkend und demütigend eingeschätzt wird;
b) von Situationen der Bewertung durch Lehrer, Mitschüler und Familienangehörige (insbesondere Eltern) hinsichtlich der eigenen, nicht leistungsbezogenen (insbesondere des sozialen) schulischen Verhaltens;
c) von Situationen subjektiv erlebten physischen und psychischen Bedrohtseins durch Mitschüler oder auch andere Personen in schulischen Kontexten« (Stein, 2012, S. 81).

Eine ausgeprägte Schulangst, die im Einzelfall dazu führt, dass betroffene Schülerinnen und Schüler nicht mehr in der Lage sind, die Schule zu besuchen, stellt eine der schwerwiegendsten Gefährdungen für schulische Bildung dar.

Für den Umgang mit Kindern und Jugendlichen mit einer Angstproblematik im schulischen Alltag bedeuten diese Erkenntnisse vor allem, dass jedwede differenzierende Maßnahme und jeder mögliche Nachteilsausgleich auf der Basis einer vertrauensvollen Beziehung zwischen der Schülerin bzw. dem

Schüler und der Lehrkraft anzulegen sind. Nur dann ist es möglich, persönliche Gespräche zu führen und gemeinsam Förderideen zu entwickeln.

Das Ziel der Maßnahmen zur inneren Differenzierung und Individualisierung und zur Nutzung von Nachteilsausgleich ist bei Schülerinnen und Schülern mit Ängsten darauf gerichtet, Ängste zu überwinden. Zeitlich befristete Reduktionen von Anforderungen sind in besonderen Situationen vertretbar, können aber nicht die Lösung des Problems sein. Vermeidungsverhalten würde auf diese Weise weiter gestärkt werden. Das Ziel sollte immer in der »Hilfe zur Selbsthilfe« liegen. Dabei sind solche Lernkulturen zu entwickeln, »die sowohl Schonräume bieten als auch Potential von deren Reduzierung« (Stein, 2012, S. 166).

Tab. 5.7: Auswahl an Maßnahmen zur Unterstützung von Schülerinnen und Schülern mit sozialen Ängsten und Leistungsängsten

Ausgewählte Problemstellen	Maßnahmen	
	pädagogisch unterstützend	ergänzend als Nachteilsausgleich besonders geeignet
Soziale Ängste		
Meidet soziale Interaktion	Schulveranstaltungen (Sportfest, Theateraufführung) im Vorfeld gründlich besprechen	personelle Unterstützung und Assistenz, z. B. • zur Begleitung auf Schulveranstaltungen • zur Kontaktaufnahme innerhalb der Lerngruppe • zur Ermöglichung der Interaktion in kooperativen Lernformen
	Abläufe von Schultagen und außerschulischen Veranstaltungen transparent machen	
	soziale Kontakte erkennen und fördern, innerhalb derer die Schülerin/der Schüler sich wohlfühlt	
	Selbstwertgefühl entwickeln, z. B. • Stärken aufzeigen • eigene Stärken erkennen und benennen (»Das kann ich besonders gut!«)	

Tab. 5.7: Auswahl an Maßnahmen zur Unterstützung von Schülerinnen und Schülern mit sozialen Ängsten und Leistungsängsten – Fortsetzung

Ausgewählte Problemstellen	Maßnahmen	
	pädagogisch unterstützend	**ergänzend als Nachteilsausgleich besonders geeignet**
	kooperative Lernphasen mit Wahlpartnerin oder -partner anbahnen	
	beliebte Spiele einsetzen, um die Schülerin/den Schüler in Interaktionen einzubeziehen	
Nimmt ungern an Klassenfesten oder Klassenfahrten teil	Bewältigungsstrategien entwickeln, z. B. durch • Antizipation der Abläufe des Vorhabens • Vorgabe von Handlungsmöglichkeiten bei Entstehung von Angst Einflussnahme auf Zimmerbelegung auf einer Klassenfahrt ermöglichen	personelle Unterstützung und Assistenz zur Bewältigung angstbesetzter Situationen im schulischen Kontext, z. B. • Begleitung auf Klassenfesten • Ermöglichen der Teilnahme an Klassenfahrten
Leistungs- und Prüfungsängste		
Meidet Vorträge vor der Klasse	Expositionen gemeinsam vorbereiten, z. B. • Vortrag vor kleiner Gruppe üben • Gedichtvortrag in Einzelsituation filmen verschiedene Vortragsformen anbieten, z. B. • Vortrag vom Sitzplatz aus halten • Vortrag stehend oder sitzend halten • Vortrag mit Lernpartnerin oder -partner halten	äquivalente Formen der Leistungsfeststellung finden, z. B. Film- oder Tonaufnahmen von Vorträgen oder Referaten, die zu Hause erstellt werden schriftliche Leistungskontrollen stärker gewichten mündliche Leistungskontrollen in Einzelüberprüfungen bzw. Kleingruppen durchführen

5.5 Was unterstützt wen und wobei?

Tab. 5.7: Auswahl an Maßnahmen zur Unterstützung von Schülerinnen und Schülern mit sozialen Ängsten und Leistungsängsten – Fortsetzung

Ausgewählte Problemstellen	Maßnahmen	
	pädagogisch unterstützend	ergänzend als Nachteilsausgleich besonders geeignet
		Bereitstellen spezieller Arbeitsmittel, z. B. • Laptop • Aufnahmegerät schriftliche Aufgaben als Ausgleich für mündliche gewähren, z. B. • schriftliche Ausarbeitung anstelle eines Vortrages • Lernplakat
Zieht sich in Unterrichtsgesprächen zurück	individuelle Absprachen zur Unterstützung in angstbesetzten Situationen treffen, z. B. • nur im Falle einer Meldung rankommen • per Signal Überforderung anzeigen lassen interessante Themen zur Einbeziehung in Unterrichtsgespräche nutzen Lernpartner oder Lernpartnerin teilt nach vorheriger Absprache in der Partnerarbeit stellvertretend die Antworten mit Möglichkeiten der Einbindung in Unterrichtsgespräch nutzen, z. B. • schriftlichen Beitrag vorlesen lassen • Zustimmung durch Nicken einholen	zeitweise auf mündliche Antworten verzichten und die Antworten auf Fragen im Unterrichtsgespräch aufschreiben lassen

5 Wie gelingt zielgleicher Unterricht?

Tab. 5.7: Auswahl an Maßnahmen zur Unterstützung von Schülerinnen und Schülern mit sozialen Ängsten und Leistungsängsten – Fortsetzung

Ausgewählte Problemstellen	Maßnahmen	
	pädagogisch unterstützend	ergänzend als Nachteilsausgleich besonders geeignet
Entwickelt in Test- und Prüfungssituationen Ängste	deutliche Unterscheidung von Lern- und Leistungssituationen	Gewährung individueller Entspannungsphasen, z. B. Atemübungen
	Einüben von Entspannungstechniken	äquivalente Formen der Leistungsfeststellung anbieten, z. B. schriftliche Leistungen anstelle von mündlichen oder umgekehrt
	Fragen und Aufgabenstellungen für Klassenarbeiten, Tests und tägliche Übungen stets auch in schriftlicher Form geben	Arbeitszeitverlängerung bei Lern- und Leistungsanforderungen
	Transparenz bezogen auf Inhalte und Anforderungen herstellen, z. B. zur Vorbereitung auf Klassenarbeiten gezielte Themenfelder und Eingrenzungen schriftlich zur Verfügung stellen	mündliche und/oder schriftliche Leistungskontrollen in Einzelsituationen durchführen
	Einüben von Verfahrensabläufen insbesondere von Prüfungssituationen	
	Coaching zu Lerntechniken anbieten	
Schulangst		
Besorgnis und Aufgeregtheit im Zusammenhang mit schulischen Themen	regelmäßige Selbst- und Fremdeinschätzung initiieren	Raum für Rückzugsmöglichkeiten vorhalten
	Selbstwertgefühl stärken, z. B. ♦ vorangegangene Lernleistungen hervorheben ♦ besondere Begabungen betonen	personelle Unterstützung und Assistenz zur Bewältigung angstbesetzter Situationen im schulischen Kontext, z. B. ♦ Begleitung auf dem Schulweg ♦ Betreuung auf dem Pausenhof
	hohes Maß an Transparenz bzgl. der schulischen Abläufe und Anforderungen bieten	

5.5.4 Nachteilsausgleich für Schülerinnen und Schüler mit schulaversivem Verhalten

Kinder und Jugendliche, die der Schule und dem Unterricht fernbleiben, in welcher Weise auch immer, werden in der Literatur mit ganz unterschiedlichen Begriffen umschrieben. Als Oberbegriff etabliert sich zunehmend Schulabsentismus oder schulaversives Verhalten.

> »Schulabsentismus umfasst diverse Verhaltensmuster illegitimer Schulversäumnisse multikausaler und langfristiger Genese mit Einflussfaktoren der Familie, der Schule, der Peers, des Milieus und des Individuums, die einhergehen mit weiteren emotionalen und sozialen Entwicklungsrisiken, geringer Bildungspartizipation sowie einer erschwerten beruflichen und gesellschaftlichen Integration und die einer interdisziplinären Prävention und Intervention bedürfen« (Ricking & Hagen, 2016, S. 18).

Zu den schulaversiven Verhaltensmustern gehören

- das Schulschwänzen,
- die angstbedingte Schulverweigerung und
- das Zurückhalten (meist durch die Eltern).

Diese differenzierte Sicht ist deshalb sinnvoll, weil jedes Muster unterschiedlicher Überlegungen hinsichtlich binnendifferenzierender Maßnahmen und Formen des Nachteilsausgleiches bedarf.

Kinder und Jugendliche, die die Schule *schwänzen*, gehen einer ihrer Meinung nach erfreulicheren Beschäftigung im außerschulischen Bereich nach und wählen Orte, die ihnen interessanter erscheinen als die Schule (Schulze & Wittrock, 2008). Das können Kaufhäuser sein oder Parks oder auch Spielhallen. Das Schulschwänzen ist die häufigste Form des schulaversiven Verhaltens. Die Risikofaktoren für dieses Verhaltensphänomen sind zumeist im familiären Umfeld zu suchen. Viele dieser Kinder und Jugendlichen erleben kaum einen elterlichen Anspruch an Bildung und nur wenig Unterstützung in ihren schulischen Belangen. Oftmals wissen die Eltern gar nicht, dass ihr Kind der Schule fernbleibt. Armut, Arbeitslosigkeit und niedriger sozioökonomischer Status können zu so großen Belastungen führen, dass sie als Eltern kaum mehr in der Lage sind, ihren Erziehungspflichten nachzukommen oder gar ihre Kinder und deren Gefühle und Bedürfnisse ausreichend gut wahrnehmen. Zu betonen ist darüber hinaus die große Bedeutung der Peers. Haben die Kinder

5 Wie gelingt zielgleicher Unterricht?

und Jugendlichen mit schulaversiven Tendenzen Freunde, die ähnliche Verhaltensweisen zeigen, ist die Gefahr groß, dass sich Schulabsentismus verstetigt. So stellt Baier (2012) heraus, dass Schülerinnen und Schüler, die mehr als fünf schwänzende Freunde haben, ein 10,3-fach so hohes Risiko aufweisen, mindestens einen Tag die Schule zu schwänzen, als diejenigen, die keine schwänzenden Freunde kennen.

Die Ursachen für das Schulschwänzen können auch im Kontext Schule zu finden sein. So tragen »... die Lebensferne mancher Unterrichtsinhalte, ungünstige Gruppendynamik in der Klasse, das didaktische Geschick oder Ungeschick einer Lehrkraft sowie der Umfang und das Ausmaß der Fremdsteuerung im Unterricht« (Ellinger, 2007 b, S. 175) maßgeblich dazu bei, dass Kinder und Jugendliche der Schule willentlich fernbleiben. Darüber hinaus zeigt sich ein überdeutlicher Zusammenhang zwischen Schulschwänzen und Leistungsversagen (Sälzer, 2010). Verfestigt sich der Teufelskreis des schulischen Misserfolges, werden die Kinder und Jugendlichen Schule und Unterricht in zunehmendem Maße ablehnen, und es bedarf deutlich größerer pädagogischer Anstrengungen, diese Verläufe zu durchbrechen.

Zur zweiten Gruppe derer mit schulbezogenem Meidungsverhalten gehören die Kinder und Jugendlichen mit *angstbedingtem Schulmeidungsverhalten*, wobei zwischen Ängsten zu unterscheiden ist, deren Ursachen im Kontext Schule zu suchen sind, wie z. B. Leistungsängsten und den Ängsten, die sich daraus ergeben, nicht von den Eltern getrennt sein zu wollen (Schulze & Wittrock, 2008). Wie stark sich Ängstlichkeit und Angststörungen auf den schulischen Erfolg auswirken können, wurde bereits im Kapitel 5.5.3 deutlich. Dort wurden differenzierende und Maßnahmen des Nachteilsausgleiches aufgeführt, die auf das Phänomen Schulverweigerung durchaus übertragbar sind.

Besonders problematisch wird es dann, wenn die Eltern den Schulbesuch ihres Kindes absichtsvoll verhindern. Dem *Zurückhalten* können unterschiedliche Sachverhalte zugrunde liegen. So müssen die Kinder und Jugendlichen beispielsweise im Haushalt helfen oder sich um die jüngeren Geschwister kümmern. Das geschieht häufig im Gegensatz zu dem Wunsch der Schülerin oder des Schülers, zur Schule zu gehen. Auch der Aspekt der Vertuschung von Kindesmissbrauch oder Verwahrlosung sind in dieses Spektrum einzuordnen. Da die Eltern in diesem Falle als Kooperationspartner ausfallen, sind pädagogische Interventionen äußerst schwierig.

Für Kinder und Jugendliche mit schulaversivem Verhalten, gleich welcher Form, sind übergeordnete pädagogische Maßnahmen zur Prävention und Intervention hilfreich und sinnvoll, wenn

- sie auf der Grundlage einer positiven und durchaus engen Beziehung zwischen der Schülerin oder dem Schüler und Lehrkraft basieren,
- positive Lern- und Leistungssituationen erlebt werden,
- die Klassengemeinschaft zu einem gelingenden Schulbesuch beiträgt und
- soziale und kooperative Lernformen den Schulalltag bestimmen.

Wenngleich vielfältige Überlegungen zur Prävention und Intervention immer an erster Stelle stehen sollten, können administrative Festlegungen nicht außer Acht gelassen werden, da mit der gesetzlich vorgeschriebenen Schulpflicht ein unentschuldigtes Fernbleiben von der Schule als Schulpflichtverletzung gilt und mithin als Ordnungswidrigkeit angesehen werden kann. Somit sind in diesem Zusammenhang die Schulämter, die Jugendämter und mitunter auch die Polizei in das schulische Netzwerk einzubeziehen.

An dieser Stelle sollen Maßnahmen zur Unterstützung beleuchtet werden, die eher eine präventive Herangehensweise betonen. Betrachtet werden die Schülerinnen und Schüler, bei denen sich das schulaversive Verhalten noch nicht verfestigt hat und eine pädagogische Einflussnahme eher möglich ist.

Auf Aussagen zu unterstützenden Maßnahmen und zum Nachteilsausgleich bei angstbedingter Schulverweigerung wird an dieser Stelle verzichtet, da die Aussagen zum Umgang mit Kindern und Jugendlichen mit Angststörungen greifen (▶ Tab. 5.7).

Tab. 5.8: Auswahl an Maßnahmen zur Unterstützung von Schülerinnen und Schülern mit schulaversivem Verhalten

Ausgewählte Problemstellen	Maßnahmen	
	pädagogisch unterstützend	ergänzend als Nachteilsausgleich besonders geeignet
Schulschwänzen		
Abwesendes, unaufmerksames oder störendes Verhalten im Unterricht, häufiges Zuspätkommen sowie stundenweises Fernbleiben	• stärker für Unterrichtsinhalte zu interessieren • Relevanz von Schule verdeutlichen interessante Unterrichtsthemen/Projektthemen wählen individuelle Gespräche mit der Schülerin/dem Schüler über Beobachtungen zum Unterrichtsverhalten bzw. zum Fernbleiben führen	Phasen individueller Entspannung gewähren flexible Termine zum Nacharbeiten bzw. Nachschreiben von Leistungserhebungen anbieten Raum für Rückzugsmöglichkeiten vorhalten

Tab. 5.8: Auswahl an Maßnahmen zur Unterstützung von Schülerinnen und Schülern mit schulaversivem Verhalten – Fortsetzung

Ausgewählte Problemstellen	Maßnahmen	
	pädagogisch unterstützend	**ergänzend als Nachteilsausgleich besonders geeignet**
	Gefühl von Sicherheit und Angenommensein vermitteln	personelle Unterstützung und Assistenz bei Time-Out-Angeboten außerhalb des Klassenraumes
	die Schülerin/den Schüler erwischen, wenn er/sie gut ist (»catch him/her at being good«), z. B. bei • pünktlichem Erscheinen zum Unterricht, • regelmäßigem Schulbesuch über einen längeren Zeitraum	in Ausnahmefällen Anpassung der Stundentafel vornehmen, um so viel Schulbesuch wie möglich zu sichern
	zur Verstärkung positiver Verhaltensweisen Verstärkerpläne nutzen, z. B. Token-System	
	positive Aktivitäten initiieren, z. B. • Unterrichtsgänge • Kochen mit den Mitschülerinnen und Mitschülern • offene Unterrichtsformen • Projekte	
	Verhaltensvertrag abschließen	
	Lernpatenschaften initiieren, z. B. • zur Begleitung auf dem Schulweg (»Abholdienst«) • zum Lernen in Partner- und Gruppenarbeitsphasen • nachfragende Telefonate	
	verantwortliche Rolle im Schulleben übertragen, z. B. • Klassenrat • »Co-Lehrkraft« • Lernpartner oder Lernpartnerin	

Tab. 5.8: Auswahl an Maßnahmen zur Unterstützung von Schülerinnen und Schülern mit schulaversivem Verhalten – Fortsetzung

Ausgewählte Problemstellen	Maßnahmen	
	pädagogisch unterstützend	ergänzend als Nachteilsausgleich besonders geeignet
Gelegentliches und regelmäßiges Schwänzen	durch die Steigerung der didaktischen Qualität in den Unterricht einbinden, um stärker für Unterrichtsinhalte zu interessieren	ggf. von Schulabsentismus auslösenden Fächern befreien
	Relevanz von Schule verdeutlichen	ggf. den Stundenplan hinsichtlich des Umfanges anpassen
	für die Schülerin/den Schüler interessante Unterrichtsthemen/Projektthemen wählen	personelle Unterstützung und Assistenz zur Begleitung auf dem Schulweg und durch den Schultag gewähren
	individuelle Gespräche über Beobachtungen zum Schulbesuchsverhalten führen	konkrete Hilfen zu verpassten, nicht gefestigten fachlichen Inhalten, z. B.
		◆ individuelles Nacharbeiten mit der Lehrkraft ◆ Anregungen zur eigenständigen Nacharbeit
	Angst und Bedrohungsgefühle mindern, z. B. ◆ Transparenz schaffen ◆ Missverständnisse klären	
	regelmäßige Gesprächs- und Beratungsangebote in Kooperation mit der Schulsozialarbeit vorhalten	
	Reintegration der Schülerin/des Schülers positiv gestalten, z. B. durch ◆ Vorbereitung der Klassengemeinschaft auf die Rückkehr der Schülerin/des Schülers ◆ persönliche Rückmeldung an die Schülerin/den Schüler in Vier-Augen-Gespräch ◆ Vermittlung des Gefühls, erwünscht und anerkannt zu sein	

6

Zieldifferente Lernanforderungen im inklusiven Unterricht

6.1 Was ist zieldifferenter Unterricht?

Nachdem bereits die Frage geklärt wurde, was zielgleicher Unterricht bedeutet, soll im Folgenden der zieldifferente Unterricht in der inklusiven Schule näher unter die Lupe genommen werden. Zunächst erscheint es sinnvoll, die heterogene Lerngruppe in Bezug auf die Lernenden mit Lernschwierigkeiten noch einmal in den Fokus zu rücken (▶ Kap. 4.2), aus der die Zielgruppe der Schülerinnen und Schüler für den zieldifferenten Unterricht hervorgeht. Vor allem geht es um eine Abgrenzung zu den Schülerinnen und Schülern, die aufgrund ihrer Lernvoraussetzungen grundsätzlich den allgemeinen Lernanforderungen und Standards der Regelschule gerecht werden.

 Wiederholend sei an dieser Stelle an folgende Ausführungen erinnert: »Bei Schülerinnen und Schülern, denen unter den gegebenen individuellen

> Voraussetzungen – auch bei Ausschöpfung aller Formen der pädagogischen und unterrichtsfachlichen Unterstützung – ein Erreichen der Mindeststandards und der Lernziele der allgemeinen Schule über einen längeren Zeitraum nicht oder nur in Ansätzen möglich ist, kann sonderpädagogischer Unterstützungsbedarf im Schwerpunkt LERNEN angenommen werden« (KMK, 2019, S. 6).

Wenn Schülerinnen und Schüler ein definiertes Minimum an Kompetenzen innerhalb eines bestimmten Bildungsabschnitts längerfristig nicht erreichen können und aufgrund einer gravierenden Lernproblematik in Verbindung mit intellektuellen Beeinträchtigungen die Feststellung eines sonderpädagogischen Unterstützungsbedarfes im Schwerpunkt Lernen erfolgt, werden die bisherigen schulischen Bildungsangebote für diese Schülerinnen und Schüler durch sonderpädagogische Bildungs-, Beratungs- und Unterstützungsangebote erweitert oder gänzlich ersetzt. Lernende mit gravierenden Lernschwierigkeiten können fortan von punktuellen Unterstützungsangeboten in einzelnen Unterrichtsfächern bis hin zu einem vollumfänglichen *zieldifferenten Unterrichts- und Schulangebot* (KMK, 2019) profitieren. Sie erhalten einen individuellen Lernplan, in dem ihre Lernausgangslage, Lernbiografie sowie bisherige Fördererfolge berücksichtigt werden.

Für zieldifferent zu unterrichtende Kinder und Jugendliche gelten somit weder die normorientierten Lehrpläne der allgemeinen Schule (Haider, Pertzel, Schmieg & Schütte, 2015) noch die Kompetenzen der Mindeststandards. Für sie werden realistische und individuelle Lernziele entworfen und entsprechende Lernangebote bereitgestellt, die ihnen Lernfortschritte entsprechend ihres eigenen Lerntempos ermöglichen.

Einheitliche Bildungsstandards, so wie sie für den Unterricht in der Regelschule bestehen, wird es für eine Beschreibung *individueller Anforderungen* im zieldifferenten Unterricht sicher nicht geben können. Hier bleibt noch ein unbestelltes Feld zu beackern, das in mehreren Bundesländern bereits durch Bemühungen um die Erstellung eines inklusiven Rahmenplans in Angriff genommen wird (▶ Kap. 6.3).

Die zu erwartenden Kompetenzen innerhalb des Regelunterrichts könnten um eine weitere Stufe ergänzt werden (▶ Tab. 6.1), durch die die individuell angepassten Anforderungen für Kinder und Jugendliche mit sonderpädagogischem Unterstützungsbedarf verdeutlich werden. Mit dem Begriff *Individualorientierung* wird die Besonderheit individueller Lern- und Entwicklungsziele für diese Schülergruppe betont.

Tab. 6.1: Kompetenzstufenmodell der KMK (2010), eigene Ergänzung um die Stufe der Individualorientierung

Maximalstandards	Leistungserwartungen, die unter sehr guten bzw. ausgezeichneten individuellen Lernvoraussetzungen und der Bereitstellung gelingender Lerngelegenheiten innerhalb und außerhalb der Schule erreicht werden und bei weitem die Erwartungen der Bildungsstandards übertreffen	Zielgleicher Unterricht
Regelstandards	Kompetenzen, die im Durchschnitt von den Lernenden bis zu einem bestimmten Bildungsabschnitt erreicht werden sollen	
Mindeststandards	definiertes Minimum an Kompetenzen, das alle Lernenden bis zu einem bestimmten Bildungsabschnitt erreicht haben sollen	
Individualorientierung (individuell angepasste Anforderungen)	Kompetenzen, die unterhalb der gesetzten Mindeststandards liegen und sich an individuellen Lern- und Entwicklungszielen auf der Grundlage von Förderplänen orientieren	Zieldifferenter Unterricht

Die Entscheidung, ob Kinder und Jugendliche mit sonderpädagogischem Unterstützungsbedarf im Schwerpunkt Lernen vollumfänglich zieldifferent unterrichtet werden oder in einigen Fächern eine zielgleiche Unterrichtung in Frage kommt, ist für Lehrkräfte schwer zu überblicken. Die verschiedenen Optionen führen vor allem dann zu Unsicherheiten, wenn die Konsequenzen, die mit der Entscheidung verbunden sind, nicht im Vorhinein gut überlegt sind. Wirken sich die gravierenden Lernschwierigkeiten auf alle Fächer gleichermaßen aus, wird schnell die Entscheidung für eine generelle zieldifferente Unterrichtung fallen. Die Schulleistungsrückstände sind, trotz intensiver Förderbemühungen, meist so groß, dass das Erreichen von Mindestanforderungen im Fächerkanon als unrealistisch erscheint. Zu den individuellen Anpassungen von Lernzielen und -inhalten gemäß der Individualorientierung sind ebenso die Grundsätze der Leistungsfeststellung und Leistungsbewertung anzugleichen.

 Kinder und Jugendliche erhalten im zieldifferenten Unterricht keinen Nachteilsausgleich. Alle unterstützenden Maßnahmen sind darauf ausgerichtet, das Erreichen *individueller Anforderungen* zu ermöglichen. Eine Vergleichbarkeit im Erreichen von Lernzielen der Regelschule wird im zieldifferenten Unterricht nicht angestrebt.

Dennoch gibt es Kinder und Jugendliche mit sonderpädagogischem Unterstützungsbedarf im Schwerpunkt Lernen, die den Anschluss an die Mindestanforderungen in *ausgewählten* Fächern schaffen können. Eine zielgleiche Unterrichtung sollte ihnen in diesem Fall nicht verwehrt bleiben. Das bedeutet, dass Rahmenplananforderungen und Grundsätze der Leistungsbewertung der Regelschule greifen und Unterstützung durch Nachteilsausgleich zum Tragen kommt. Engmaschige kollegiale Absprachen im Team sowie regelmäßige Lernentwicklungsgespräche mit den Lernenden und Eltern sorgen für Klarheit im Vorgehen. Sie gestatten den gemeinsamen Rückblick auf Lernprozesse und geben einen verlässlichen Ausblick auf Kommendes.

Zielgleich oder *zieldifferent*? Damit an dieser Stelle kein Knoten im Kopf entsteht, finden Lehrkräfte in der folgenden Abbildung (▶ Abb. 6.1) noch einmal wesentliche Informationen zur Unterscheidung dieser unterschiedlichen Zielsetzungen auf einen Blick zusammengefasst.

6.2 Welche didaktischen Grundsätze gelten für den Unterricht bei sonderpädagogischem Unterstützungsbedarf im Schwerpunkt Lernen?

Mit der Entwicklung schulischer Inklusion steht die Frage im Fokus, ob es eine spezifische inklusive Didaktik gibt, die sich als Weiterentwicklung der integrativen Didaktik versteht, oder ob es sich über neue Begrifflichkeiten hinaus um veränderte oder gar neue und richtungsweisende Konzepte handelt.

Langjährige Integrationsbemühungen brachten das bundesweit erprobte Praxiskonzept des Gemeinsamen Unterrichts (GU) hervor. Lernende mit sonderpädagogischem Förderbedarf wurden im Rahmen dieses Konzeptes in Regelklassen integriert. Dieses gut evaluierte Konzept erwirkte nachweislich für Schülerinnen und Schüler mit sonderpädagogischem Förderbedarf im Lernen Vorteile. Sie erreichten in den Schulleistungen wenigstens gleichwertige Ergebnisse, teilweise sogar bessere Leistungen und waren weniger sozialer Ausgrenzung ausgesetzt. Der Gemeinsame Unterricht wurde als ein Unterricht beschrieben, der neben Grundelementen des offenen Unterrichts auch strukturiert-lehrerzentrierte Elemente beinhaltete, Raum bot für Lehrer- und Schülerhilfe und sowohl das selbsttätige als auch kooperative Lernen förderte (Heimlich, 2016).

Die Anfänge der Integrationsbemühungen der 1980er Jahre in Deutschland entwickelten sich übrigens aus der Dynamik von Reformbewegungen heraus, die vor allem engagierten Eltern, Lehrenden und Forschenden zu verdanken

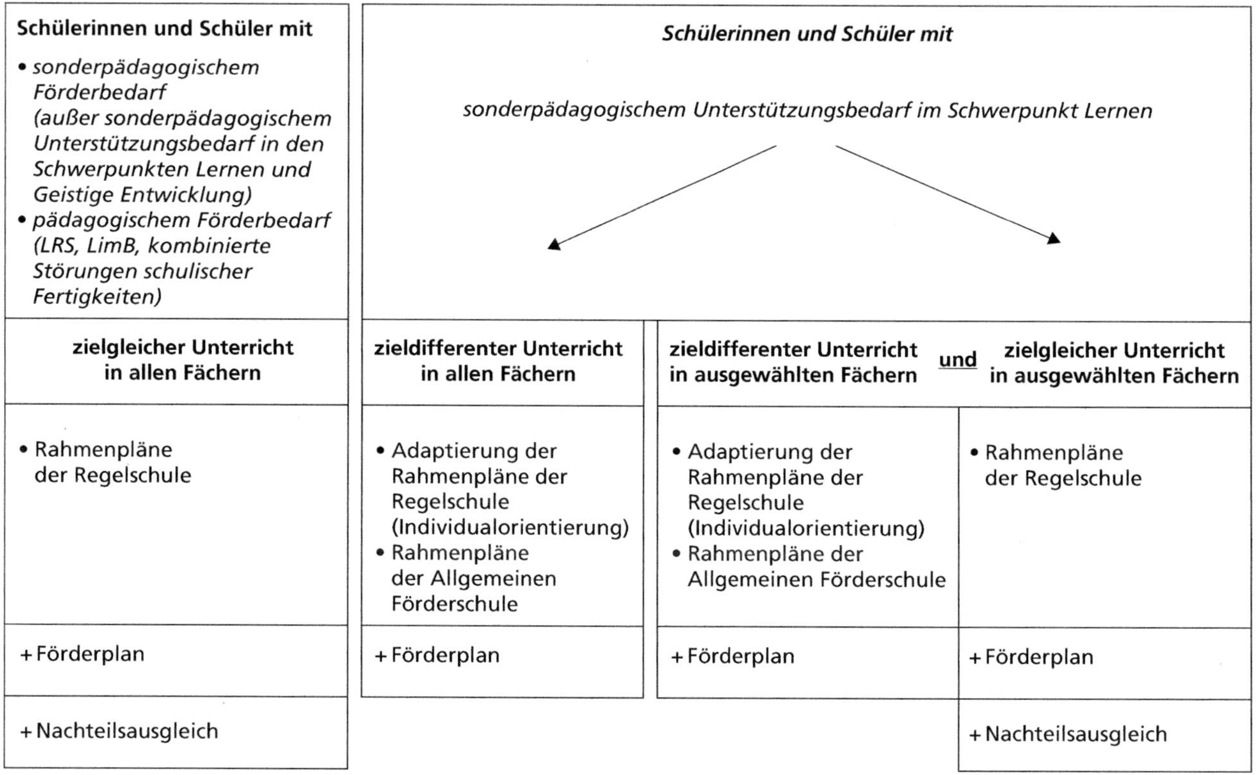

6 Zieldifferente Lernanforderungen im inklusiven Unterricht

Schülerinnen und Schüler mit • sonderpädagogischem Förderbedarf (außer sonderpädagogischem Unterstützungsbedarf in den Schwerpunkten Lernen und Geistige Entwicklung) • pädagogischem Förderbedarf (LRS, LimB, kombinierte Störungen schulischer Fertigkeiten)	Schülerinnen und Schüler mit sonderpädagogischem Unterstützungsbedarf im Schwerpunkt Lernen		
zielgleicher Unterricht in allen Fächern	**zieldifferenter Unterricht in allen Fächern**	**zieldifferenter Unterricht in ausgewählten Fächern**	**zielgleicher Unterricht in ausgewählten Fächern** (und)
• Rahmenpläne der Regelschule	• Adaptierung der Rahmenpläne der Regelschule (Individualorientierung) • Rahmenpläne der Allgemeinen Förderschule	• Adaptierung der Rahmenpläne der Regelschule (Individualorientierung) • Rahmenpläne der Allgemeinen Förderschule	• Rahmenpläne der Regelschule
+ Förderplan	+ Förderplan	+ Förderplan	+ Förderplan
+ Nachteilsausgleich			+ Nachteilsausgleich

Abb. 6.1: Zielgleicher und zieldifferenter inklusiver Unterricht – wesentliche Informationen auf einen Blick

waren (Schnell, 2003). Die schulische Praxis wurde erst nach und nach evaluiert und angepasst. Wiederholt sich der Lauf der Geschichte?

Konzeptentwicklungen einer inklusiven Didaktik können auf eine seit Jahrzehnten währende Praxis schulischer Integration zurückblicken (Seitz, 2006). Ein erheblicher Fundus an wissenschaftlichen Belegen und reicher Erfahrungsschatz der Lehrkräfte in der praktischen Umsetzung ist vorhanden. Dennoch verändert sich derzeit der einstige Anspruch an die didaktische Grundlegung des Gemeinsamen Unterrichts, denn der Transformationsprozess der schulischen Inklusion (Sasse & Schulzeck, 2021) ist längst eingeläutet. Bewährte didaktische Konzepte werden nun dahingehend zu überprüfen sein, ob sie den Anforderungen eines sich entwickelnden inklusiven Unterrichts genügen. Auf Schule und Unterricht kommt künftig die Herausforderung zu, alle Schülerinnen und Schüler entsprechend ihrer individuellen Bedürfnisse zu lehren, auf jegliche Form von Aussonderung und somit streng genommen auch auf Kategorien wie Sonderpädagogischer Unterstützungsbedarf Lernen zu verzichten. Inklusive Didaktik erfordert die Konstruktion von Lerngegenständen, zu denen alle Lernenden auf der Basis ihrer Fähigkeiten einen Zugang finden (Heimlich, 2016). Basale Lernerfahrungen werden im Rahmen dieses Konzeptes nicht ausschließlich für Lernende mit gravierenden Lernschwierigkeiten vorgehalten, sondern möglicherweise auch für gute Lernende ohne Lernprobleme, so sie diese noch benötigen. Ebenso werden Denkerfahrungen und -leistungen allen Schülerinnen und Schülern zugetraut und auch ermöglicht.

Ein schrittweises Lösen vom vertrauten integrativen Praxiskonzept des Gemeinsamen Unterrichts (GU) scheint ein wichtiger Schritt im Hinblick auf schulische Veränderungsprozesse. Vom *Gemeinsamen Unterricht* zum *gemeinsamen Unterricht* ist kein Wortspiel mit Begrifflichkeiten, sondern ein feiner Unterschied in der Sichtweise auf schulische Inklusion. Es geht nicht mehr um die Integration einzelner Schülerinnen und Schüler mit sonderpädagogischem Förderbedarf in den Regelunterricht, sondern um eine von Anfang an heterogene Lerngruppe, in der alle Schülerinnen und Schüler gleichermaßen von Beginn an mitgedacht werden.

Für jetzige und künftige Lehrkräfte kann dieser Veränderungsprozess Inspiration, Aufgabe und Verpflichtung zugleich sein. Die inklusive Unterrichtspraxis steckt zwar noch in den Kinderschuhen, dennoch werden in vielen Schulen konzeptionelle Gedanken entwickelt sowie erste Schritte des gemeinsamen Lernens in heterogenen Lerngruppen von Lehrkräften mutig erprobt und reflektiert. Die Praxis scheint zunächst auch im Falle der schulischen Inklusion der Theorie ein ganzes Stück voraus und treibt den Motor der wissenschaftlichen Auseinandersetzungen gleichzeitig an.

6 Zieldifferente Lernanforderungen im inklusiven Unterricht

Gemeinsame Lernsituationen (Wocken, 1998) sind zunächst ein guter Ausgangspunkt für gemeinsames Lernen und Ermöglichung von Teilhabe. Gemeinsame Lerngegenstände, so wie sie häufig im Rahmen von eher projektorientiertem Unterricht bearbeitet werden, ebenso. Eine fachdidaktisch anspruchsvollere Herausforderung stellt jedoch ein Unterricht dar, in dem das Gemeinsame durch *Kooperation an einem gemeinsamen Gegenstand* (Feuser, 1998) entsteht. Hier wird davon ausgegangen, dass alle Lernenden auf ihren unterschiedlichen Entwicklungsniveaus den Lerngegenstand als bedeutsam empfinden, ihre Aufmerksamkeit auf ihn richten, einem gemeinsamen Handlungsziel zustimmen und zur Erreichung im Rahmen ihrer Möglichkeiten aktiv beitragen. Diese Unterrichtssituationen können in heterogenen Lerngruppen vermutlich dann entstehen, wenn alle Lernenden die oben genannten Voraussetzungen mitbringen. Die Grenzen von gemeinsamen Lerngegenständen werden jedoch sichtbar, wenn Lernende den Gegenstand nicht mehr als gemeinsam erkennen oder er für sie einfach nicht bedeutsam ist. Dann muss es möglich sein, andere Gegenstände oder Strukturen anzubieten, an die Schülerinnen und Schüler anknüpfen können (Werning & Lütje-Klose, 2012). Die Lernenden selbst können ebenfalls äußern, aus gemeinsamen Unterrichtssituationen zeitweilig entbunden zu werden, nämlich dann, wenn sie den Vergleich des eigenen Lernens mit erfolgreichen Lernern deutlich spüren. Hier gilt es, aufmerksam zu sein und innerhalb des Klassenunterrichts spezifische Maßnahmen temporär vorzuhalten (Schröder, 2005). Nach Wocken (1998) gibt es individualisierende Lernsituationen, in denen die Schülerinnen und Schüler mehr nebeneinander als miteinander arbeiten und lernen. Das Ziel kann demnach nur in einer *weitest möglichen* Realisierung des Lernens an gemeinsamen Lerngegenständen liegen.

Wocken (1998) betont, dass auch die Arbeit an unterschiedlichen Lerngegenständen zur Herstellung von Gemeinsamkeit beitragen kann, wenn beispielsweise ein regelmäßiger Austausch aller über ihre jeweils bearbeiteten Lerngegenstände erfolgt. In der Kooperation der Schülerinnen und Schüler sieht Seitz (2008) eine entscheidende Ressource inklusiver Settings. Gerade Schülerinnen und Schüler mit gravierenden Lernschwierigkeiten profitieren von kooperativen Lernformen, denn neben anregungsreichen Sprachvorbildern treffen sie auf neugierige und wissbegierige Lernende mit einer hohen Lernmotivation und gefestigten Lernstrategien. Ein Grundsatz kann für den Unterricht in heterogenen Lerngruppen demnach lauten:

So oft *wie möglich* an gemeinsamen Themen, Inhalten und Lerngegenständen lernen und kooperieren.

6.1 Was ist zieldifferenter Unterricht?

In der Entwicklung einer inklusiven Didaktik sollte die langjährige Tradition des separierenden Unterrichts im Förderschwerpunkt Lernen nicht unberücksichtigt bleiben. Auch hier kann geschaut werden, welche langjährigen Praktiken und Routinen die Lehrkräfte in der Unterrichtung der Schülerinnen und Schüler mit sonderpädagogischem Förderbedarf im Lernen entwickelt haben und ob diese im Reformprozess sogar Beachtung finden können. Die Beobachtungen und Auswertungen des Unterrichts an Schulen mit dem Förderschwerpunkt Lernen zeigen, neben eher kritischen Einschätzungen, dass es den Lehrkräften in beachtenswerter Weise gelingt, eine »überdurchschnittlich hinsichtlich ihrer Leistungsstände heterogene Schülerschaft so zu beschäftigen, dass alle mitmachen können und hierbei auch noch durchgehend eine gute Arbeitsatmosphäre zu herrschen scheint« (Koßmann, 2019, S. 267). Allerdings ist auch mit einigen Vorstellungen aufzuräumen, die sich aus der Tradition der Unterrichtung der Kinder und Jugendlichen nach wie vor in der Praxis hartnäckig zu halten scheinen.

Es sollten gerade *nicht mehr*,

- alle absehbaren Schwierigkeiten schon im Ansatz isoliert werden, um Misserfolge generell auszuschließen,
- einseitige und eingeschränkte Unterrichtsmethoden bevorzugt werden, in deren Folge bereits vorhandenen Schwächen der Lernenden verstärkt oder sogar weitere produziert werden,
- den Lernenden fachbezogene Denkbewegungen und die Fähigkeit komplexer Problemlösungen grundsätzlich abgesprochen werden und
- Lernprozesse organisiert werden, die sich ausschließlich auf die Reproduktion von Faktenwissen ausrichten und bloßes Auswendiglernen befördern.

Koßmann (2019) entwirft dazu ein anschauliches Bild. Er spricht davon, »die Form Unterricht stark zu machen gegenüber der Schwerkraft der Vorstellungen, die mit dem ›sonderpädagogischen Förderbedarf im Bereich des Lernens‹ tendenziell einhergehen« (S. 271). Das klassische Bild eines Kindes mit »Lernbehinderung«, das nur zuhört, zusieht und das nachmacht, was die Lehrenden vormachen, ist zu korrigieren und Stereotype sind abzubauen.

Kinder und Jugendliche mit sonderpädagogischem Unterstützungsbedarf im Schwerpunkt Lernen sind aktive Lernende, die sich, genau wie alle anderen Kinder und Jugendlichen der Lerngruppe, in *konstruktiver Eigenaktivität* entwickeln.

Wenn man sie lernen lässt und nicht im Lernen »behindert«. Sie dürfen im Unterricht weder in Watte gepackt noch als künftige »Akademiker« verstanden werden. Lehrkräfte im inklusiven Unterricht übernehmen die verantwortungsvolle Aufgabe, realistische Lernziele für die Schülerinnen und Schüler zu entwickeln, ihnen eine aktive Auseinandersetzung mit adaptiven Leistungsanforderungen zu ermöglichen und sie darin zu unterstützen, einen individuell höchstmöglichen Schulabschluss anzusteuern.

Ob es einer spezifischen Didaktik für den Unterricht mit Kindern und Jugendlichen mit gravierenden Lernschwierigkeiten bedarf, wurde theoretisch viel diskutiert. So gibt es die ganze Bandbreite an Aussagen über eine in Grundzügen gleiche Didaktik in akzentuierter Form (Schröder, 2005), eine Didaktik des Unterrichts im Förderschwerpunkt Lernen (Heimlich & Wember, 2016), Lehrmethoden, die grundsätzlich auch bei Schülerinnen und Schülern mit Lernschwierigkeiten wirksam sind (Gold, 2011), bis hin zur Bestätigung der Existenz einer besonderen Struktur des Unterrichtens an der Allgemeinen Förderschule (Koßmann, 2019).

Ein hoher Anspruch an die Unterrichtsqualität des Regelunterrichts unter Berücksichtigung sonderpädagogischer Spezifika kommt sicherlich einer großen Anzahl Lernender gleichermaßen zugute. Die Kinder und Jugendlichen mit sonderpädagogischem Unterstützungsbedarf im Lernen profitieren davon jedoch in besonderer Weise. Während überaus begabte Lernende unter beliebigen Bedingungen durchaus erfolgreich lernen, sind schwache und sehr schwache Lernende auf besonders lernförderliche Bedingungen angewiesen.

Die oft zitierten Qualitätsmerkmale guten Unterrichts nach Helmke (2003) und Meyer (2004) dürften inzwischen allen Lehrkräften aus dem Studium und zahlreichen Fortbildungen bekannt sein. Sie umschreiben Kompetenzfelder, die Lehrende und Lernende entwickeln sollen, um gemeinsam einen lernförderlichen Unterricht zu gestalten.

Immer dann, wenn von Unterricht gesprochen wird, sind die Merkmale guten Unterrichts präsent, denn sie sind auf den Unterricht aller Schularten übertragbar und ein hervorragendes Medium für inklusive Schul- und Unterrichtsentwicklung der Einzelschule.

Heimlich (2016) charakterisiert in Anlehnung an die bereits bekannten *Kriterien guten Unterrichts* zwölf Merkmale für eine effektive Unterrichtsgestaltung für Kinder und Jugendliche mit dem Förderschwerpunkt Lernen, die im Folgenden näher betrachtet werden sollen. Einige Handlungsmöglichkeiten unterlegen die Merkmale.

Die Prinzipien *Anregungen zum Selbstlernen* und *Berücksichtigung der Lebenswirklichkeit* (Werning & Lütje-Klose, 2012) werden den Ausführungen aufgrund der Bedeutsamkeit für die Zielgruppe hinzugefügt.

Unterstützendes Lernklima in der Gruppe

Die Kommunikation und Interaktion zwischen Lehrenden und Lernenden ist emotional positiv gefärbt und auf wechselseitige Hilfe ausgerichtet.

- angenehmes, angstfreies Lernklima spüren lassen
- funktionierende Helfersysteme nutzen
- positiven Umgang mit Fehlern leben
- Potenziale des Einzelnen stärken
- Könnens- statt Defizitperspektive einnehmen
- Regeln auf allen Seiten verlässlich einhalten
- Fürsorge und Gerechtigkeit, Respekt und Akzeptanz in der Gemeinschaft leben

Ausreichende Lerngelegenheiten

Große Anteile des gut organisierten Unterrichts dienen dem konzentrierten fachlichen Lernen.

- klare Strukturierung des Unterrichts sichern
- hohen Anteil echter Lernzeit ermöglichen
- störungsfreies und konzentriertes Lernen initiieren
- Arbeitsplatz finden, der der einzelnen Schülerin/dem einzelnen Schüler entspricht
  - gutes Zeitmanagement pflegen (ohne Zeitfresser und Zeitdruck)
  - Raumstruktur für Lernen und Rückzug ausnutzen
  - Unterricht durch bekannte Routinen entlasten und durch Rituale bereichern
  - Unterricht rhythmisieren, individuelle Auszeiten zulassen
  - Anstrengungsbereitschaft fordern (z. B., »Es ist nicht erlaubt, nichts zu tun!«)

Förderung eines aufgabenorientierten Lernverhaltens

Orientierende Einführungen erklären den Lernenden Ziel und Zweck des Lernens und bereiten einsichtiges und selbstgesteuertes Lernen vor.

- Höchstmaß an Orientierung im Lernprozess sichern
- Lernziele erläutern und in das Gesamtvorhaben einbinden
- motivierende Unterrichtseinstiege mit hohem Aufforderungscharakter wählen

- Aufmerksamkeit auf den Lerngegenstand fokussieren
- Präsentation der Inhalte schrittweise und anschaulich vornehmen
- klare und eindeutige Erklärungen geben (kein Monolog der Lehrkraft)
- Prozess des Verstehens sichern durch aktive Beteiligung und Verständnisfragen

Vielfältiges Üben und Anwenden

Anregungsreiche Gelegenheiten zum wiederholenden Üben erfolgen unter Anleitung sowie selbstständigem Üben. Die Anwendung des Gelernten ist verbunden mit leistungsorientierten korrektiven Rückmeldungen durch die Lehrperson.

- mehrere wiederholende, intensive Übungsphasen unter Anleitung einplanen
- Unterstützung bei Handlungsplanung und Handlungssteuerung geben
- Aufgaben mit einem mittleren Grad an Anforderung bereitstellen
- altersgerechte und ansprechende Lern- und Übungsmaterialien auswählen
- Fehlstrategien im Ansatz erkennen und unmittelbar wertschätzend zurückmelden
- direkte Hilfe bei Schwierigkeiten, zusätzliche Erklärungen sowie Interventionen mit vorbereitetem Material anbieten
- variantenreiche Übungsphasen in Selbsttätigkeit erst dann planen, wenn das Üben unter Anleitung zeigt, dass der Lernstoff verstanden wurde
- selbstständiges Üben weiterhin »aus der Ferne« beobachten und Lernergebnisse prüfen
- bei Selbstkontrolltechniken in selbstständigen Übungsphasen unterstützen

Gezielte Unterstützung des eigenaktiven Lernens

Die Lernenden erhalten in Phasen individuellen Lernens Aufgaben, die hinsichtlich Umfang und Anforderungsniveau angepasst sind. Angepasste Hilfen sichern den Lernerfolg.

- Höchstmaß an Struktur und Übersicht in Phasen individuellen Lernens sichern
- Lernprozesse beobachten und aktive Unterstützungsmöglichkeiten bei auftauchenden Schwierigkeiten eruieren
- durchgängig hohen Grad an Adaption an die Lernvoraussetzungen sichern, der sich in individuellen Aufgaben widerspiegelt

- Hilfen im Sinne eines Nachteilsausgleichs finden, ohne die zielgleichen Anforderungen zu mindern (zeitliche, räumliche, materielle personelle Unterstützung)
- zieldifferente Anforderungen beschreiben

Direktes Unterrichten von Lernstrategien

Die Lehrperson modelliert und erklärt Strategien des fachlichen Lernens und Strategien des selbstgesteuerten Arbeitens und Übens.

- Strategien der Aufmerksamkeitssteuerung, der Handlungsplanung und -steuerung, der Kontrolle und Reflexion des eigenen Arbeitens (Metakognition) trainieren
- Lerninhalte Schritt um Schritt direkt vermitteln
- Gelerntes in verschiedenen Phasen des Lernprozesses anwenden und direkte Rückmeldung bei kleinstem Lernerfolg geben

Kooperatives Lernen

Die Lernenden kooperieren in Partner- und Gruppenarbeit, unterstützen sich bei der Annäherung Erarbeitung des Lerngegenstandes.

- grundlegende Routinen und Techniken zur Anwendung der Methoden entwickeln
- Elemente des Kooperativen Lernens schrittweise üben
- Möglichkeiten einer wechselseitigen Kooperation im Hinblick auf die Erarbeitung des Lerngegenstandes ausloten
- Zusammensetzung von Paaren und Gruppen sensibel lenken, um Ausschluss Einzelner zu vermeiden
- Feedbackformen einsetzen und bei Anwendung unterstützen, z. B. durch Formulierungshilfen von Satzanfängen und Piktogrammen

Sinnstiftender unterrichtlicher Dialog

Die Lehrperson erschließt die unterrichtlichen Inhalte durch Leitfragen und richtet das Unterrichtsgespräch an grundlegenden inhaltlichen Ideen aus, die den Lernenden verständlich sind, weil sie diese mit ihrem Lebensalltag verbinden.

- angemessene Gesprächskultur mit ausgewogenen Sprechanteilen der Lehrenden und vollem Einbezug der Lernenden (Dialog statt Monolog) pflegen

- zur Beantwortung von Fragen Zeit einräumen, um Denkprozesse in Gang zu bringen
- Methode Denken – Austauschen – Besprechen (Kooperatives Lernen) einbinden
- verschiedene Perspektiven auf den Lerngegenstand zulassen und aufgreifen

Klar formulierte und durchgängige Leistungserwartungen

Die Lehrperson kommuniziert offen Art und Ausmaß der Anforderungen und fordert durchgängig von den Lernenden Anstrengungsbereitschaft und leistungsorientiertes Arbeitsverhalten.

- Transparenz der Anforderungen in hohem Maße sichern
- Leistungsbereitschaft und Anstrengung als Erwartung kommunizieren
- förderorientierte Rückmeldungen zum Lernfortschritt geben und zwar unmittelbar

Lehrzielorientierte Leistungsmessung und Leistungsbeurteilung

Die Lehrperson nutzt eine Vielfalt von formellen und informellen Messinstrumenten, um den Lernerfolg zielorientiert festzuhalten und den Lernenden konstruktive Rückmeldungen geben zu können; auch die Bewertung der Leistungen erfolgt kriterienorientiert.

- Bandbreite an Methoden der Leistungsfeststellung nutzen
- Vorbereitung der Lernenden auf Leistungssituationen sichern
- an den Lernzielen orientierte Kriterien der zielgleichen Leistungsbewertung formulieren
- Kommunikation und Transparenz in Bezug auf Nachteilsausgleich pflegen
- zieldifferente Leistungsbewertungen auf der Grundlage von individuellen Lernzielen vornehmen
- regelmäßige Rückmeldungen zum Lernerfolg zu verschiedenen Zeitpunkten im Lernprozess geben
- pädagogischen Ermessensspielraum ausnutzen

Abstimmung aller Lehrpläne und Lernmedien

Lehrpläne und Lehrmittel werden zielorientiert entwickelt bzw. ausgewählt, damit sich die Lernenden nicht mit widersprüchlichen Anforderungen konfrontiert sehen.

- Klarheit in Bezug auf zielgleiche und zieldifferente Anforderungen sichern
- inklusive Rahmenpläne als verbindliche Planungsgrundlage für möglichst gemeinsames Lernen an Lerngegenständen verstehen

Strukturierter curricularer Inhalt

Die Inhalte und Themen werden so entwickelt, dass die Lernenden Zusammenhänge erkennen und einsichtsvoll begreifen können.

- durchgängiger und erkennbarer roter Faden in der Vermittlung
- Anschaulichkeit als Unterrichtsprinzip verstehen

Anregungen zum Selbstlernen

Lernende werden als Akteure ihrer eigenen Entwicklung betrachtet.

- Lernmöglichkeiten schaffen, in denen aktuelle Lebenssituationen, Interessen und Bedürfnisse wahrgenommen werden
- echte Probleme und Fragen anregen, an deren Lösung die Lernenden interessiert sind
- persönliche Bedeutsamkeit von Lerninhalten anregen

Berücksichtigung der Lebenswirklichkeit

Die Lebensbedingungen der Kinder und ihre Probleme im Lebensraum werden in Lehr- und Lernprozessen behutsam berücksichtigt.

- emotionalen Zugang zu Themen und Lerngegenständen finden
- Unterricht als sicherer und geschützter Rahmen für sensible Themen
- Auswirkungen nichterfüllter Grundbedürfnisse wahrnehmen

Abschließend sei auf einige Unterrichtskonzepte und -methoden hingewiesen, die Lernprozesse von Lernenden mit sonderpädagogischem Unterstützungsbedarf wirksam unterstützen können. Der Unterricht für diese Schülerinnen und Schüler hat sich von einem stark vorstrukturierten und stark lehrkraftzentrierten Unterricht zu einem Unterricht gewandelt, der behutsame Öffnung zulässt, wobei er von Maßnahmen der Strukturierung umrahmt wird. Es sind demnach Grundformen und -elemente des geöffneten Unterrichts angezeigt, in denen die Lernenden mit individueller Unterstützung Schritt um Schritt zu einem möglichst selbstständigen Lernen gelangen.

Andererseits sind Unterrichtskonzepte geraten, in denen möglichst in direkter Art und Weise, Lerninhalte präsentiert und bearbeitet werden. Über das Erlernen, Üben und Anwenden von Lernstrategien soll den Lernenden auf diese Weise ein weitgehend selbstbestimmtes Lernen ermöglicht werden. Eine didaktische Strukturierung von Unterrichtsthemen im Sinne adaptiven Lernens, die eine hohe Passung zwischen den jeweiligen Lehr- und Lerngegenständen und den Lernvoraussetzungen der Lernenden anstrebt scheint unabdingbar.

Hillenbrand und Melzer (2018) verweisen in ihren Betrachtungen zum Forschungsstand schulischer Inklusion im Förderschwerpunkt Lernen auf Befunde aus Evaluationsstudien zu wirksamen Unterrichtskonzepten, die direkte und explizite Unterrichtsmethoden favorisieren, eine aktive Verarbeitung von Informationen und Problemlösungen anregen, Strategien der Handlungsplanung und metakognitive Strategien schrittweise aufbauen, grundlegende Fertigkeiten in den Bereichen Lesen und Schreiben stärken, regelmäßiges Feedback und eine fortlaufende Lernprozesskontrolle ermöglichen.

Auch wenn die Frage nach *einem didaktischen Konzept der schulischen Inklusion* nach wie vor unbeantwortet bleibt, sind einige der genannten Aspekte als richtungsweisend zu betrachten. Zu wissen, welche Grundsätze für die Unterrichtung der Schülerinnen und Schüler mit gravierenden Lernschwierigkeiten gelten, auf welche Besonderheiten sensibel zu achten ist, welche Unterrichtskonzepte das Lernen wirksam fördern und welche eher nicht, kann Lehrkräfte darin unterstützen, spezifische Handlungsmöglichkeiten für den inklusiven Unterricht zu entwickeln (▶ Kap. 6.4 und ▶ Kap 6.5).

6.3 Inklusive Rahmenpläne – eine echte Herausforderung!

Im Hinblick auf die sich verändernde didaktische Grundlegung des Unterrichtes in heterogenen Lerngruppen wird die Forderung nach einem Rahmenplan für alle Kinder und Jugendlichen im inklusiven Unterricht laut.

Das Bildungssystem jedes Bundeslandes steuert die gewünschten Lernprozesse und Bildungsgänge der Schülerinnen und Schüler durch stoffbezogene Lehrpläne. Diese sind meist für jede Schulart, also die Primarstufe und die Sekundarbereiche I und II, gesondert aufgeführt. Festgelegt ist, welche Inhalte in welchen Jahrgangsstufen im Fachunterricht verbindlich zu bearbeiten und welche Bildungsziele anzustreben sind.

Die Lehrpläne haben grundsätzlich verbindlichen Charakter. Häufig finden sich jedoch auch allgemeine Formulierungen. Die Lehrkräfte können Unterrichtsinhalte hinzufügen und Unterrichtsmethoden frei wählen.

In der inklusiven Schule gelten die Ziele und Inhalte der Rahmenpläne der Regelschule für alle Kinder und Jugendlichen, auch für diejenigen mit den sonderpädagogischen Förderschwerpunkten Hören, Sehen, körperlich-motorische Entwicklung, emotional-soziale Entwicklung und Sprache entsprechend der angestrebten Schulabschlüsse. Werden Lernende mit sonderpädagogischem Unterstützungsbedarf im Schwerpunkt Lernen zieldifferent unterrichtet, wechseln die Kinder und Jugendlichen den Bildungsgang formal und müssten folglich, so noch kein inklusiv orientierter Rahmenplan vorhanden, nach den Lehrplänen der Allgemeinen Förderschule unterrichtet werden, die in einigen Bundesländern fast dreißig Jahre alt sind. Die Ziele und Inhalte dieser Rahmenpläne unterscheiden sich deutlich von denen der Regelschule. Für Lehrkräfte im inklusiven Unterricht ist die Arbeit mit verschiedenen Rahmenplanwerken ein Kraftakt. Sie sollen sowohl die Rahmenpläne der Regelschule als auch der Allgemeinen Förderschule gut kennen, miteinander abgleichen und darauf aufbauend Lernangebote planen, die einerseits einem hohen Grad an Individualisierung und andererseits dem Anspruch an gemeinsames Lernen gerecht werden. Das bedeutet für die Lehrkräfte bei der Planung von Unterrichtseinheiten ein mühseliges Nebeneinanderlegen verschiedener Pläne. Mitunter führt die Parallelexistenz zweier Rahmenpläne dazu, dass für Schülerinnen und Schüler mit sonderpädagogischem Unterstützungsbedarf im Schwerpunkt Lernen ein Unterricht geplant wird, der gänzlich verschieden von dem der übrigen Lerngruppe ist. Arbeitet eine Lehrkraft allein in so einem Setting, wird es ihr nur schwer gelingen, die Lernziele für alle gleichermaßen im Auge behalten zu können.

Im föderativen Bildungssystem der Bundesrepublik Deutschland geht jedes Bundesland seinen eigenen Weg bei der Gestaltung der Rahmenpläne für eine inklusive Schule. Die »überhöhte curriculare Heterogenität und Differenziertheit, die das Trennende mehr betonen als das Verbindende, gestatten keine allgemein gültigen Aussagen über das curriculare Gesamtgeschehen in Deutschland« (Schor, 2016, S. 327).

Sich hier einen guten und vor allem aktuellen bundesweiten Überblick verschaffen zu wollen, ist angesichts der Dynamik, die in dem Prozess der Rahmenplanentwicklung zu stecken scheint, nur schwerlich möglich. Viel mehr besteht die Aufgabe für jede Lehrkraft wohl eher darin, die diesbezüglichen Prozesse im eigenen Bundesland im Auge zu behalten und in der eigenen Unterrichtspraxis umzusetzen.

In den einzelnen Bundesländern sind zum jetzigen Zeitpunkt folgende Tendenzen zur Steuerung der Lernprozesse in der inklusiven Schule zu beobachten:

- Die Rahmenpläne der Regelschule und die Rahmenpläne der Allgemeinen Förderschule gelten parallel und sind unabhängig voneinander angelegt. Es finden sich weder Aussagen bzgl. gemeinsamer Lerngegenstände noch zur Kompetenzorientierung bei sonderpädagogischem Unterstützungsbedarf im Schwerpunkt Lernen.
- Bildungs- und Erziehungsziele der Regelschule werden mit sonderpädagogischer Förderung inhaltlich verbunden. Der Unterricht soll in diesem Falle auf der Grundlage der Rahmenpläne der allgemeinen Schule und unter Berücksichtigung des Rahmenplans zur sonderpädagogischen Förderung erteilt werden. Der Rahmenplan zur sonderpädagogischen Förderung ist in diesem Falle für die Primarstufe, die Sekundarstufe I und II zusammengefasst dargestellt und die Bildungsinhalte der Schule mit dem Förderschwerpunkt Lernen sind mit denen der Grund- und Oberschule abgestimmt, aber nicht mit ihnen identisch.
- Die Rahmenpläne für die allgemeinbildende Schule gelten für alle Schülerinnen und Schüler im inklusiven Unterricht. Diese sind für Kinder und Jugendliche mit sonderpädagogischem Unterstützungsbedarf im Schwerpunkt Lernen jeweils individuell zu verändern, zu erweitern, zu verkürzen oder zu ergänzen. Sonderpädagogik wird als notwendige Ergänzung und Schwerpunktsetzung der allgemeinen Pädagogik verstanden. Für Kinder und Jugendliche im zieldifferenten Unterricht sind in Orientierung an den Lehrplänen der Grund- und Sekundarschule schuleigene Lehr- und individuelle Lernpläne zu entwickeln, die die Grundlage für die Unterrichtsgestaltung bilden.
- Kompetenzorientierung und nationale Bildungsstandards in abgestimmten Inhaltsfeldern finden konsequent Beachtung. In den Blick genommen wird, was alle Schülerinnen und Schüler am Ende ihrer schulischen Laufbahn gemäß ihres jeweiligen Bildungsweges können und wissen sollen. Für Kinder und Jugendliche mit sonderpädagogischem Unterstützungsbedarf im Schwerpunkt Lernen, die zieldifferent unterrichtet werden, wird angestrebt, dass sie möglichst am gleichen Thema arbeiten wie alle anderen Schülerinnen und Schüler auch, wobei die Lernanforderungen entsprechend den jeweiligen Lernvoraussetzungen und -möglichkeiten individuell festgelegt werden. Dabei treten systematisch aufeinander aufbauende

Kompetenzen und Niveaustufen stärker in das Blickfeld pädagogischer und sonderpädagogischer Bemühungen.

Laut KMK (2019) bedarf es adaptiv zu gestaltender Curricula und individuell angepasster Beschreibungen von Anforderungen, die sich an den Anforderungen des Regelunterrichts orientieren. Ausgangspunkt der Überlegungen zur Entwicklung von Rahmenplänen für den inklusiven Unterricht sind die Bildungsstandards, in denen Anforderungen an das Lehren und Lernen in der Schule formuliert werden. Die Kompetenzstufenmodelle der Bildungsstandards bilden mitunter nicht alle heterogenen Bedürfnisse und individuellen Lernprozesse von Schülerinnen und Schüler in dem Maße ab, wie man es von einem inklusiven Rahmenplan erwarten dürfte. Die hohe Komplexität individueller Lernprozesse und deren diskontinuierlicher Verlauf ist in Kompetenzstufenmodellen kaum abbildbar (Seitz & Platte, 2006). Diesem Gedankengang wird in diesem Buch mit dem Entwurf der Individualorientierung entsprochen (▶ Kap. 6.1).

Wird ein inklusiver Rahmenplan entwickelt, können folgende Grundsätze Beachtung finden:

- Bildungs- und Erziehungsziele lassen sich für alle Schülerinnen und Schüler der heterogenen Lerngruppe ableiten.
    - Die Bildungs- und Erziehungsziele, die es für Kinder und Jugendliche mit sonderpädagogischem Unterstützungsbedarf im Schwerpunkt Lernen zu erfüllen gilt, werden dargestellt (Schor, 2016).
    - Individuelle und bedarfsgerechte Bildungs- und Erziehungsziele bilden die Grundlage der Individualorientierung in einem individuellen Lernplan.
- Schulisches, praktisches, soziales und emotionales Lernen ist für alle Lernenden gleichermaßen wichtig.
    - Lernziele in den verschiedenen Lernbereichen werden so formuliert, dass sie auch von Schülerinnen und Schülern mit sonderpädagogischem Unterstützungsbedarf im Schwerpunkt Lernen auf der Basis ihres jeweiligen Lern- und Entwicklungsstandes bewältigt werden können (Heimlich & Wember, 2016). Ansätzen zum praktischen Lernen wird ein besonders hoher Stellenwert eingeräumt.
- Das Lernpotenzial jedes einzelnen Lernenden wird angeregt.
    - Bei der Festlegung der Lernziele für Schülerinnen und Schüler mit sonderpädagogischem Unterstützungsbedarf im Schwerpunkt Lernen finden insbesondere Aspekte wie individuelle Fähigkeiten und Fertigkeiten, Persönlichkeit, Lebenswelt und Leistungsvermögen Berücksichtigung.

- Empfehlungen für einen Wechsel zwischen zieldifferenten und zielgleichen Lernanforderungen werden ausgesprochen.
• Inklusive Rahmenpläne orientieren auf einen individuell höchstmöglich erreichbaren Schulabschluss.
- Schülerinnen und Schüler mit sonderpädagogischem Unterstützungsbedarf im Schwerpunkt Lernen erwerben Kompetenzen, die es ihnen ermöglichen, ihr Leben in Familie und Freizeit, in Gesellschaft und Staat, in Berufs- und Arbeitswelt, in Natur und Umwelt erfolgreich und weitgehend selbständig zu bewältigen (KMK, 2011).

Unter der Maßgabe, dass »verschiedene Schüler/-innen unterschiedliche Ziele zur gleichen Zeit verfolgen oder aber gleiche Ziele zu unterschiedlichen Zeitpunkten« (Werning & Arndt, 2015, S. 66), kann eine *Individualorientierung* für Kinder und Jugendliche mit sonderpädagogischem Unterstützungsbedarf im Schwerpunkt Lernen den zieldifferenten Unterricht in der inklusiven Schule stützen. Individuelle Bildungsziele im zieldifferenten Unterricht und Kompetenzen für die einzelne Schülerin oder den einzelnen Schüler, die unterhalb der gesetzten Mindeststandards liegen, können abgeleitet werden. Die individuellen Lern- und Entwicklungsziele basieren auf dem Förderplan. Die Individualorientierung zielt auf den Erwerb von Kernkompetenzen (Sach-, Methoden-, Sozial- und Selbstkompetenzen) ab. Für Schülerinnen und Schüler mit sonderpädagogischem Unterstützungsbedarf im Schwerpunkt Lernen bedarf es solcher stärkeren Ausdifferenzierung und Präzisierung, denn »... die üblichen eindimensionalen Bildungsstandards in der Form von Regel- oder Minimalstandards [genügen] den Ansprüchen der Didaktik der heterogenen Lerngruppe nicht. Sie müssen stufenförmig so ausdifferenziert werden, dass sie für heterogene Lernausgangslagen vielfältige jeweils passende domänenspezifische Ziele angeben können« (Prengel, 2012, S. 178).

In individuellen Lernplänen werden die Wissensbestände für die Schülerinnen und Schüler mit sonderpädagogischem Unterstützungsbedarf im Schwerpunkt Lernen konkretisiert. Die Lernenden müssen über ein solides Fundament an Wissen verfügen, »das lebenslang verfügbar, abrufbar und anwendbar bleibt« (Schor, 2016, S. 334). Dabei sollten sich die Inhalte inklusiver Rahmenpläne in einer didaktischen Offenheit umsetzen lassen, die es erlaubt, »dass Schülerinnen und Schüler ihre individuellen und kollektiven Themen und Interessen zu ihren Unterrichtsgegenständen machen und dabei von ihren Pädagoginnen und Pädagogen unterstützt werden« (Prengel, 2012, S. 178).

Quer zu diesen Überlegungen bezüglich der Anforderungen an inklusive Rahmenpläne liegen die Lehrbücher, die im inklusiven Unterricht Verwendung finden und zuweilen als »heimlicher« Rahmenplanersatz dienen. Zwar ist es mittlerweile so, dass Aufgaben in verschiedenen Schwierigkeitsstufen, in unterschiedlichen Anforderungsbereichen und auf individuellen Niveaustufen dargeboten werden, jedoch geschieht dies zumeist unter dem Blickwinkel der Bildungsstandards für die Regelschule. Ziel sollte es im Bereich der Umsetzung des inklusiven Gedankens in der Lehrbuchgestaltung sein, dass Aufgaben für alle Kinder und Jugendlichen der heterogenen Lerngruppe vorgehalten werden. So kann eine inklusive Unterrichtsgestaltung erleichtert werden. Lehrwerke für den inklusiven Unterricht sollten sich durch modulare, offene Ansätze auszeichnen und umfangreiche Möglichkeiten zur Differenzierung enthalten. Diesem Anspruch versuchen Lehrwerkskonzepte ausgewählter Schulverlage gerecht zu werden, indem sie einen umfangreichen Materialkranz für die verschiedenen Lernvoraussetzungen der Schülerinnen und Schüler bieten. So kommen beispielsweise Förder- und Forderhefte zum Einsatz, die parallel zum Arbeitsheft eingesetzt werden und es den Lernenden ermöglichen, auf ihrem jeweiligen Niveau an gemeinsamen Lerngegenständen zu arbeiten.

6.4 Handlungsmöglichkeiten im zieldifferenten Unterricht der Grundschule

In diesem Kapitel geht es nicht um die Beantwortung der Frage, ob eher offene oder frontale Unterrichtskonzepte Kindern mit gravierenden Lernschwierigkeiten ein erfolgreiches Lernen in der Grundschule ermöglichen können. Es geht vor allem darum, Potenziale von ausgewählten Unterrichtskonzepten für den Umgang mit zieldifferenten Anforderungen aufzuzeigen. Dazu werden bewusst zwei unterschiedliche Unterrichtskonzepte ausgewählt, die sich im Spannungsfeld zwischen Öffnung und Strukturierung von Unterricht bewegen.

- Tagesplanarbeit (eine Organisationsform Offenen Unterrichts)
- Direkte Instruktion (eine direkte und explizite Unterrichtsmethode)

Einerseits sollen Lehrkräfte Anregungen für die Gestaltung zieldifferenter Anforderungen bekommen. Andererseits sollen diejenigen in ihrem Tun bestätigt werden, die diese Unterrichtskonzepte und -methoden bereits in ihren heterogenen Lerngruppen regelmäßig praktizieren und darin enthaltene Chancen für die zieldifferente Unterrichtung ausloten.

Hartke (2003) sieht in der Pädagogik bei besonderem Förderbedarf die Notwendigkeit der Anpassung des Unterrichts an die Lernvoraussetzungen der

Kinder. Das kann in einem hochwertigen Offenen Unterricht oder auch adaptiven Unterricht umgesetzt werden.

Tagesplanarbeit

Die Palette an Unterrichtsmethoden, die im Konzept des Offenen Unterrichts Anwendung finden, ist »farbenfroh«. Sie reicht von ersten geöffneten Formen des Unterrichts (gelenktes Stationenlernen, Tagesplanarbeit) bis hin zu seiner vollständigen Öffnung (Freiarbeit, Projektlernen). Für den inklusiven Unterricht besteht der Vorteil von offenen Lernangeboten zweifellos darin, dass Lehrkräfte im Schwierigkeitsgrad und in der Methode möglichst angemessene Lernangebote für jedes Kind arrangieren können.

Reiß und Werner (2016) verstehen Offenen Unterricht eher als »Prinzip« oder »Organisationsform« und sehen darin eine Vielzahl pädagogischer Chancen auch in sonderpädagogischen Arbeitsfeldern. Mit Blick auf Kinder mit sonderpädagogischem Unterstützungsbedarf im Lernen gehen sie eher von einer modifizierten Form Offenen Unterrichts, von einer »Öffnung des Unterrichts« oder »Offenheit von Unterricht« (S. 118) aus. Kinder mit gravierenden Lernschwierigkeiten profitieren nicht automatisch von einem offenen Lernangebot. Strukturierte Hilfen der Lehrkräfte zur Steigerung der Arbeitsintensität und adaptierte Lernangebote scheinen unabdingbar für ihren Lernzuwachs zu sein (Hartke, 2003). Im Folgenden sollen ausgewählte Fragen in den Fokus gerückt werden:

- Welche Bedingungen sollten erfüllt sein, damit Kinder mit sonderpädagogischem Unterstützungsbedarf im Schwerpunkt Lernen von einem offenen Unterrichtskonzept überhaupt profitieren?
- Welche grundlegenden Fähigkeiten und Fertigkeiten benötigen diese Kinder, wenn sie möglichst selbstgesteuert in einer Tagesplanarbeit lernen sollen?
- Was ist für einen Tagesplan mit zieldifferenten Lernanforderungen zu beachten?

Tagesplanarbeit als eine Vorform des Wochenplanunterrichts wird im Anfangsunterricht der Grundschule angebahnt und praktiziert. Während sich die Arbeit an einem Wochenplan oft über eine ganze Woche und darüber hinaus erstrecken kann, werden in der Tagesplanarbeit zunächst ein oder zwei Unterrichtsstunden an einem Tag angeboten, in denen die Kinder einen überschaubaren, individuell zugeschnittenen Arbeitsplan möglichst selbstständig erledigen (Textor, 2015). Die Komplexität dieser Unterrichtsform wird deutlich, wenn die dafür grundlegenden Lern- und Arbeitstechniken sowie kooperativen und kommunikativen Fähigkeiten unter die Lupe genommen werden (▶ Tab. 6.2). Diese Grundvoraussetzungen können in heterogenen Lerngruppe meist nicht als gefestigt erwartet werden. Ein Mangel an grundlegenden Fähigkeiten des selbstständigen schulischen Lernens kann ein Grund dafür sein, wenn Lernen in offenen Lernformen zunächst in einem gefühlten Chaos endet bzw. wenn sich passable Lernergebnisse nicht einstellen.

Eine allmähliche Hinführung zu ersten Tagesplänen kann durch das Erleben von Lernerfahrungen in Vor- und Kleinstformen vorgenommen werden, wie z. B. zwischen zwei Aufgaben eine auswählen, sich mit einem Lernpartner über ein Ergebnis austauschen, Materialien für eine Aufgabe auf dem Arbeitstisch bereitlegen, Symbole und deren Bedeutung erkennen oder einschätzen, ob die Aufgabe eher leicht oder schwer ist. Diese kleinen Schritte sind gerade für lernschwache Kinder elementar, da sie häufig nicht über Erfahrungen in offenen Situationen verfügen und ihnen die Wahrnehmung und Verarbeitung von offenen Strukturen Schwierigkeiten bereiten könnte (Werning & Lütje-Klose, 2012). Das erfolgreiche Besteigen ihrer oftmals brüchigen Erfahrungsleiter erfordert direkte Unterstützung von Lehrkräften und Orientierung an Lernvorbildern in der Lerngruppe.

Lehrkräfte berichten im Rahmen von Fort- und Weiterbildungen zur Thematik Offenen Unterrichts in der Grundschule über Probleme beim selbstständigen Lernen in heterogenen Lerngruppen. Schülerinnen und Schüler mit gravierenden Lernschwierigkeiten zeigen u. a. Schwierigkeiten beim Lernstoff zu bleiben und Probleme mit dem Durchhalten in längeren selbstständigen Arbeitsphasen. Sie benötigen deutlich mehr Orientierung und Hilfen als andere Kinder. Oft wirken sie zwischen den Aufgaben wie »verloren«. Es fällt ihnen schwer, mit Wahlmöglichkeiten umzugehen, die Arbeitszeit sinnvoll zu nutzen, einen Handlungsplan aufzustellen und konzentriert über einen langen Zeitraum zu arbeiten.

In anderen Berichten finden sich Angaben über eine deutlich höhere Motivation der Kinder ohne Lernschwierigkeiten im Umgang mit Tagesplänen. Die Lehrkräfte beobachten in den Lerngruppen eine Erhöhung der Selbstständigkeit, wenn Arbeitsabläufe und Routinen gut verinnerlicht sind. Sie beschreiben gruppendynamische Prozesse wie, sich einen Lernpartner/eine Lernpartnerin suchen und gegenseitig helfen und unterstützen.

6 Zieldifferente Lernanforderungen im inklusiven Unterricht

Damit Tagesplanarbeit auch Kindern mit gravierenden Lernschwierigkeiten gelingen kann, sollten Lehrkräfte zunächst geduldig und schrittweise:

- Abläufe üben und Routinen entwickeln helfen,
- Einzel- und Partnerarbeit üben,
- Arbeitsregeln, Gesprächsregeln und erste Strategien der Konfliktbewältigung erarbeiten,
- Pflicht- und Wahlmöglichkeiten und deren Unterscheidung erklären,
- Zeiterfahrungen ermöglichen, beispielsweise ein Gefühl dafür vermitteln, wie lang eigentlich fünf, zehn, fünfzehn ... Minuten Arbeitszeit sind.,
- Raumerfahrungen ermöglichen (Übersicht über Wege im Raum, Ablageplätze, verschiedene Arbeitsplätze und deren Nutzung z. B. Teppichboden, Leseecke, Spieletisch, Selbstkontrollstation) und
- Gelegenheit zu vielfältigen Materialerfahrungen bieten (z. B. Nutzung von Materialien zur Veranschaulichung).

> Beispiel: Materialien der Tagesplanarbeit finden und auswählen
>
> Was kann das Kind schon sicher?
> Das Kind bewegt sich in der Tagesplanarbeit störungsfrei von seinem Arbeitsplatz zum Materialtisch. Es wartet ruhig ab, wenn mehrere Kinder zur gleichen Zeit Materialien anschauen und auswählen.
>
> Womit ist das Kind noch unsicher?
> Es orientiert sich auf dem Materialtisch zwar an den Aufstellern, die die Nummern der jeweiligen Aufgabe anzeigen, schafft es jedoch nicht, die vorbereiteten Materialien in den Ablagekörben sicher zu finden. Das Kind nimmt sich wahllos ein Material aus einem der Ablagekörbe und geht damit auf seinen Platz zurück.
>
> Hier kann die Aufgabe der Lehrkraft darin bestehen, genau diesen Ablauf noch einmal mit dem Kind zu üben. Sie zeigt am Materialtisch, woran das Kind »seine« Aufgaben erkennen kann und ermuntert es, Mitschülerinnen und Mitschüler zu fragen, wenn es sich noch unsicher fühlt.

In der folgenden Tabelle sind grundlegende Fähigkeiten und Fertigkeiten aufgeführt, die in einer Tagesplanarbeit zur Anwendung kommen können. Die getrennte Betrachtung der einzelnen Phasen (Vorbereitung, Durchführung und Auswertung) schärft den Blick für bereits angebahnte bzw. noch zu übende

6.4 Handlungsmöglichkeiten im zieldifferenten Unterricht der Grundschule

Teilfähigkeiten. Damit zieldifferente Anforderungen in einem geöffneten Unterricht von Kindern mit sonderpädagogischem Unterstützungsbedarf im Lernen bearbeitet werden können, sollten flankierende Maßnahmen der Strukturierung und Steuerung mitgedacht werden. Eine prozessimmanente Beobachtung während des Lernprozesses gibt Lehrkräften Aufschluss darüber, ob die unterstützenden Maßnahmen greifen, durch weitere ergänzt oder sogar reduziert werden sollten. Ein inhaltlich zieldifferent aufbereitetes Lernangebot allein löst oftmals nicht die Lernproblematik der Kinder.

Tab. 6.2: Zu entwickelnde Fähigkeiten und Fertigkeiten der Kinder für die Arbeit mit einem Tagesplan

	Tagesplanarbeit	sehr sicher	eher sicher	eher unsicher	sehr unsicher
	Tagesplanarbeit wird vorbereitet				
	Sich im Tagesplan orientieren				
	Piktogramme, Symbole, Schriftzeichen deuten				
	Anzahl der Aufgaben überblicken				
	zwischen Wahl- und Pflichtaufgaben unterscheiden				
Vorbereitung	Aufgabenstellungen grob erfassen				
	Übersicht über den Arbeitsprozess gewinnen				
	Fragen zu Abläufen oder zum Lernstoff stellen				
	Arbeitsmaterialien sichten und bereitlegen				
	Arbeitsplatz strukturieren				
	Ablageplätze für Lernmaterialien finden				
	Arbeitszeit grob einteilen				
	Gesprächs- und Verhaltensregeln beachten				
	Hilfequellen kennen				

6 Zieldifferente Lernanforderungen im inklusiven Unterricht

Tab. 6.2: Zu entwickelnde Fähigkeiten und Fertigkeiten der Kinder für die Arbeit mit einem Tagesplan – Fortsetzung

	Tagesplanarbeit	sehr sicher	eher sicher	eher unsicher	sehr unsicher
	Tagesplanarbeit beginnt				
Durchführung	Aufgabenstellungen erlesen und erfassen				
	Arbeitsprozess in kleinen Schritten planen				
	Entscheidungen treffen				
	einen Anfang finden				
	Materialien zügig holen und zurücklegen				
	Arbeitsplatz in Ordnung halten				
	Arbeitsmaterial sorgsam nutzen				
	Wichtiges von Unwichtigem unterscheiden				
	Arbeitszeit effektiv ausnutzen				
	Auszeiten wählen				
	Hilfe anzeigen und annehmen				
	Unterstützung geben				
	Kontakt zu anderen Kindern aufnehmen				
	Gespräche zu Lösungswegen führen				
	Gesprächsregeln kennen und einhalten				
	mit wechselnden Partnern arbeiten				
	sich einer Gruppe anschließen				
	Selbstkontrollmöglichkeiten anwenden				
	Geschafftes abhaken				
Auswertung	**Tagesplanarbeit wird ausgewertet**				
	Arbeitsergebnisse überschauen (Was habe ich geschafft?)				
	Arbeitsergebnisse vorstellen				
	Zielerreichung einschätzen				

6.4 Handlungsmöglichkeiten im zieldifferenten Unterricht der Grundschule

Tab. 6.2: Zu entwickelnde Fähigkeiten und Fertigkeiten der Kinder für die Arbeit mit einem Tagesplan – Fortsetzung

Tagesplanarbeit		sehr sicher	eher sicher	eher unsicher	sehr unsicher
Auswertung	Arbeitsprozess beschreiben (Wie bin ich vorgegangen?)				
	Zwischenziele setzen				
	andere Meinungen gelten lassen				
	eigene Meinung begründen				
	Teamfähigkeit bewerten				
	Sorgen, Probleme mitteilen				
	eigene Leistung beurteilen				

Kinder mit sonderpädagogischem Unterstützungsbedarf im Schwerpunkt Lernen können einen Tagesplan bearbeiten, der sich in seiner äußeren Form nicht grundlegend von den Tagesplänen der anderen Kinder der Lerngruppe unterscheidet. Sie erhalten einen ansprechend gestalteten, in seinem Aufbau vergleichbaren Plan, der sorgsam nach Wahl- und Pflichtaufgaben unterteilt ist und im besten Fall neugierig macht auf das, was kommt. Sie profitieren von einer wiederkehrenden Struktur in Bezug auf die Darstellung von Aufgaben, Verwendung ikonischer Zeichen, Auswahl sich wiederholender Aufgabenformen und Kennzeichnung von Selbstkontrollmöglichkeiten. Ein hohes Maß an Orientierung wird durch einen ritualisierten Ablauf erreicht. Der Tagesplan wird in der Lerngruppe besprochen, die Kinder arbeiten an ihren Aufgaben, sie vergleichen die Ergebnisse, haken Geschafftes ab und reflektieren abschließend ihr Handeln. So können auch sehr schwache Lernende zunehmend Sicherheit erlangen, da sich Arbeitsabläufe nach und nach einschleifen und sie stets wissen, welcher Schritt sie als nächster erwartet.

Ein großer Gewinn der Tagesplanarbeit in heterogenen Lerngruppen entsteht für Lehrkräfte durch die Option einer umfassenden Differenzierung und Individualisierung. Während leistungsstarke und gut organisierte Lernende völlig selbstständig in ihrem Arbeitsrhythmus arbeiten und auf niemanden warten müssen, erledigen Kinder mit gravierenden Lernschwierigkeiten zieldifferente Anforderungen in ihrem Lerntempo. Die Aufgaben werden für sie differenziert aufbereitet, indem sie quantitativ und qualitativ an die Lernvoraussetzungen angepasst werden. Zieldifferente Anforderungen sind demnach individualisierte Lernanforderungen für deren Bewältigung die Lernende in ihrem Tun mehr oder minder Anleitung und Unterstützung benötigen. Selbst eine sehr gute Struktur eines Tagesplanes ersetzt nicht die direkte Lenkung der Lehrkraft. Sie überwacht den Lernprozess und greift in die vom Kind als schwierig erlebten Lernsituationen behutsam ein. Sie ermuntert die Kinder, die weniger produktiv arbeiten oder sich sogar aus dem Lernprozess zurückziehen. Dazu hält die Lehrkraft weitere lernbegleitende und -unterstützende Materialien bereit und hilft bei der Selbstorganisation (Jürgens, 2009). Durch die direkte Hilfe der Lehrkraft kann Leerlauf durch Nichtstun vermieden und die tatsächliche Lernzeit erhöht werden. Mit dieser Art der Unterstützung ist allerdings nicht gemeint, die Kinder in ihren Denk- und Lernprozessen zu stören. Was zunächst nach Träumerei aussieht kann sich durchaus als eine intensive Denkpause herausstellen!

Für die Lernmotivation der Kinder scheint es wichtig, dass die Pflichtaufgaben ein für sie mittleres Maß an Anforderung darstellen (keine Über- bzw. Unterforderung). Die Wahlaufgaben sollten innerhalb der Lernzeit für sie erreichbar sein. Gerade im Wahlangebot besteht die Stärke einer an den Interessen der Kinder orientierten Differenzierung, die Lernfreude aufrechterhalten kann und über so manche »langweilige« oder »schwierige« Pflichtaufgabe hinweghilft.

Zur Sicherung des Aufgabenverständnisses sind präzise Formulierungen eine Grundvoraussetzung. Kurze Aufgabenstellungen mit eindeutigen Operatoren sagen den Kindern, was konkret zu tun ist. Wenn das Wort »bitte« in der Aufgabenstellung fehlt, ist dies kein Zeichen mangelnder Wertschätzung, sondern ein direkter und klarer Arbeitsauftrag. Piktogramme und Zeichen ersetzen ganze Aufgaben oder Wörter, die noch nicht oder nicht sicher erlesen werden können.

Ein Wechsel der Sozialformen kann in der Tagesplanarbeit ein verbindendes Element zwischen zielgleichen und zieldifferenten Lernangeboten sein. Gemeinsame Lernsituationen (z. B. Spielsituationen, Vor- und Mitlesezeit) wirken einer oft zu beobachtenden Tendenz des Abarbeitens in Einzelarbeit entgegen. Für Kinder mit sonderpädagogischem Unterstützungsbedarf im Lernen sollte nicht nur die unterstützende Lehrkraft als sogenannter »Lernpartner« fungieren. Diese Rolle können auch Mitschülerinnen und Mitschüler übernehmen. Im Auswertungsabschnitt einer Tagesplanarbeit sind die Lernergebnisse der Kinder mit gravierenden Lernschwierigkeiten gleichberechtigt in den Mittelpunkt zu rücken. Da sich in dieser Phase sprachliche Unsicherheiten bei diesen Kindern zeigen können, sind von Lehrkräften Fragen zu wählen, die die Kinder gut verstehen und sie zu Antworten ausdrücklich ermuntern. Satzanfänge können ihnen beispielsweise helfen, einfache Satzkonstruktionen zu bilden und sich somit am Austausch uneingeschränkt zu beteiligen.

Kinder mit sonderpädagogischem Unterstützungsbedarf im Lernen verfügen meist nicht über sichere metakognitive Strategien. Die Gefahr besteht, dass sie diese, wenn sie dazu nicht herausgefordert werden, auch nicht erlernen. Hier sollten Lehrkräfte die Kinder absichtsvoll zu einer Betrachtung des Lernens aus der Vogelperspektive anregen. Fragenimpulse, die Lehrkräfte in Auswertungs- und Reflexionsphasen zielgerichtet anwenden, können sein: Wie bist du darauf gekommen? Wie hast du begonnen? Wann hast du deinen Fehler entdeckt und wie bist du dann vorgegangen?

Und nicht zuletzt bietet sich Tagesplanarbeit für eine Leistungsbewertung zieldifferenter Anforderungen geradezu an. Die Bewertung z. B. einer Leseleistung oder eine mündliche Leistungsüberprüfung der Malfolgen kann nach vorheriger Übungsphase in einer unkomplizierten 1:1-Situation erfolgen. Das Kind erlebt eine Leistungsbewertung in einem geschützten und vertrauten Rahmen und kann durch individuelle Zuwendung und unterstützende Hilfen sein Leistungsvermögen zeigen.

Direkter Unterricht

Zur Vermittlung und Förderung schulisch relevanter Kenntnisse und Fähigkeiten auf aktivem und direktem Weg bietet sich mit dem *Direkten Unterricht* eine lehrkraftgelenkte Form des Unterrichtens an. Die Grundeinstellung für ein erfolgreiches Agieren in dieser Unterrichtsform ist ein sofortiges und bewusstes Handeln von Lehrkräften, sobald bei Lernenden Stolperstellen im Lernprozess auftreten. Sie warten nicht erst ab, bis sich Fehler anhäufen, sondern greifen das entstandene Problem unmittelbar auf und helfen den Lernenden, auf einem direkten Weg der Vermittlung, den Lernschritt zu bewältigen (Wember, 2016). Das zunächst stringent erscheinende Vorgehen ist nicht nur für Kinder mit sonderpädagogischem Unterstützungsbedarf im Lernen empfehlenswert. Hat ein Kind aus der Lerngruppe den Lernschritt (noch) nicht verinnerlicht und werden Zeichen dafür z. B. in einem Unterrichtsgespräch oder in Arbeitsproben sichtbar, steuert die Lehrkraft unmittelbar an der Stelle nach, an der das Kind ausgestiegen zu sein scheint. Gründe für das Aussteigen der Kinder im Lernprozess gibt es mannigfach:

- Das Fundament an Vorwissen ist nicht stabil. Wiederholungsschleifen fehlen im Unterricht.

- Das Lerntempo ist insgesamt zu hoch. Der Lernstoff wird zu schnell, ungenau und unpräzise präsentiert. Es fehlt an Formen der Veranschaulichung.
- Übungsphasen sind zeitlich knapp bemessen. Fehlstrategien verfestigen sich, da sie spät erkannt und nur flüchtig korrigiert werden.
- Die Kinder üben in langen Phasen selbstständig, ohne dass die Lernstrategien von ihnen ausreichend beherrscht werden.

Im direkten Unterricht ist eine differenzierte Diagnose notwendig, der eine Intervention folgt, die nah am zu fördernden Lernziel liegt (Wember, 2016). Welche Stufe im Lernprozess ist die niedrigste gefestigte oder welche ist die niedrigste fehlerhafte? Die Beantwortung dieser Fragen kann Lehrkräften helfen, die Lernlücken der Kinder genauer zu bestimmen. Wenn offensichtlich wird, dass ein Kind einen Lernschritt nicht verstanden hat, dann sollte genau dieser Lernschritt zunächst erklärt und folgend mehrfach unter Anleitung geübt werden.

> Zur sicheren Unterscheidung von Satzarten helfen u. a. Wahrnehmungsübungen oder Bewegungselemente eher weniger, um das Lernziel auf direktem Weg anzusteuern. Hier sind die Satzarten Aussagesatz, Fragesatz und Ausrufesatz/Aufforderungssatz einschließlich deren Merkmale anhand von Beispielen zu vermitteln. Es geht also zunächst darum, dass das Kind versteht, was Satzarten überhaupt bedeuten. In einem weiteren Schritt wird geübt, und zwar solange, bis das Kind die Satzarten mithilfe der Merkmale erkennen und unterscheiden kann. In einem letzten Schritt wendet das Kind das Gelernte an, indem es z. B. verschiedene Satzarten nutzt, um einen Text sprachlich zu gestalten.

Direkte Instruktion

Mit der näheren Beschreibung der *Direkten Instruktion* als Unterrichtsmethode erhalten Lehrkräfte eine konkrete Handlungsanweisung für die praktische Umsetzung des direkten Unterrichtens. Das von der Lehrkraft stark gelenkte Lernen orientiert sich dabei eng an den Lernvoraussetzungen und den Lernfortschritten des einzelnen Kindes.

Die Schritte der Methode und deren Prinzipien können sich wie ein sogenannter »roter Faden« durch die gesamte Unterrichtseinheit oder eine Unterrichtsstunde ziehen und sind gerade dann sinnvoll, wenn es um die aktive Verarbeitung von Informationen und die Vermittlung von Lernstrategien geht. Somit eignet sie sich eher zur Erreichung kognitiver als sozialer, affektiver oder emanzipatorischer Lernziele (Hasselhorn & Gold, 2017). Helmke (2019) sieht die Direkte Instruktion vorrangig als Methode zum Erwerb von fachlichen Kompetenzen in Fächern mit »hierarchischer Organisation des Lernstoffes« (S. 6) und weniger zur Erreichung fachübergreifender Bildungsziele an.

In heterogenen Lerngruppen ist eher von einer geringen gemeinsamen Wissensbasis auszugehen. Wird die Direkte Instruktion ohne differenzierende Maßnahmen angewandt, scheint die Methode gerade für Kinder mit besonders guten und besonders schlechten Lernvoraussetzungen zeitweise sogar uneffektiv (Hartke, Mahlau, Sikora, Blumenthal, Diehl & Voß, 2016). Lernstarke Kinder überfällt oft die Langeweile, wenn ein längst verstandener Lernschritt für andere Lernende noch und noch einmal von der Lehrkraft wiederholt wird, denn sie verfügen oftmals über ein solides Vorwissen und profitieren stärker von offenen, selbstregulierenden Lernangeboten. Ist der kognitive Anregungsgehalt für diese Kinder über weite Strecken zu gering, können sie in eine passive Lernhaltung verfallen. Lernschwache Kinder wiederum benötigen mehr Lernzeit, mehr Direktheit, mehr Wiederholung, mehr Zuwendung, also ein mehr an allem. Lehrkräfte sollten sich dieser Problemstellen beim Einsatz der Methode im inklusiven Unterricht bewusst sein und für jeden einzelnen Schritt Maßnahmen der Differenzierung mitdenken. So können starke Lerner beispielsweise durch ein erhöhtes Anforderungsniveau, einen erweiterten Umfang der Aufgaben und Tutorentätigkeit in den beiden Übungsphasen in ihrem Lernprozess gefordert werden.

Direkte Instruktion beinhaltet ein hohes Maß an Planbarkeit des Unterrichts, das durch den klaren formalen Aufbau der einzelnen Phasen, den geordneten Informationsstand zum Thema und die Steuerungsfunktion der Lehrkraft bestimmt wird (Wiechmann, 2009).

Das Lernen in kleinen Schritten ist ihr wesentliches Prinzip. Mehrere Autorinnen und Autoren (u. a. Lebens & Lauth, 2014; Wellenreuther, 2015; Hasselhorn & Gold, 2017, Brüning & Saum, 2019) schlagen für die schulische Praxis ein Vorgehen in mehreren Phasen vor, das im Folgenden überblicksartig vorgestellt wird. Die Besonderheiten der Kinder mit sonderpädagogischem Unterstützungsbedarf im Lernen im Blick behaltend, werden die allgemeinen Anmerkungen zur Durchführung der Methode durch Hinweise für die Zielgruppe ergänzt. Wir erlauben uns mit Schritt sechs eine weitere Feedbackphase einzuflechten, um die Bedeutung des inhaltlichen Feedbacks zu stärken und metakognitiven Prozessen genau in dieser Phase des Lernprozesses mehr Raum zu geben.

Möglichkeiten der Umsetzung für Kinder mit sonderpädagogischem Unterstützungsbedarf im Schwerpunkt Lernen

Direkte Instruktion und zieldifferente Lernanforderungen

Die Lernzielanpassungen für das Kind im zieldifferenten Unterricht ziehen ein qualitativ und quantitativ angepasstes Lernangebot und ein individualisiertes methodisches Vorgehen nach sich. Sonderpädagogische Unterstützung des Kindes ist angeraten und erfordert eine enge Abstimmung der Lehrkräfte eines Teams. Die Grundvoraussetzung ist das sichere Agieren aller in der Anwendung der Methode. Die Sonderpädagoginnen und Sonderpädagogen übernehmen die wichtige Aufgabe, das modellhafte Vorgehen der Lehrkraft zu unterstützen und zu ergänzen. Sie ermöglichen ebenso ein unverzügliches und zielgerichtetes Reagieren, sollten bei weiteren Kindern der Lerngruppe eher unerwartet Schwierigkeiten erkennbar werden.

Im Deutschunterricht einer Grundschulklasse soll am Beispiel von Substantiven mit d oder t im Auslaut die Rechtschreibstrategie »Verlängern« eingeführt und geübt werden. Die Grundschullehrerin entscheidet sich für einen direkten Weg der Vermittlung. Sie möchte möglichst alle Kinder der Lerngruppe im Blick behalten und rechtzeitig reagieren, wenn sich Lernschwierigkeiten andeuten. In der Lerngruppe lernt ein Kind mit sonderpädagogischem Unterstützungsbedarf im Schwerpunkt Lernen. Es wird im Fach Deutsch zieldifferent unterrichtet. Die Sonderpädagogin unterstützt und fördert das Kind unterrichtsintegriert und -ergänzend. Sie beobachtet genau, wie die Lehrkraft die Lerngruppe instruiert, damit sie in der Förderung darauf zurückgreifen kann. In Vorbereitung auf den Unterricht besprechen beide Pädagoginnen gemeinsam die Lernziele der Unterrichtseinheit:

- Was sollen alle Kinder am Ende der Unterrichtseinheit mindestens verstanden haben?
- Welches Kind soll welche Lernziele erreichen?

1. Schritt: Rückblick und Prüfung der Lernvoraussetzungen

Die Grundschullehrerin greift zunächst auf das Vorwissen und die bereits gefestigten Fertigkeiten der Kinder zurück, spürt Lerndefizite auf und vergewissert sich, ob die Kinder für den nächsten Lernschritt bereit sind. Die kon-

6.4 Handlungsmöglichkeiten im zieldifferenten Unterricht der Grundschule

krete Unterrichtsstunde beginnt die Lehrkraft mit einer Rückschau auf bereits Gelerntes. Dazu hat sie an der Tafel einen kurzen Lückentext vorbereitet. Wortkarten mit Substantiven ohne Auslautverhärtung sollen von den Kindern in die Lücken eingesetzt werden. Der Auslaut jedes Wortes wird farbig gekennzeichnet. Die Kinder bilden zu den eingesetzten Wörtern mündlich die Mehrzahl. Um sicher zu gehen, dass alle Kinder den vorherigen Lernstoff sicher verstanden haben, führt sie eine schriftliche Übung durch, indem sie die Kinder die jeweils zweite Silbe von Substantiven ergänzen und den Auslaut des Wortes farbig unterstreichen lässt. Über die Anzahl und den Schwierigkeitsgrad der Wörter reguliert sie Differenzierungsprozesse in dieser Phase. Sie fragt anschließend die Ergebnisse ab und schätzt ein:

Was wissen und können die Kinder schon?
Wie gefestigt ist der zuvor vermittelte und geübte Lernstoff?
An welcher Stelle muss nachgesteuert werden?

Die Grundschullehrerin bezieht das Kind mit sonderpädagogischem Unterstützungsbedarf im Lernen aktiv in die Wiederholungssequenz ein. Die schriftliche Übung gestaltet sie für das Kind zieldifferent, indem sie ein quantitativ und qualitativ differenziertes Übungsangebot vorhält (z.B. dadurch, dass sie weniger Wörter vorgibt, Silbenbögen einsetzt oder die zu ergänzenden Silben durch Zuordnungen finden lässt). Das Kind erhält bei Bedarf Unterstützung durch die Lehrkraft selbst oder die Sonderpädagogin.

2. Schritt: Vermittlung neuer Inhalte

Die Erarbeitung des neuen Lernstoffes beginnt mit einer Zielorientierung. Das Lernziel wird an der sauberen Tafel in Kurzform visualisiert. Die Lehrkraft lenkt die Aufmerksamkeit aller Kinder durch einen Impuls auf sich und wartet mit der Präsentation des Lerninhaltes, bis alle Blicke auf das vorbereitete Tafelbild gerichtet sind. An einem Beispielwort z. B. *Bild* erklärt sie den Kindern die Strategie des Verlängerns. Dazu bildet sie die Mehrzahl des Wortes *Bild* und schreibt das Wort *Bilder* an die Tafel. In beiden Wörtern kennzeichnet sie den Buchstaben d farbig. Sie kommentiert ihr Vorgehen. Ihre Darbietung ist klar strukturiert, sprachlich exakt und auf die Sache gerichtet. Die Vermittlung erfolgt in einem ansprechenden, nicht zu langsamen Tempo. Die Lehrerin wiederholt die Strategie an einem weiteren Wortbeispiel z. B. *Monat - Monate*. Sie vergewissert sich, ob die Kinder den Lernschritt verstanden haben, indem sie gezielt Fragen stellt.

Für das Kind mit sonderpädagogischem Unterstützungsbedarf im Schwerpunkt Lernen wird ein individuelles Lernziel formuliert, das sich an dem Lernziel der Lerngruppe orientiert. Das Lernziel ist an der Tafel oder auf dem Platz des Kindes sichtbar. Die Lehrerin achtet darauf, dass sie das Kind aktiv in die Informationsaufnahme einbezieht. Sie nimmt mehrfach Blickkontakt zum Kind auf und ermuntert es zur Mitarbeit. Nach einer Informationseinheit stellt sie dem Kind eine einfache Verständnisfrage. Sie lässt dem Kind Zeit zum Überlegen. Die Sonderpädagogin unterstützt das Kind bei Bedarf, indem sie beispielsweise Fragen vereinfacht oder die Information wiederholt.

3. Schritt: Üben unter Anleitung

Die Lernenden üben die Rechtschreibstrategie nun unter Anleitung der Lehrkraft. Hier gibt sie zunächst einfache bis mittelschwere Wörter vor (z. B. bereits bekannte Wörter, zweisilbige Wörter), in denen der Auslaut b oder t ergänzt werden soll. Einige Kinder bearbeiten nacheinander modellhaft einfache Lösungsbeispiele an der Tafel und erklären das Vorgehen. Die Lehrkraft beobachtet die Lernenden bei der Bewältigung der Aufgaben, prüft die Richtigkeit der Ergebnisse und gibt Hinweise oder zusätzliche Erklärungen. Dabei modelliert sie die Lernstrategie »Verlängern« und bietet bei Bedarf weitere Stützstrategien an z. B. das bereits bekannte »Weiterschwingen«. Bei Lernfortschritten reduziert die Lehrkraft die Unterstützung behutsam, indem sie sich nach und nach aus der aktiven Helferrolle zurücknimmt und in die Beobachterrolle zurückgeht. Differenziertes Übungsmaterial sichert in dieser Phase das Lernen der Kinder nach ihrem Leistungsvermögen.

Das Kind mit sonderpädagogischem Unterstützungsbedarf im Schwerpunkt Lernen bearbeitet ein einfaches Beispiel an der Tafel oder am Arbeitsplatz, wenn es sich noch unsicher fühlt. Das Wortmaterial besteht zunächst aus ein- und zweisilbigen lautgetreuen Wörtern. Es wird bei der sprachlichen Modellierung der Strategie von der Lehrkraft oder der Sonderpädagogin begleitet. Das Kind erhält bei Bedarf zusätzliche Hilfen z. B. durch Vorsprechen der Wörter oder Einsatz von Bildkarten, um Wortinhalte zu unterstützen. Die Lehrkraft oder Sonderpädagogin antizipiert im Vorfeld, welche Hilfen angebracht sein könnten. Die dafür erforderlichen Materialien liegen bereit. Eine zweite einfache Beispielaufgabe wird nach dem gleichen Vorgehen erarbeitet. Weitere Aufgaben folgen. Dem Kind wird ausreichend Lernzeit zur Verfügung gestellt.

4. Schritt: Feedback und Fehlerkorrektur

Die Lernenden erhalten direkte Rückmeldungen von der Lehrkraft. Diese beziehen sich auf die Lernergebnisse und auf den Prozess der Bearbeitung der Aufgaben. Das Feedback erfolgt unmittelbar und wertschätzend. Es bezieht sich ausschließlich auf die vorherige Arbeitsphase. Die Lehrkraft verstärkt positiv bzw. gibt Hinweise.

> Das Kind mit sonderpädagogischem Unterstützungsbedarf im Schwerpunkt Lernen erhält ein unmittelbares Feedback von der Lehrkraft oder von der Sonderpädagogin, die die Übungsphase begleitet hat.

5. Schritt: Eigenständiges Üben

In dieser Phase üben die Lernenden ohne direkte Hilfe und Anleitung. Sie organisieren ihren Lernprozess, bearbeiten erste Aufgaben, kontrollieren diese und nutzen selbstständig die zur Verfügung gestellten Hilfsmaterialien. Die Lehrkraft beobachtet den Lernprozess des Einzelnen zunehmend aus der Ferne.

> In dieser Phase wird das Kind mit sonderpädagogischem Unterstützungsbedarf im Lernen durch die Lehrkraft oder die Sonderpädagogin intensiv begleitet. Es bearbeitet erst eine Aufgabe allein und danach eine weitere. Die Aufgaben entsprechen einem leichten Anforderungsniveau. Die Lehrkraft oder die Sonderpädagogin greift bei Bedarf auf Hilfen zurück. Sie setzen Stützangebote so direkt wie möglich. Die Hilfen werden ausgeblendet, sobald das Kind die Aufgaben allein bewältigt. Der Schwierigkeitsgrad von Aufgaben wird langsam gesteigert.

6. Schritt: Feedback und metakognitive Prozesse

Auch die Phase des selbstständigen Übens bedarf einer Rückmeldung durch die Lehrkraft. Das Feedback ist zunächst auf die Lernergebnisse gerichtet. Die Lehrkraft regt außerdem durch gezielte Fragen metakognitive Prozesse an: Wie bist du auf die Lösung gekommen? Was hast du dir genau angeschaut? Wie hast du deine Lösung überprüft? Was hat dich irritiert?

Die Lernenden betrachten die Phase des selbstständigen Übens aus der Metaebene. Sie beschreiben Lernvorgänge, indem sie sich selbst beim Lernen »beobachten«.

6 Zieldifferente Lernanforderungen im inklusiven Unterricht

 Die unterstützende Lehrkraft oder die Sonderpädagogin gibt dem Kind mit sonderpädagogischem Unterstützungsbedarf im Schwerpunkt Lernen nach jeder Aufgabe ein unmittelbares Feedback. Sie nutzt für das Feedback Bildkarten oder andere Möglichkeiten der Visualisierung. Metakognitive Prozesse werden durch die Formulierung von Satzanfängen begleitet. Sie stellt einfache Fragen und lässt sich das Vorgehen in der selbstständigen Arbeitsphase beschreiben. Was ist dir heute leichtgefallen? Was war schwer? Wie hast du angefangen?

7. Schritt: Rückblick und Erfolgskontrolle

In den nächsten Wochen gilt es, die erlernten Fähigkeiten weiter zu festigen, Gelerntes abzurufen und auf neue Sachverhalte zu übertragen. Die Strategie des Verlängerns wird auf Substantive mit Auslautverhärtungen b und d; g und k übertragen. In regelmäßigen Abständen wird der Lernfortschritt der Lernenden durch die Lehrkraft eingeschätzt. Sie nutzt dazu u. a. Beobachtungen in Arbeitsphasen, Resultate aus Arbeitsproben und Lernkontrollen sowie Ergebnisse der Lernverlaufsdiagnostik. Gespräche mit dem Kind vervollständigen das Bild des Lernerfolgs bzw. geben Aufschluss über Problemstellen. Die Lehrkraft klärt den Bedarf an erneuten Darbietungs- und Übungsphasen.

 Das Kind mit sonderpädagogischem Unterstützungsbedarf im Schwerpunkt Lernen lernt in seinem Lernrhythmus. Die zieldifferenten Lernangebote ermöglichen ihm die Anwendung des Gelernten auf seinem Lernniveau. Die Unterstützung erfolgt durch die Lehrkraft selbst, die Sonderpädagogin oder durch andere Kinder der Lerngruppe. Kleine Lernportionen in regelmäßigen Abständen sichern den vermittelten Lerninhalt. Durch die Lehrkraft wird eingeschätzt, ob das Kind das Lernziel erreicht hat und welcher Lernschritt nun folgen kann.

Direkte Instruktion in der unterrichtsintegrierten und unterrichtsergänzenden Förderung

Im Förderunterricht bietet sich die Methode *Direkte Instruktion* für Kinder mit Lernschwierigkeiten geradezu an. Fallen im Unterricht der Lerngruppe trotz direkter und kleinschrittiger Erarbeitung von Lerninhalten bei einzelnen Kindern Lernlücken auf, kann die Lehrkraft oder die sonderpädagogische Lehrkraft im Rahmen von

- unterrichtsintegrierter Förderung (z. B. während der Tagesplanarbeit)
- unterrichtsergänzender Förderung (z. B. in zusätzlichen Förderstunden)

sofort auf die Problemstellen reagieren. Sie führt eine Einzel- oder Kleingruppenförderung durch mit dem Ziel, den Kindern den Lernschritt noch einmal verständlich zu machen. Direktes Instruieren lässt sich für Kinder mit Lernschwierigkeiten problemlos in offene Lernsituationen einbetten. Meist entstehen gerade hier flexible Zeitfenster, die für die Bearbeitung von Problemstellen genutzt werden können. Bei einer Förderung in der Kleingruppe löst die Lehrkraft oder die Sonderpädagogin beispielsweise zwei bis drei Kinder aus der Lerngruppe heraus und trifft sich mit der kleinen Fördergruppe an einem Extratisch im Klassenraum oder Förderraum. Sie überprüft zunächst, welcher Lernschritt nicht verstanden wurde bzw. nicht gefestigt ist. Nun beginnt sie kleinschrittig mit der Instruktion. Sie orientiert sich an den modellhaften Instruktionen aus der Erarbeitungsphase und nutzt zusätzliche Stützstrategien, um den Kindern den Lernschritt noch einmal begreiflich zu machen. Dazu hat sie entsprechende Materialien vorbereitet. Jeder Lernschritt wird für das einzelne Kind so oft wiederholt, bis es in der Lage ist, den Lernschritt zunächst unter Anleitung und später selbstständig auszuführen. Ein Verbleib in diesen Settings ist durchlässig. Wer den Lernschritt verstanden hat, kann sich wieder in die geöffnete Lernsituation begeben und selbstständig an seinen Aufgaben weiterarbeiten.

Und wenn ein Kind den Lernschritt nicht versteht? Dann ist darüber nachzudenken, die Intensität der Förderung in der unterrichtsergänzenden Förderung zu erhöhen und Lernziele anzupassen.

6.5 Handlungsmöglichkeiten und Fallbeispiele zur Gestaltung eines zieldifferenten Unterrichtes in der Sekundarstufe

Schülerinnen und Schüler mit sonderpädagogischem Unterstützungsbedarf im Schwerpunkt Lernen können – wie in der Grundschule auch – im Sekundarstufenbereich in Regelschulen zielgleich oder zieldifferent unterrichtet werden. Es kommt »darauf an, dass verschieden kompetente Kinder und Jugendliche [...] miteinander tätig werden und sich miteinander neues Wissen und neue Fähigkeiten; kurzum: erweiterte Handlungsmöglichkeiten erarbeiten können«, wobei »sie von Erwachsenen unterschiedlicher Professionen unterstützt« werden (Sasse, 2014, S. 119). Wie bereits im Punkt 1.6 beschrieben, stellt der zieldifferente Unterricht in der Sekundarstufe eine ebenso große Herausforderung dar, denn zieldifferente Beschulung bedeutet ja nichts anderes, als dass die Kinder und Jugendlichen mit sonderpädagogischem Unterstützungsbedarf im Lernen Ziele erreichen sollen, die verschieden sind von denen der Regelschülerinnen und -schüler. Diese Ziele sind entweder in den Rahmenplänen des sonderpädagogischen Schwerpunktes Lernen verankert oder der Lehrplan der Regelschule wird für die Kinder und Jugendlichen, die zieldifferent beschult werden, individuell verändert, erweitert, verkürzt oder ergänzt (▶ Kap. 4.3). Auf diese Weise ein »gemeinsames Lernen« im eigentlichen Sinne weitestgehend zu ermöglichen, heißt, den Unterricht so zu planen, dass die Schülerinnen und Schüler einer Klasse völlig unterschiedliche Lernziele erreichen sollen und sich mitunter mit sehr verschiedenen Lerngegenständen befassen. Es ist wichtig, die Lernziele jeder einzelnen Schülerin und jedes einzelnen Schülers mit den erreichten Lernergebnissen abzugleichen und anzuerkennen, wenn diese übereinstimmen. Das gilt auch für kleinste Lernschritte.

Die Aufgabe der zieldifferenten Unterrichtsgestaltung ergibt sich auch in der Sekundarstufe der Regelschule daraus, dass die Heterogenität der Schülerschaft durch wachsende Unterschiede in den schulischen Leistungen zunimmt. Der Unterricht ist auf das Erreichen schulischer Abschlüsse ausgerichtet. Didaktische Gesichtspunkte eines inklusiven Fachunterrichts in der Sekundarstufe sind bislang nur wenig empirisch untersucht oder fachtheoretisch betrachtet. Aktuell fehlt es diesbezüglich an tragfähigen Erkenntnissen. »Dieser Umstand ist insofern bemerkenswert, da die schulische Realität diesbezüglich schon deutlich weiter ist als die theoretische Reflexion« (Thäle, 2020, S. 2).

Bei der Suche nach Maßnahmen, die das individuelle Lernen aller Schülerinnen und Schüler unterstützen und fördern, gehen die Gedanken am ehesten zum Lernen an gemeinsamen Lerngegenständen, und zwar auf unterschiedlichen Niveaustufen. Wesentlich für diese Herangehensweise ist die Erfassung der individuellen Lernvoraussetzungen für jede einzelne Schülerin und jeden einzelnen Schüler. Dies ist mit einem hohen Aufwand verbunden und erfordert eine Unterrichtskultur, zu der regelmäßige Lernstandsanalysen gehören. Aus den Erkenntnissen zu den Lernständen der Schülerinnen und Schüler sind jeweils adäquate Unterrichtsangebote abzuleiten, die mit Hilfe folgender Schritte in die Planung eines zieldifferenten Unterrichtes einfließen können:

6.5 Handlungsmöglichkeiten und Fallbeispiele zur Gestaltung

1. Auswahl des Unterrichtsthemas gemäß Rahmenplan bzw. schulinternem Curriculum
2. Festlegen der Lernziele auf der Grundlage der individuellen Lernausgangslage der Schülerinnen und Schüler
3. Planung von
   a) Unterrichtssequenzen,
   b) passenden Methoden,
   c) Sozialformen,
   d) Materialien,
   e) Lernräumen,
   f) Medien
4. Abstimmung zu Aufgaben im Team (z. B. Regelschullehrkraft, sonderpädagogische Lehrkraft, Schulbegleitung).

Die hier so reduziert dargestellten Planungsschritte stellen die Lehrkräfte besonders im Punkt 3 vor große Herausforderungen, wenn die Frage zu beantworten ist, welche Methoden denn passend erscheinen und praktikabel sind, um alle Schülerinnen und Schüler am gemeinsamen Lerngegenstand arbeiten lassen zu können. Kooperative Lernformen sind gut geeignet (Hattie & Zierer, 2018 b), zieldifferent zu unterrichten und die soziale Integration der Schülerinnen und Schüler mit sonderpädagogischem Unterstützungsbedarf im Schwerpunkt Lernen zu unterstützen. Allerdings gilt dies nicht uneingeschränkt, zeigen Schülerinnen und Schüler mit sonderpädagogischen Unterstützungsbedarf gerade in den Bereichen Einschränkungen, die als Voraussetzungen für ein Gelingen kooperativen Lernens gelten. Kooperative Lernformen können im inklusiven Unterricht dann »sinnvoll eingesetzt werden [...], wenn Hilfestellungen für die soziale Interaktion und zur Strukturierung des kooperativen Arbeitens gegeben werden« (Souvignier, 2016, S. 138).

> Beim kooperativen Lernen müssen Schülerinnen und Schüler » ... zusammen arbeiten um eine Anforderung zu bewältigen und das Gruppenergebnis setzt sich aus erkennbaren individuellen Beiträgen zusammen« (Souvignier, 2007, S. 453).

Notwendige Voraussetzungen für das Gelingen kooperativen Lernens sind gegenseitige Hilfsbereitschaft und eine vertrauensvolle Zusammenarbeit der Schülerinnen und Schüler. Sie sollten bereit und in der Lage sein, sich zu helfen, zu unterstützen und einander zuzuhören. Als weitere Voraussetzungen für kooperatives Lernen gelten, sich ausreden zu lassen, zu wissen, wie man richtig nachfragt, und einander ein wertschätzendes Feedback geben zu können. Über die Reflexion kooperativer Lernphasen findet die Lerngruppe Methoden, die den bestmöglichen Lernerfolg im Hinblick auf das fachliche und das soziale Lernen ermöglichen (Souvignier, 2007).

Mit der Methode Gruppenpuzzle wird eine Form des kooperativen Lernens in das Blickfeld gerückt, die ausgesprochen geeignet erscheint, zieldifferentes Lernen in einer heterogenen Lerngruppe umzusetzen. Die Schülerinnen und Schüler arbeiten tatsächlich zusammen am gemeinsamen Lerngegenstand und können dabei alle ihre jeweils eigenen Lernziele erreichen.

Gruppenpuzzle

Das Gruppenpuzzle ist als Methode auch bekannt unter den Bezeichnungen Jigsaw-Methode, Expertengruppenmethode oder Infopuzzle. Es handelt sich um eine spezielle Variante der Gruppenarbeit, die besonders zweckmäßig ist, alle Schülerinnen und Schüler einer heterogenen Lerngruppe einzubeziehen. In kooperativer Zusammenarbeit werden Fachtexte zu einem Unterrichtsinhalt erschlossen. Dies geschieht mit Hilfe niveaudifferenzierter Textpassagen, die jeweils einen Aspekt des übergeordneten Themas beleuchten.

Das Gruppenpuzzle folgt einer festgelegten Abfolge von Arbeitsschritten, die die Schülerinnen und Schüler schnell und problemlos verinnerlichen, wenn das Gruppenpuzzle zu einer ritualisierten Unterrichtsmethode wird.

Die vorbereitende Aufgabe der Lehrkraft besteht darin, das zu bearbeitende Thema in Teilthemen zu zerlegen. Dabei ist darauf zu achten, die Texte und ggf. die dazugehörigen Fragestellungen an die individuellen Lernvoraussetzungen der Lernenden anzupassen. Es muss jeder Schülerin und jedem Schüler möglich sein, den Text sinnerfassend erlesen, mit eigenen Worten die wesentlichen Inhalte wiedergeben und Fragen zum Text beantworten zu können.

Die entsprechenden Arbeitsaufträge und Arbeitsmaterialien sind durch die Lehrkraft bereitzustellen und Überlegungen für die Gruppeneinteilung vorzunehmen. Im Klassenraum stehen Gruppentische mit Bezeichnungen. Möglicherweise werden zusätzliche Räume für die Kleingruppenarbeit zur Verfügung gestellt. Materialien zur Ergebnissicherung, z. B. Arbeitsblätter oder Moderationswerkzeuge wie Flipchartpapier und Stifte sollten bereitliegen.

Ablauf

Phase 1 – Stammgruppe

Die Schülerinnen und Schüler finden sich in ihrer Stammgruppe zusammen. Gegebenenfalls erfolgt einleitend ein kurzer gemeinsamer Austausch zum übergeordneten Thema oder Absprachen zur Organisation der Lernmethode.
Jedes Stammgruppenmitglied erhält ein Teilthema des Lerngegenstandes. Alle Schülerinnen und Schüler werden zu zukünftigen Experten zu diesem Aspekt des Lerngegenstandes.
Die Anzahl der Teilthemen bestimmt die Größe der Stammgruppen. Die Gruppengröße sollte zwischen vier und sechs Lernenden liegen. Entsprechend der Klassengröße können auch Parallelgruppen gebildet werden.
Die Stammgruppen sind im inklusiven Unterricht vorzugsweise heterogen zusammengesetzt. Dies ermöglicht, dass sich alle Schülerinnen und Schüler einbringen. Leistungsstarke Schülerinnen und Schüler sollten jedoch nicht nur die Rolle der »Hilfslehrkraft« einnehmen, sondern sich auf ihren eigenen Wegen und in ihrem Tempo die entsprechenden Lerninhalte aneignen können. Eine Differenzierung lässt sich in dieser Methode gut umsetzen, indem diese Gruppe von Lernenden anspruchsvollere Themen bearbeitet. Davon wiederum profitieren alle Schülerinnen und Schüler in der 3. Phase des Gruppenpuzzles, wenn die erarbeiteten Ergebnisse zusammengetragen werden.

Phase 2 – Expertenrunde

Die Stammgruppen werden aufgelöst und alle Schülerinnen und Schüler, die das gleiche Teilthema bearbeiten, finden sich in der Expertenrunde zusammen.
Der Textabschnitt soll in Einzelarbeit gelesen und so verstanden werden, dass der Inhalt für die Mitglieder der Stammgruppe, die diesen Ausschnitt aus dem Gesamtthema nicht kennen, wiedergegeben werden kann. Um dies sicherzustellen, werden die Texte zum Teilthema in der Expertenrunde gemeinsam bearbeitet. Dafür geben sich die Gruppenmitglieder gegenseitig den Inhalt wieder und besprechen ihre Erkenntnisse bzw. die Antworten auf die Fragen zum Text. Leitfragen zu den wesentlichen inhaltlichen Punkten dienen als Hilfestellung zur Erarbeitung des Stoffes. Gemeinsam wird die Aufgabe diskutiert und auf ihre Kernaussagen hin überprüft.
Die Präsentation der Inhalte des Teilthemas wird in der Expertenrunde vorbereitet, z. B. mündlich oder mit Hilfe von Notizen oder Visualisierungen.

Phase 3 – Stammgruppe

Alle Schülerinnen und Schüler finden sich wieder in ihrer Stammgruppe zusammen, die nunmehr aus Experten zu verschiedenen Teilthemen des Unterrichtsgegenstandes besteht.

Jedes Gruppenmitglied vermittelt den anderen sein Expertenwissen. Die anderen Stammgruppenmitglieder hören aufmerksam zu und nehmen das neue Wissen auf.

Das Vortragen der Inhalte aller Teilthemen führt zu einem Gesamtbild und gemeinsamen Verständnis zum Lerngegenstand. Am Ende dieser Runde sollen alle Mitglieder der Stammgruppe über Kenntnisse zu allen Teilthemen verfügen. Nachfragen oder eine Diskussion zu den einzelnen Teilthemen sind möglich.

Phase 4 – Ergebnissicherung

In welcher Form die Sicherung der Lernergebnisse des Gruppenpuzzles erfolgt, entscheidet die Lehrkraft je nach didaktisch-methodischer Einbettung des Lerngegenstandes. Verschiedene Formen sind denkbar: Lernquiz, Kurzaufsatz, Test, Poster etc.

Die Anwendung des erworbenen Wissens auf folgende Aufgabenstellungen und Unterrichtsinhalte fördert die Festigung und den Transfer des im Gruppenpuzzle erworbenen Wissens.

Die Methode des Gruppenpuzzles bietet verschiedene Möglichkeiten zur individuellen Förderung von Schülerinnen und Schülern mit sonderpädagogischem Unterstützungsbedarf im Schwerpunkt Lernen. Alle Schülerinnen und Schüler der heterogenen Lerngruppe sind in das Gruppenpuzzle einbezogen und zur Mitarbeit verpflichtet. Niemand kann sich aus dem Lernprozess zurückziehen oder hinter der Leistung der Mitschülerinnen und Mitschüler verstecken. Dadurch wird ein hohes Maß an Lernaktivität aller Lernenden erzeugt. In Gruppen, die leistungsheterogen zusammengesetzt sind, ist zuweilen zu beobachten, dass sich gerade leistungsschwächere Schülerinnen und Schüler entweder unsicher zurückhalten oder gar entspannt zurücklehnen, im Vertrauen darauf, dass die leistungsstärkeren Mitschülerinnen und Mitschüler die Aufgabe gewiss lösen und sie sich auf deren Lernergebnissen »ausruhen« können. Diese Gefahr besteht im Gruppenpuzzle nicht, da diese Methode eine positive Abhängigkeit hervorruft. Eine positive Abhängigkeit ist dann gegeben, wenn alle Lernenden

- ein gemeinsames Ziel verfolgen,
- danach streben, dass die anderen Teammitglieder auch Erfolg haben,

- gegenseitige Verantwortung übernehmen und
- sich gegenseitig unterstützen und helfen (Becker & Ewering, 2021).

Die Lehrkraft nimmt während des Gruppenpuzzles eine beobachtende und beratende Rolle ein. Dadurch kann auf Lernschwierigkeiten unmittelbar reagiert werden. Im Rahmen der Gestaltung eines zieldifferenten Unterrichtes können die Lerninhalte gemäß einer Individualorientierung (▶ Kap. 6.3) an individuell festgelegte Lernziele angepasst werden.

Die Kinder und Jugendlichen mit sonderpädagogischem Unterstützungsbedarf im Schwerpunkt Lernen können in dieser kooperativen Lernform an verschiedenen Stellen scheitern (Becker & Ewering, 2021). Werden Arbeitsaufträge nicht verstanden, ist das Aufgabenverständnis an jedem Punkt des Gruppenpuzzles sicherzustellen. Transparente, alters- und leistungsangemessene Zeitvorgaben für die einzelnen Phasen des Gruppenpuzzles schaffen Transparenz im Arbeitsprozess, der für diese Lernenden besonders wichtig ist und Sicherheit bietet. Verzögerungen können vermieden und ein unverzüglicher Arbeitsbeginn ermöglicht werden. Bei Schülerinnen und Schülern, die zieldifferent beschult werden, ist in diesem Zusammenhang besonders auf die Wahl geeigneter Unterrichtsmaterialien zu achten. Die Lernenden sollten die Aufgaben auf einem mittelhohen Anforderungsniveau bewältigen. Das bedeutet, dass sie sich sicher sein können, von der Lehrkraft Aufgaben gestellt zu bekommen, die für sie prinzipiell lösbar sind, dafür aber Lern- und Leistungsmotivation sowie Anstrengungsbereitschaft vonnöten sind. Um den Gruppenmitgliedern Arbeitsergebnisse zu erklären oder sich in eine Diskussion zu begeben, sind unter Umständen zusätzliche Hilfen wie Formulierungshilfen, Satzanfänge oder eine individuelle Begleitung durch personelle Unterstützung erforderlich.

Kooperative Lernformen weisen ein hohes Potential für Förderung sozialer Kompetenzen und für die Wissensvermittlung aller Schülerinnen und Schüler in der heterogenen Lerngruppe auf, jedoch ist für die zieldifferente Unterrichtung von Schülerinnen und Schülern mit sonderpädagogischem Unterstützungsbedarf im Schwerpunkt Lernen ein differenzierter Zugang zu diesem Konzept nötig, um ausgewählte Methoden des kooperativen Lernens gewinnbringend in Lehr-Lernsituationen einzusetzen (Souvignier, 2016).

Bei der Suche nach Maßnahmen, die das individuelle Lernen aller Schülerinnen und Schüler unterstützen und fördern, trifft man auf ein weiteres wirksames Instrument zur erfolgreichen Förderung der Lernleistungen von Schülerinnen und Schülern: das Feedback (Hattie & Zierer, 2018a). Die Wirkung dieser Unterrichtsmethode »… ist deutlich größer als die aller anderen von der Schule und den Lehrkräften beeinflussbaren Faktoren, z.B. Team-Teaching,

Verringerung der Klassengröße oder jahrgangsübergreifendes Lernen« (Berger, Granzer, Looss & Waack, 2013, S. 25). Im zieldifferenten Unterricht ermöglicht es den Lehrkräften, den Lernenden individuelle Rückmeldungen zu ihrem Lernprozess zu geben und somit wertvolle Effekte auf die Steigerung von Lernleistungen zu erzielen.

Feedback

Rückmeldungen der Lehrkraft an die Schülerinnen und Schüler reduziert auf »Falsch!« oder »Gut gemacht!« und von Lernenden an die Lehrkräfte mit Worten wie »Ich habe wieder nichts verstanden!« gehören mittlerweile in den meisten Schulen der Vergangenheit an.

Vielmehr beobachten Lehrkräfte als auch Lernende den Lernprozess genau und geben Rückmeldungen dazu, was schon gut gelingt und an welchen Stellen es noch mehr Anstrengung oder Bemühen braucht. Wechselseitig wird zurückgemeldet, welche Schritte an welcher Stelle fehlen oder sinnvoll sind, um die Lernziele zu erreichen. Diese Form der Lernprozessbegleitung wird als formatives Feedback bezeichnet. Feedback soll dazu dienen, einem lernenden Individuum Fortschritte zu verdeutlichen und positive Errungenschaften zu loben. Gleichzeitig dient es jedoch auch dem Ziel, Menschen zur Reflexion anzuregen, Lernfortschritte zu unterstützen und sie in weiterführende Richtungen denken zu lassen (Behnke, 2016).

»Sinn von Feedback ist es, durch Informationen den Lernprozess zu verbessern« (Vierbuchen & Bartels, 2019, S. 21).

Feedback erfolgt nicht nur aus der Sicht der Lehrkraft an die Lernenden, sondern kann auch von den Lernenden ausgehen, um Lehrkräften tiefere Einblicke in die Wahrnehmung und die Wirksamkeit von Unterricht zukommen zu lassen. Feedback im Unterricht bedeutet, dass sich zwei oder mehrere Personen in methodisch strukturierten Rückmeldungen und Gesprächen Erfahrungen mit Lernprozessen und Lernarrangements mitteilen, um daraus für eine gemeinsame Weiterentwicklung des Lernens, des Lehrens und gegebenenfalls der schulischen Bedingungen zu lernen (Bastian, Combe & Langer, 2016).

Da in der schulischen Praxis Feedbackprozesse zuweilen intuitiv und unbewusst ablaufen, ist die Frage zu stellen, wie Feedback eingesetzt werden kann, damit es im inklusiven Unterricht die gewünschte Wirkung zeigt?

6.5 Handlungsmöglichkeiten und Fallbeispiele zur Gestaltung

Beim Feedback im Unterricht werden wesentliche Rückmeldungen und Reflexionen zu Lehr- und Lernprozessen gegeben und eingeholt. Potenziale, die für das Lehren und Lernen zur Verfügung stehen, werden ebenso aufgezeigt wie mögliche Hindernisse. Feedback bezieht sich auf den eigentlichen längerfristigen Lernprozess, d. h. darauf, wie Lernprozesse ablaufen und wie es zum Erreichen angestrebter Lernziele kommt. Es geht nicht um Lernergebnisse, die summativ, z. B. in Form von Noten, erhoben werden.

Feedback setzt im Verlauf des Lernprozesses an und trifft Aussagen dazu, wie künftiges Lernen verbessert werden kann.

Um erfolgreich zum Einsatz zu kommen, muss Feedback laut Vierbuchen und Bartels (2019) die folgenden Facetten enthalten: Motivation, Bezug zu Lernzielen, Information über Leistungen und Berücksichtigung des Leistungsstandes.

Lehrkräfte sind häufig bestrebt, Schülerinnen und Schüler durch Lob für die weitere Lerntätigkeit zu motivieren. Hierbei besteht die Gefahr, dass eine personenbezogene positive Rückmeldung in Bezug auf eine subjektiv als sehr einfach empfundene Aufgabe als Herabsetzung verstanden werden kann. Erfolgt Lob auf diese Weise, legt dies den Lernenden mitunter nahe, dass Begabungen als niedrig eingeschätzt werden und die Erwartungshaltung der Lehrkraft eher gering ist. Feedback sollte also nicht mit Lob verwechselt werden, da das dazu führen kann, dass Feedback an Wirkung verliert (Hattie, 2013). Ein Lob, das sich auf die Person der Schülerin oder des Schülers bezieht, beinhaltet keine für das Lernen relevante Informationen. Ein leistungsbezogenes Lob unter dem Motto »Das hast du richtig gut gemacht!« hingegen ermöglicht es der Schülerin oder dem Schüler, den eigenen Lernprozess in den Blick zu nehmen. Personenbezogene Wertschätzung sollte sich unabhängig von schulischer Leistung zeigen und ist daher eher nicht als Rückmeldung bezüglich des konkreten Lernprozesses geeignet.

Transparente Lernziele bilden eine Grundlage für die Wirksamkeit von Feedback. Lernende erhalten im Unterrichtsverlauf Rückmeldungen dazu, an welcher Stelle im Lernprozess sie sich befinden. Diese Informationen werden in Bezug zu den avisierten Zielen gesetzt. Daraus können Schlussfolgerungen gezogen werden, was zur Erreichung der Lernziele noch benötigt wird bzw. welche Lerntätigkeiten zu überlegen oder besonderen Anstrengungen zu unternehmen sind.

Feedback ergibt sich nach Hattie (2013) aus folgenden Perspektiven:

- Auf der Ebene des *Feed-Up* soll es mit Fragestellungen wie
  - Was will ich erreichen?
  - Welche Ziele habe ich?

um die Intentionen für das Beschäftigen mit dem Lerngegenstand gehen. Zu erreichende Lernziele sind ebenso klar zu benennen wie die Kriterien, die den Lernerfolg letzten Endes bestimmen.

- Die *Feed-Back*-Ebene lenkt mit Fragen wie
  - Was habe ich bisher erreicht?
  - Wie weit bin ich vom Lernziel entfernt?
  - Wie komme ich voran?

den Fokus auf den Lernprozess. An dieser Stelle gibt es ggf. Überlegungen zu anderen Herangehensweisen oder alternativen Lernstrategien.

- *Feed-Forward* beinhaltet die Rückmeldungen zu Fragen wie
  - Was sind die nächsten Schritte auf dem Weg zum Lernziel?
  - Was möchte ich im nächsten Lernschritt erreichen?
  - Wie geht es danach weiter?

Die Schülerinnen und Schüler beobachten ihr Lernen und schätzen sich bezüglich ihrer Fähigkeiten zur Bewältigung sich anschließender Aufgaben ein.
  Diese drei Lernebenen greifen im Unterricht idealerweise eng ineinander. Auf der Grundlage der individuellen Lernvoraussetzungen der Schülerinnen und Schüler werden die Lernziele klar formuliert, Lernstrategien vermittelt und die Lernenden für bevorstehende Lernaufgaben befähigt.
  Jede dieser Fragen wirkt auf vier Ebenen (Hattie & Zierer, 2018a). Erfolgreiches Feedback berücksichtigt die leistungsbezogene Ebene (Ebenen der Aufgabe, des Prozesses und der Selbstregulation) und die persönlichkeitsbezogene Ebene (Ebene des Selbst). Die Effekte des Feedbacks auf die Steigerung von Lernleistungen sind vor allem der Ebene der Aufgabe, des Prozesses und der Selbstregulation zurückzuführen.

Aufgabe	Prozess	Selbstregulation	Selbst
Wie gut wurde die Aufgabe verstanden/ erledigt?	Was muss getan werden, um die Aufgabe zu verstehen/ zu meistern?	Selbstüber- wachung, -steuerung und -regulation der Aktivitäten	Persönliche Bewertung und Effekt (gewöhnlich positiv) auf die Lernende/ den Lernenden

Abb. 6.2: Ebenen des Feedbacks (Hattie & Zierer, 2018a)

6.5 Handlungsmöglichkeiten und Fallbeispiele zur Gestaltung

Auf der *Aufgabenebene* (▶ Abb. 6.2) erfolgt das Feedback zum Aufgabenverständnis und dazu, ob eine Aufgabe richtig oder falsch gelöst wurde. Das Feedback ist »möglichst unmittelbar und nah am Lernvorgang zu organisieren« (Reich, 2014, S. 281). Die Wirksamkeit des Feedbacks auf dieser Ebene wird durch das Erkennen von Gründen für falsche Ergebnisse sowie Hinweise und Impulse zu Lösungsstrategien eher erhöht als durch eine bloße Angabe der Fehlerzahl oder durch eine Note.

> Schülerinnen und Schüler mit sonderpädagogischem Unterstützungsbedarf im Schwerpunkt Lernen machen erfahrungsgemäß mehr Fehler als ihre leistungsstärkeren Mitschülerinnen und Mitschüler und erbringen zuweilen trotz zieldifferenter Lernanforderungen schlechtere Noten. Schulnoten liefern indes keine Information über die erreichten Kompetenzen. Ohne ein aufgabenbezogenes Feedback kann nicht an den Lernfeldern weitergearbeitet werden. Das Hauptaugenmerk des Feedbacks auf der Aufgabenebene sollte nicht auf dem Lernergebnis liegen, sondern den Lernprozess in den Blick nehmen (Berger, Granzer, Looss & Waack, 2013).

Rückmeldungen zum Lernprozess liefert die *Prozessebene* (▶ Abb. 6.2). Beleuchtet wird der Weg, der für das Lernen gewählt wurde und ob dieser geeignet war, um das Lernziel zu erreichen.

Damit wird die Fähigkeit Lernender, eigene Fehler zu finden, gefördert. Schülerinnen und Schülern im zieldifferenten Unterricht fällt es bekanntermaßen schwer zu erkennen, dass aus Fehlern gelernt werden kann. Fehler werden stattdessen eher als Hinweis auf das eigne Unvermögen wahrgenommen. Die Lehrkraft sollte sich darum bemühen, eine Passung zwischen dem, was die Lernenden zu dem Zeitpunkt können, und zu dem, was zum Lerninhalt verstanden werden soll, herzustellen und beide Aspekte entsprechend ins Verhältnis zu setzen. Jede einzelne Schülerin und jeder einzelne Schüler ist bezüglich seiner individuellen Lernwege, seiner spezifischen Interessen und seiner motivationalen Lage genau wahrzunehmen, um Rückmeldungen konkret anpassen zu können. Das Feedback bezieht sich möglichst genau darauf, was die einzelne Schülerin oder der einzelne Schüler gelernt hat, welche Lernstrategien genutzt wurden und welche Schlussfolgerungen sich daraus für weitere Lernschritte ergeben.

6 Zieldifferente Lernanforderungen im inklusiven Unterricht

Während für die Lernenden im zielgleichen Unterricht Impulse zum Nachdenken über andere Lernwege hinreichend sein können, benötigen Schülerinnen und Schüler mit sonderpädagogischem Unterstützungsbedarf im Schwerpunkt Lernen individualisierte und sehr konkrete Hinweise darauf, welche weiteren Lösungswege möglich oder welche Lernstrategien gegebenenfalls geeigneter wären. Rückmeldungen zu einzelnen Teilschritten des Lösungsprozesses oder das erneute Erklären ausgewählter Herangehensweisen kann diese Gruppe von Lernenden deutlich unterstützen, um ein tiefergehendes Verständnis auf der Prozessebene zu erreichen.

Die Fähigkeit zur *Selbstregulation* (▶ Abb. 6.2) wird mittels Feedback dahingehend reflektiert und befördert, dass eigene Lernwege beobachtet und die Lernenden in die Lage versetzt werden, sich selbst realistisch einzuschätzen. Ziel ist die Förderung der Selbstbeurteilung als »... eine selbstregulierende Fertigkeit von Lernenden, die es ihnen ermöglicht, ihre Fähigkeiten, ihr Vorwissen und ihr metakognitiven Strategien einzuschätzen und dadurch ihr Lernen selbst zu planen, zu überprüfen und zu korrigieren« (Berger, Granzer, Looss & Waack, 2013, S. 28).

Schülerinnen und Schülern mit sonderpädagogischem Unterstützungsbedarf im Schwerpunkt Lernen zeigen häufig Unsicherheiten in ihrer Selbstregulation. So treten Schwierigkeiten in den Bereichen Selbstkontrolle und Selbstdisziplin auf. Es scheint daher wichtig zu lernen, Feedback-Informationen einzuholen und diese dann auch anzunehmen. Es ist sicherzustellen, dass diese Rückmeldungen richtig verstanden werden und eine Umsetzung im Lernprozess möglich wird.

Ein Feedback auf der persönlichkeitsbezogenen Ebene bezieht sich auf das Selbst (▶ Abb. 6.2) und hat kaum Effekte auf die Lernleistung, da keine Informationen zum Lernprozess enthalten sind (Vierbuchen & Bartels 2019). Vielmehr kann sich diese Form des Feedbacks negativ auf Lernprozesse auswirken, wenn die Schülerin oder der Schüler das Gesagte auf sich selbst bezieht.

Auf allen Feedback-Ebenen sind die Rückmeldungen mit »... Blick auf die heterogene Schülerschaft in inklusiven Klassen und die gesteigerten Anforderungen hinsichtlich der Adaption des Unterrichts an die individuellen Bedürfnisse der Schülerinnen und Schüler ...« anzupassen (Schwab, Goldan & Hoffmann, 2019, S. 96).

Im zieldifferenten Unterricht sollte das Feedback nicht darauf gerichtet sein, was die Schülerinnen und Schüler mit sonderpädagogischem Unterstützungsbedarf im Schwerpunkt Lernen noch nicht können, sondern vielmehr darauf, was ihnen zum Erreichen ihrer individuellen Lernziele noch fehlt. Feedback gelingt, wenn sich Lehrkräfte und Schülerinnen und Schüler regelmäßig gegenseitig zurückmelden, was notwendig erscheint, damit bestmöglich gelernt werden kann und sich dabei alle wohlfühlen.

7

Schulentwicklungsbezogene Aspekte – ein stabiles Fundament errichten

7.1 Von der Förderkonzeption zur Förderplanung

Mit dem Schulprogramm legt eine Schule dar, welche grundsätzlichen Ziele mit der Bildungs- und Erziehungsarbeit verfolgt werden und von welchen Leitgedanken das pädagogische Handeln aller getragen ist.

Viele Schulen setzen sich im Zuge ihrer Schulprogramm(weiter)entwicklung intensiv mit der Erstellung einer schulischen Förderkonzeption auseinander, d. h. sie überlegen, wie individuelle Förderung an der Schule gedacht und umgesetzt werden soll und schreiben dieses Vorgehen fest. Hierzu gehören Überlegungen zur prozessimmanenten Förderdiagnostik und zur Förderplanung ebenso wie der Transfer zur unterrichtlichen Umsetzung. »Das schuleigene Förderkonzept ist prozessartig angelegt und bedarf der regelmäßigen Evaluation und Fortschreibung« (Braun & Schmischke, 2010, S. 115). Der Erstellung einer Förderkonzeption kann sich mittels verschiedener Fragestellungen genähert werden:

Inhaltlicher Bereich

- Wie bildet sich Heterogenität in unserer Schülerschaft ab?
- Gibt es Kinder oder Jugendliche
  - mit sonderpädagogischem Unterstützungsbedarf?
  - mit Teilleistungsstörungen?
  - mit einer Hochbegabung?
  - ...
- Gibt es weitere Kinder oder Jugendliche mit einem pädagogischen Bedarf an individueller Förderung über die binnendifferenzierenden Maßnahmen im Unterricht hinaus?
- ...

Sachstruktureller Bereich

- Welche förderkonzeptionellen Aspekte sind bereits im Schulprogramm enthalten?
- Welchen Stellenwert soll die individuelle Förderung an unserer Schule innehaben?
- Finden sich konkrete Förderstunden in der Stundentafel wieder?
- Sind die eingesetzten Lehrkräfte entsprechend qualifiziert?
- Wie werden Vertretungsstunden an der Schule geregelt? Fallen immer zuerst die Förderstunden aus?
- Welche förderdiagnostischen Instrumente stehen zur Verfügung?
- ...

Kooperativer Bereich

- Wer gehört zum multiprofessionellen Team?
- Wer bringt sich mit welcher Expertise ein?
- Welches Teammitglied übernimmt welche Rolle im Förderprozess?
- Welche weiteren Qualifikationen sind notwendig?
- Wie werden Teamsitzungen organisiert?
- Wie erfolgt die Zusammenarbeit mit den Eltern?
- ...

Organisatorischer Bereich

- Welche Schülerin und welcher Schüler braucht welche individuelle Förderung?
- Wie organisieren wir die Bildung von Fördergruppen?

- Welche stundenplanerischen Aspekte sind zu beachten?
- Stehen entsprechende Räumlichkeiten für die Förderstunden zur Verfügung?
- Welche Kriterien liegen der Auswahl von Fördermaterialien zugrunde?
- Ist der Förderunterricht entsprechend sachlich ausgestattet?
- Wie erfolgt die Evaluation des schulischen Förderkonzeptes?
- ...

Förderkonzeptionelles Handeln kann am ehesten auf der Grundlage eines gemeinsamen Verständnisses von individueller Förderung (▶ Kap. 3.2) umgesetzt werden und setzt eine offene, konstruktive und kommunikative Atmosphäre voraus.

7.1.1 Wie gelingt effektive Förderplanung?

Agieren die Lehrkräfte einer Schule im Sinne der Umsetzung ihrer in der Förderkonzeption entwickelten Richtlinien zur individuellen Förderung der Schülerinnen und Schüler, wird die Förderplanung zu einem unverzichtbaren Instrument werden. Ein Förderplan trägt dazu bei, auf der Grundlage der Lernvoraussetzungen eines Kindes entsprechende Fördermöglichkeiten abzuleiten und zu realisieren.

Im schulischen Alltag wird die Förderplanung oft noch als große Mehrbelastung erlebt. Dies scheint besonders darin begründet, dass die Erarbeitung eines Förderplanes – z. T. aufgrund fehlender Routinen – viel Zeit in Anspruch nimmt. Auch das Formulieren klarer Zielstellungen sowie das Ableiten adäquater Fördermaßnahmen fällt mitunter schwer.

Im Widerspruch zum subjektiv als hoch empfundenen Aufwand der Förderplanerstellung steht sein Nutzen. Immer noch viel zu oft verschwinden die Förderpläne in Schülerakten oder Schreibtischschubladen. Sie kommen erst wieder zum Vorschein, wenn die mittlerweile bundesweit verankerten Verordnungen und Erlasse es vorsehen.

Ein Förderplan ist kein Allheilmittel, eben so wenig kann er eine »... positive Einstellung zur Inklusion schaffen und er verändert auch nicht die personellen und materiellen Rahmenbedingungen, aber er kann ein wichtiges Hilfsmittel bei der Gestaltung inklusiver Bildungsprozesse sein« (Popp, Melzer, Methner, 2017, S. 9).

Wenn es also gelingt, Förderplanung nicht nur als Mittel zur Umsetzung einer individuellen Förderung zu verstehen, sondern Förderpläne auch effektiv und zeiteffizient erstellen zu können, wird ein Kollegium den großen Mehrwert dieses Instrumentes zunehmend schätzen lernen.

7.1 Von der Förderkonzeption zur Förderplanung

> »Der Förderplan als Produkt ist ein Plan zur Förderung von Schülerinnen und Schülern mit sonderpädagogischem und pädagogischem Förderbedarf oder denjenigen, die von Schulversagen bedroht sind. Er ist die Verschriftlichung des Prozesses und eine Voraussetzung für die Qualität schulischer Förderung, beschreibt die Ziele der Förderung sowie zu ergreifende Maßnahmen« (Melzer, 2014, S. 126).

Für wen Förderpläne zu erstellen sind, ist in den entsprechenden Verordnungen und Erlassen des jeweiligen Bundeslandes geregelt. Zur Personengruppe gehören in jedem Falle Schülerinnen und Schüler mit sonderpädagogischem Unterstützungsbedarf.

Die Menschenbildannahmen, die der Förderplanung zugrunde gelegt werden, entscheiden darüber, wie mit den Kindern und Jugendlichen im Förderplanprozess umgegangen und wie auf sie geschaut wird, d. h. welche Fähigkeiten und Fertigkeiten man ihnen zutraut oder eben auch abspricht. Die an dieser Stelle postulierten Aussagen orientieren sich an einem humanistischen Menschenbild.

> »Der Mensch ist ein universelles, ganzheitliches Wesen, welches von seinen generellen Möglichkeiten her (potentiell) die Fähigkeiten des Denkens, einschließlich des Entscheidens und Wollens, des Fühlens, des Sprechens und Handelns besitzt. Bezugssystem dieser potentiellen Fähigkeiten sind dessen Körperlichkeit und Spiritualität einerseits sowie die Umwelt, Sozialität und Historizität andererseits. Der Mensch kann zu sich selbst in Beziehung treten (Intraaktion) und zu seiner Umwelt, insbesondere zu seinen Mitmenschen (Interaktion). Er ist ein potentiell aktives Wesen« (Mutzeck, 2008, S. 205).

Diese Annahmen haben für alle am Förderplanprozess beteiligten Personen Gültigkeit. Auch für das jeweils betrachtete Kind, völlig unabhängig von seinen individuellen Voraussetzungen in den Bereichen Kognition, Sprache, Verhalten, Wahrnehmung, Motorik usw. Ganz konkret heißt das, dass auch eine Schülerin oder ein Schüler mit sonderpädagogischem Unterstützungsbedarf im Schwerpunkt Lernen etwas dazu sagen kann und soll, welche Förderbereiche aktuell besonders wichtig erscheinen und warum. Wird über seinen Kopf hinweg entschieden, werden die Förderziele des Förderplans ungleich schwerer zu erreichen sein. Spielt bspw. die Ordnung am Arbeitsplatz und im Ranzen für das Kind momentan eher eine untergeordnete Rolle, weil die

Probleme in der Rechtschreibung als viel gravierender und bedrohlicher wahrgenommen werden, sollte die Festlegung der Förderbereiche genau auf Rechtschreibung ausgerichtet sein. Der Punkt *Ordnung am Arbeitsplatz* ist in diesem Falle zurückzustellen, ganz gleich, wie sehr sich die Lehrkraft durch die Unordnung gestört fühlt und wie sehr der Eindruck entsteht, dass das Kind durch einen geordneteren Arbeitsplatz und vollständige Lernmaterialien im Ranzen an effektiver Lernzeit gewinnen würde.

Förderpläne werden einen hohen Nutzen für die individuelle Förderung der Schülerinnen und Schüler erbringen, wenn sie mehrere Funktionen erfüllen.

Tab. 7.1: Funktionen von Förderplanung (Popp, Melzer & Methner, 2017)

	Funktionen von Förderplanung	
Elementare Funktionen	Zielführende Funktion (im Unterricht und außerhalb)	zielgerichtetes Vorgehen bei der Förderplanarbeit
		gezielte Förderung sowie Zielvereinbarung und -fokussierung des ausführenden Teams
	Strukturierende Funktion	Strukturierung des Förderplanprozesses bzgl. der Planungs- und Evaluierungsphasen
		Strukturierung individueller Förderbereiche
	Legitimations- und Dokumentarfunktion	Ziele der individuellen Förderung werden beschrieben
		Verlauf der Förderung wird ggf. dokumentiert
		Förderplanung als Grundlage für Feststellung sonderpädagogischen Unterstützungsbedarfes
		Begründung für Schullaufbahnempfehlung
	Evaluationsfunktion	Überprüfung der Entwicklung des Kindes
		Kontrolle der eigenen Lehrtätigkeit und der Förderung
Erweiterte Funktionen	Transparenzfunktion	Transparenz auf Inhalts-, Prozess- und Beziehungsebene
		Förderung der Teamarbeit
	Zielbindungsfunktion	starke Zielbindung grundlegend für zielführende Funktion
		Die Zielbindung »bezieht sich auf das Ausmaß, in dem eine Person sich einem Ziel verpflichtet fühlt, es durch Ressourceninvestition tatsächlich auch erreichen will und die Zielverfolgung selbst angesichts von Rückschlägen und Widerständen nicht aufgibt«.

Tab. 7.1: Funktionen von Förderplanung (Popp, Melzer & Methner, 2017) – Fortsetzung

Funktionen von Förderplanung		
Erweiterte Funktionen	Koordinierende Funktion	Austausch und Weitergabe von Informationen (bei Wahrung der Schweigepflicht)
		Kooperation mit anderen Lehrkräften, kooperierenden Einrichtungen, Eltern
		ganzheitliches Handeln aller Beteiligten
	Refraimingfunktion (neuen Rahmen (Frame) konstruieren)	Kennenlernen verschiedener Sichtweisen auf das Lernen/Verhalten des Kindes
		Veränderung/Neubewertung der problematisch erlebten Situation (z. B. statt zahlreicher Schwächen mehr Ressourcen erkennen)
	Motivationsfunktion	Erhöhung der Motivation durch gemeinsames Erstellen des Förderplanes durch Lehrkräfte und Schülerinnen und Schüler
		Erhöhung der Motivation durch Einbezug der Sichtweisen aller beteiligten Personen
		vermehrte Akzeptanz der Ziele und Förderung der Zielbindung
Funktionen aus der Perspektive der Schülerinnen und Schüler	Orientierungsfunktion	Zielfokussierung bei der Schülerin/dem Schüler
		Berücksichtigung der Individualität des Kindes
		Bestärkung und Motivation, aktiv am Förderprozess mitzuwirken
	Rückmeldefunktion	Rückmeldung über erreichte Ergebnisse
		Evaluation ermöglicht spezifische, kriterienorientierte Rückmeldung

Damit ein Förderplan überhaupt Sinn ergibt und für die individuelle Förderung gut nutzbar wird, sollte er bestimmte Qualitätskriterien erfüllen.

- Ein Förderplan sollte fachlich und sachlich richtig sein. Die Inhalte müssen dem Entwicklungsstand der Schülerin oder des Schülers entsprechen.
- In einem Förderplan werden nicht nur die Leistungen eines Faches in den Blick genommen, sondern verschiedene Förderbereiche betrachtet.

- In bestimmten Situationen ist ein flexibler Umgang mit dem Förderplan angezeigt. Es ist möglich, von den im Förderplan festgeschriebenen Vereinbarungen abzugehen, um auf spezielle Situationen zu reagieren. Zeichnet sich ab, dass eine Fördermaßnahme ineffizient oder völlig ungeeignet erscheint, ist ein flexibles Reagieren notwendig.
- Ein Förderplan enthält ein bis zwei, höchstens drei zu fördernde Bereiche. Nur so ist es möglich, Schwerpunkte zu setzen und Förderziele auch zu erreichen.
- Alle Punkte im Förderplanprozess, von der Erstellung über die Umsetzung bis hin zur Evaluation, bedürfen einer ständigen Kommunikation. Hierfür ist eine für alle verständliche Sprache unverzichtbar.
- Individuelle Förderung und Förderplanung stehen immer in direktem Zusammenhang mit Unterricht.
- Vereinbarte Förderziele und Fördermaßnahmen sind verbindlich.
- Alle am Förderplanprozess beteiligten Personen übernehmen Verantwortung. Dies wird in der Regel mittels Unterschrift verdeutlicht. Der Förderplan ist mit den Eltern der Schülerin oder des Schülers abzustimmen.
- Die regelmäßige Evaluation der im Förderplan festgehaltenen Förderziele und Maßnahmen liefern Aussagen über den erfolgreichen Ablauf der individuellen Förderung und lässt Schlussfolgerungen für den Fortgang der weiteren Maßnahmen zu.

7.1.2 Der Förderplan für Paul entsteht – ein Leitfaden

Ein schriftlicher Förderplan ist ein schulisches Arbeitsdokument. Der Prozess einer Förderplanung umfasst dessen Erstellung, Umsetzung, Evaluation und Fortschreibung (Mutzeck & Melzer, 2007). Die Erstellung des Produkts Förderplan kann auf verschiedenen Wegen erfolgen und ist abhängig von den gelebten Prozessformen an der jeweiligen Schule. Sie reichen von der Verfassung und Realisierung von Förderplänen in Einzelverantwortung der Klassenleitungen bis hin zur Förderplanung in Teamstrukturen.

Kooperative Formen der Förderplanung (Popp, Melzer & Methner, 2017) bieten sich an, wenn Lehrkräfte durch die Lern- und Verhaltensproblematik von Schülerinnen und Schülern überaus gefordert sind. Eine Erweiterung der Perspektiven durch andere Personen ermöglicht das Finden und Initiieren von Lösungsmöglichkeiten, wenn die Situation festgefahren zu sein scheint. Ein kooperatives Erstellen eines Förderplanes mag zwar zeitaufwendiger erscheinen, ist aber besonders dann geeignet, wenn aufgrund der bestehenden

Problematik mehrere Professionen in den Förderprozess eingebunden werden sollten.

Vorgehen

Die Herangehensweise an den Förderplan von Paul gründet sich aus der Betrachtung der Inhalte, die in einem Förderplan grundsätzlich berücksichtigt werden sollten. Zunächst werden die einzelnen Schritte im Sinne eines Leitfadens kurz vorgestellt und durch Hinweise für die praktische Umsetzung ergänzt. Das konkrete Förderplanbeispiel (▶ Tab. 7.3) greift die Schrittfolge auf. Ein Förderplanmuster wird entsprechend angepasst und beinhaltet neben persönlichen Daten, Aussagen zu Förderbereichen, Förderzielen, Fördermaßnahmen sowie Verantwortlichkeiten zur Umsetzung. Die unterrichtsintegrierte und unterrichtsergänzende Förderung von Paul soll einen Förderzeitraum von ungefähr 10-12 Wochen umfassen.

1.   Sammeln von Vorinformationen – das Kind näher betrachten

Neben den persönlichen Daten des Kindes, Informationen zur bisherigen Schullaufbahn und Förderaktivitäten werden das familiäre, schulische und außerschulische Umfeld sowie wesentliche Entwicklungsbereiche des Kindes näher beleuchtet. Die Einbeziehung verschiedener Akteure und ihrer Sichtweisen auf das Kind ermöglichen eine umfassende Beschreibung des IST-Standes. Zur Informationsgewinnung werden genutzt:

- anamnestische und explorative Gespräche mit den Erziehungsberechtigten, explorative Gespräche mit dem Kind, Lehrkräften und weiteren Personen, die mit dem Kind befasst sind,
- Verhaltensbeobachtungen im Unterricht (inhaltliche und freie Gelegenheitsbeobachtungen, Beobachtung nach Kategorien),
- Informationsgewinnung aus Schülerakten, Zeugnissen, weiteren Dokumenten,
- vorhandene Gutachten oder weitere Dokumente mit Einverständnis der Erziehungsberechtigten

2.   Förderbereiche festlegen – einen Anfang finden

Eine umfassende Analyse der Entwicklungsbereiche und Erfassung der Bedingungen der Schulleistungen offenbart oftmals eine Fülle zu bearbeitender »Baustellen«. Nun gilt es, Prioritäten zu setzen und auszuwählen. Mit der

Gewissheit, dass nicht alle Förderaspekte gleichzeitig in der gleichen Intensität bearbeitet werden können, ist zunächst eine Reihenfolge der Dringlichkeit (Dringlichkeit aus Sicht der Lernenden) empfehlenswert. Ein oder zwei klar definierte Förderbereiche reichen oftmals schon aus, um einen Anfang in der ersten Förderphase zu finden. Die zunächst weniger ins Blickfeld gerückten Förderbereiche werden langfristig in den folgenden Förderzeiträumen bearbeitet. Sie fallen also nicht einfach weg!

3.   Stärken und Schwächen konkretisieren – jedes Kind hat welche

Gerade bei ausgeprägtem Problemverhalten scheint es wichtig, sich der Stärken des Kindes bewusst zu werden. So kann eine Zielbestimmung darauf aufbauen, was vom Kind in Ansätzen (auch wenn sie noch so klein sind) bereits erreicht worden ist. Die Erfassung der Stärken und Schwächen sollte möglichst einen Bezug zu den bereits ausgewählten Förderbereichen herstellen.

- Was kann das Kind (schon) richtig gut?
- Welche Potenziale hat es?

4.   Einige Ziele setzen – weniger ist oft mehr

Ziele sollten konkret und abrechenbar sein. Sie beschreiben den Sollzustand des Lernenden am Ende einer Förderphase. Werden Ziele wiederholt nicht erreicht, sind sie eventuell viel zu weit gefasst. Es ist ein Unterschied, ob beispielsweise von einer *Steigerung des Lesetempos* gesprochen wird oder von einer *Steigerung des Lesetempos besonders auf Silben- und Wortebene*. Je kleiner und deutlicher das Ziel gefasst wird, desto größer wird die Wahrscheinlichkeit der Zielerreichung in einem zeitlich begrenzten Förderzeitraum. Zielformulierungen sollten positiv und realistisch ausdrücken, was ein Lernender erreichen kann.

5.   Maßnahmen festlegen – was geht und was geht nicht

Hier ergibt sich zunächst ein bunter Strauß an Möglichkeiten. Dennoch Achtung! Die Fördermaßnahmen sollten so genau wie möglich formuliert werden. Sie beschreiben, wie und wodurch der Lernende die gesteckten Ziele erreichen soll. Maßnahmen tragen nur dann zur Erreichung der Förderziele bei, wenn sie verbindlich und konsequent umgesetzt werden. Insofern muss bereits an dieser Stelle mitgedacht werden, wer die jeweilige Fördermaßnahme wie, wo,

7.1 Von der Förderkonzeption zur Förderplanung

wann durchführen kann, welche bestehenden Ressourcen genutzt bzw. welche neu installiert werden können. Dennoch ist unbedingt Raum zu lassen für kreative Vorschläge, die nicht sofort durch die Ressourcenfrage eingeengt werden.

6. **Nachteilsausgleich ausloten – was passt genau**

Der Nachteilsausgleich kompensiert die Nachteile, die durch eine Behinderung bzw. Beeinträchtigung entstehen. Insofern ist Nachteilsausgleich nicht für jedes Kind ein geeignetes Instrument. Sollten Maßnahmen zum Einsatz kommen, sind sie im Förderplan konkret zu benennen, verbindlich zu verankern und jährlich neu zu bestimmen. Sie ergänzen den Förderprozess sinnvoll. Der Informationsfluss bezüglich des Nachteilsausgleichs muss für alle mit dem Kind befassten Personen gesichert sein. Jede muss wissen, was zum Wohle des Kindes konkret zu tun ist!

7. **Aufgaben verteilen – alle ziehen an einem Strang**

Wenn das so einfach wäre! Gerade an dieser Stelle entstehen immer wieder Barrieren, die schnell in Unzufriedenheit über die Förderplanarbeit an der eigenen Schule münden können.

Wird der Förderplan, so wie es in der schulischen Praxis häufig der Fall ist, von einer Lehrkraft allein erstellt, wird sie anderen Lehrkräften Aufgaben übertragen müssen. Dieser Kommunikationsweg kostet viel Zeit und führt dazu, dass die einzelnen Maßnahmen, mehr oder weniger bereitwillig und ohne sie in einen Kontext einzuordnen, abgearbeitet werden.

Wird Förderplanung als Teamaufgabe verstanden, ergeben sich Synergien für den gesamten Förderprozess, in dem das Kind im Mittelpunkt steht. Sich über die Problematik eines Kindes auszutauschen, verschiedene Perspektiven einzunehmen und im Konsens die Zielrichtung eines Förderprozesses zu erarbeiten, kann ein Mehrwert der pädagogischen Arbeit sein. Der Förderplan ist dabei nur ein Teilprodukt, der allen Beteiligten einen sicheren Orientierungsrahmen bietet. Auch den Eltern und dem Kind selbst!

8. **Evaluation durchführen – vorwärts in kleinen Schritten**

Grundlage für die Evaluation des Förderplanes sind die Kriterien der Zielerreichung. Dazu wird die Veränderung im Verhalten des Kindes abschließend in den Blick genommen und alle am Prozess Beteiligten einbezogen. Jedes Förderziel kommt noch einmal unter die Lupe.

7 Schulentwicklungsbezogene Aspekte – ein stabiles Fundament errichten

- Woran erkennt das Kind, dass es sein Förderziel erreicht hat?
- Woran erkennen die Eltern zu Hause, dass ihr Kind das Förderziel erreicht hat?
- Woran erkennen die Lehrenden im Unterricht, dass das Kind das Förderziel erreicht?
- Woran erkennen die Lehrenden im Förderunterricht, dass das Kind das Förderziel erreicht hat?

In der Praxis kommt die Erfolgskontrolle von Förderplänen häufig zu kurz. Empfohlene Förderplanformulare/Förderplanschemata sehen sogar keinen Platz für derartige Überlegungen vor. Hier sollte sich jede Schule für eine für sie passende Formatvorlage entscheiden dürfen. Ein einheitliches Instrument ermöglicht eine schnelle Orientierung und fördert eine gemeinsame Sprache der Lehrkräfte eines Kollegiums.

9. **Fortschreibung – auf ein Neues!**

Mit der Fortschreibung geht der Förderplanprozess in eine weitere Runde. Förderbereiche werden teilweise ersetzt oder erweitert. Ziele und Maßnahmen werden modifiziert oder neu festgelegt. Die Verantwortlichkeiten werden entsprechend angepasst.

Praktische Umsetzung: Förderplanung für Paul, 9 Jahre

- **Vorinformationen zum familiären Umfeld** aus der Schülerakte, Gesprächen mit der Mutter und dem Kind
  - lebt bei der Mutter
  - zum Vater besteht regelmäßiger Kontakt (P. verbringt nach eigenen Aussagen monatlich ein Wochenende beim Vater)
  - Mutter und Vater sind berufstätig (Mutter halbtags), Großeltern unterstützen die Mutter
  - Trennung der Eltern vor Schuleintritt des Kindes, gemeinsames Sorgerecht
  - hat zwei jüngere Geschwister, sieben (m) und vier Jahre (w) alt
  - enge Beziehung der Geschwister untereinander, häufiges gemeinsames Spiel mit dem jüngeren Bruder
  - Mutter wohnt mit den Kindern in einer 4-Zimmer-Wohnung

- Paul teilt sich ein geräumiges Zimmer mit seinem Bruder
- Mutter wirkt interessiert an schulischen Themen, regelmäßige Elterngespräche
- berichtet von Komplikationen in der Schwangerschaft (Frühgeburt) und von auffälligem Verhalten bereits im frühen Kindesalter (unruhiges Schlafverhalten, lange Trotzphasen, gelegentliche Impulsivität)
- Entwicklungsverzögerungen nach früher Geburt, spätes Sprechen
- ging mit 11 Monaten in den Kindergarten
- im Kindergarten wöchentliche Frühförderung, regelmäßige Einbindung der Eltern in die Förderung, gute Entwicklungsfortschritte im Lernen und Verhalten
- mit Einverständnis der Eltern erfolgte die Übergabe der Ergebnisse der Beobachtung und Dokumentation aus dem Kindergarten und der Frühförderstelle an die Schule vor Schuleintritt
- intensive logopädische und ergotherapeutische Behandlung in der Vorschulzeit (seit Schuleintritt nur Logopädie)

• **Vorinformationen zur schulischen Situation und dem schulischen Umfeld** aus der Schülerakte, Gesprächen mit der Mutter, dem Klassenlehrer und dem Kind
- altersgerechte Einschulung in die wohnortnahe Grundschule
- derzeit Beschulung in Klasse 3
- geht nach eigenen Aussagen gern zur Schule, ist selten krank, kaum Fehltage
- mag seinen Klassenlehrer, den er seit der ersten Klasse hat
- ist in die Klasse integriert, hat wechselnde Freunde innerhalb und außerhalb der Klasse
- nimmt auf eigenen Wunsch seit drei Monaten am Sozialtraining teil (Sozialpädagogin)
- besucht täglich den Hort und regelmäßig den Freizeittreff im Wohngebiet
- wird oft beim Fußballspielen oder Skaten mit anderen Kindern in der Umgebung der Schule beobachtet

• **Vorinformationen zu den Lern- und Entwicklungsbereichen** aus Beobachtungen, Gesprächen mit dem Klassenlehrer, Analysen von Arbeitsproben, Gesprächen mit Fachlehrkräften, der Sozialpädagogin und der Sonderpädagogin

7 Schulentwicklungsbezogene Aspekte – ein stabiles Fundament errichten

Tab. 7.2: Vorinformationen zu Lern- und Entwicklungsbereichen von Paul

Bereich	Entwicklungsstand zum Halbjahr Klasse 3
Denken und Gedächtnis	• merkt sich neue Informationen und erarbeitete Inhalte kurzzeitig • lernt erfolgreich, wenn kleine Lernportionen angeboten werden und nach viel Übung und Wiederholung • zeigt Unsicherheiten im Aufgabenverständnis (mündlich mehr als schriftlich) • benötigt Anschauung bei neuen Lerninhalten • hat Probleme vor allem im schlussfolgernden Denken
Lernbereiche	*Lesen* • Analyse/Synthese gelingen • ungeübte Texte: langsames, wortweises Lesen von Wörtern, Sätzen und kurzen Texten • geübte Texte: höhere Leseflüssigkeit, allerdings geringere Lesegenauigkeit • Probleme vor allem bei Konsonantenhäufungen, unklaren Wortbedeutungen und mehrsilbigen und zusammengesetzten Wörtern • Sinnerfassung bei einfachen Texten möglich • einige Lesestrategien sind angebahnt *Rechtschreiben* • schreibt geübte lautgetreue Wörter nach Übungsphasen richtig • Fehlerhäufigkeit beim freien Schreiben, gehäuft Flüchtigkeitsfehler • weitere Fehlerquellen: Groß- und Kleinschreibung, Satzzeichen, Umlaute, Konsonantenhäufung *Rechnen* • beherrscht die Grundaufgaben bis 20 sicher • Erfolgserlebnisse in den täglichen Übungen zu Beginn der Stunde bei guter Konzentration • Malfolgen sind sicher abrufbar, Verständnis der Multiplikation vorhanden • formales Rechnen möglich • teilweise ungefestigte Strategien zur Aufgabenlösung • Transfervermögen bei Übertragung auf andere Aufgabentypen wenig ausgebildet
Emotionales und soziales Verhalten	• verletzt Gesprächsregeln, verfällt in ungesteuertes Redeverhalten • zeigt impulsives Verhalten in Krisensituationen (anschreien, gegen den Tisch treten, Materialien vom Tisch fegen, verbale Entgleisungen) • reagiert auf Belohnungssysteme und Zuspruch

Tab. 7.2: Vorinformationen zu Lern- und Entwicklungsbereichen von Paul – Fortsetzung

Bereich	Entwicklungsstand zum Halbjahr Klasse 3
	• ist sehr hilfsbereit und möchte sich unbedingt wieder vertragen (vor allem mit den Erwachsenen) • reagiert emotional auf Misserfolg (eher traurig)
Arbeitsverhalten	• Übersicht und Struktur am Arbeitsplatz fehlt • findet Materialien nicht, kramt häufig zwischen den Sachen • Unordnung in der Schultasche • schnelles Durcheinanderbringen von Arbeitsmaterialien auf dem Tisch • fühlt sich selbst dadurch gestört und reagiert unangemessen, wenn er etwas nicht findet • kann seine Aufmerksamkeit schwer fokussieren • lässt sich im Arbeitsprozess schnell ablenken • Zweckentfremdung von Arbeitsmaterialien zum Spielen • beginnt verspätet mit der Arbeit, reagiert auf zusätzlichen Impuls durch den Lehrer mit Arbeitsbeginn • wenig Durchhaltevermögen in längeren Arbeitsphasen • Probleme in der Organisation von Handlungsabläufen in der selbstständigen Tätigkeit • zeigt Interesse an schulischen Aufgaben
Konzentration und Aufmerksamkeit	• wechselnde Konzentrationsfähigkeit, Probleme nehmen im Verlauf des Vormittages zu • nach Pause oft guter Start in den Unterricht möglich • kann sich auf kurze Übungen zur Entspannung innerhalb des Unterrichts einlassen
Wahrnehmung	• Wahrnehmungsbereiche scheinen unauffällig
Sprache und Kommunikation	*phonetisch-phonologische Ebene* • lässt Endungen aus • artikuliert undeutlich *morphologisch-syntaktische Ebene* • verwendet stereotype, einfache Satzmuster • zeigt Probleme bei der Pluralbildung *semantisch-lexikalische Ebene* • ausdifferenzierter aktiver Wortschatz • erkennt Wortbedeutungen *kommunikativ-pragmatische Ebene* • zeigt großes kommunikatives Interesse

7 Schulentwicklungsbezogene Aspekte – ein stabiles Fundament errichten

Tab. 7.2: Vorinformationen zu Lern- und Entwicklungsbereichen von Paul – Fortsetzung

Bereich	Entwicklungsstand zum Halbjahr Klasse 3
Motorik	• ausgeprägte Rechtshändigkeit • großer Bewegungsdrang, rutscht auf dem Stuhl hin und her, kippelt oder steht auf • Bewegungsunruhe wird im Laufe des Tages stärker • grobmotorisch unauffällig • mag den Sportunterricht, vor allem Spiele mit dem Ball • gering ausgeprägte Hand- und Fingermuskulatur • eingeschränkte Drehbeweglichkeit der Hand (unsichere Strichführung, schreibt sehr große Buchstaben und kann die Lineatur nicht einhalten) • Unsicherheiten in der Koordination beim Schneiden und Kleben

Tab. 7.3: Förderplan für Paul

Förderplan für Paul (9 Jahre)
Klasse: 3
Formen des Nachteilsausgleiches (Wenn ja, welche?) kein Nachteilsausgleich
Förderbereiche (Was?) 1. Emotionales und soziales Verhalten (Gesprächsverhalten) 2. Arbeitsverhalten (Übersicht und Ordnung am Arbeitsplatz)
Stärken und Schwächen zu den benannten Förderbereichen

	Stärken	Schwächen
zu 1.	• geht gern in die Schule • zeigt Interesse an schulischen Aufgaben • ist sehr hilfsbereit • möchte sich nach Konflikten unbedingt wieder vertragen • reagiert gut auf Belohnungssysteme • zeigt ein großes kommunikatives Interesse	• hält sich selten an Gesprächsregeln • fällt es schwer abzuwarten, bis er an der Reihe ist • zeigt ungesteuertes Redeverhalten
zu 2.	• lässt sich von anderen Kindern helfen • zeigt an, wenn er Hilfe benötigt	• fehlt die Übersicht am Arbeitsplatz • findet Arbeitsmaterialien nicht • hat Unordnung in der Schultasche

Tab. 7.3: Förderplan für Paul – Fortsetzung

Förderplan für Paul (9 Jahre)

Förderziele (Wohin?)

zu 1. • Einhaltung der Gesprächsregeln besonders in Unterrichtsgesprächen und im Morgenkreis

zu 2. • selbstständiges und pünktliches Bereitlegen der Materialien für die jeweilige Unterrichtsstunde und Ordnung halten am Arbeitsplatz

Fördermaßnahmen zu den benannten Förderzielen (Wie? und Womit?)

zu 1.
- Gesprächsregeln erarbeiten (Ich melde mich! Ich warte ab!)
- Gesprächsregeln auf den Platz kleben und daran erinnern (nonverbal)
- unmittelbares Feedback geben (besonders nach Unterrichtsgesprächen und Morgenkreisphasen)
- sofortiges Loben bei Regeleinhaltung und Verstärkereinsatz

zu 2.
- Verhaltensregeln erarbeiten (Ich packe sofort aus! Mein Arbeitsplatz ist aufgeräumt!)
- Arbeitsplatz fotografieren und bei Bedarf das entsprechende Foto auf den Platz legen (positive Erinnerung)
- Farben für die einzelnen Fächer trainieren und zusätzlich an der Tafel visualisieren
- Partnerkontrolle des Arbeitsplatzes kurz vor Stundenbeginn
- sofortiges Loben bei Regeleinhaltung und Verstärkereinsatz

Umsetzung (Wer übernimmt was?)   Bis wann?

zu 1.   *Klassenleiter Herr K.*   bis Ende Klasse 3

- Verhaltensregeln erarbeiten und visualisieren
- bei Regeleinhaltung loben
- Verstärker einsetzen

Fachlehrer/-in (alle)

- an Gesprächsregeln erinnern
- Verstärker einsetzen
- bei Regeleinhaltung loben

Elternhaus

- tägliche Rückmeldung kontrollieren

Paul

- zwei Gesprächsregeln kennen und umsetzen
- Mutter täglich informieren
- Rückmeldung selbstständig zu Hause vorzeigen

Tab. 7.3: Förderplan für Paul – Fortsetzung

Förderplan für Paul (9 Jahre)

zu 2. *Klassenlehrer Herr K.*	bis Ende Klasse 3

- Verhaltensregeln erarbeiten
- Fotos zur Visualisierung einsetzen
- Partnerkontrolle einführen
- konsequentes Arbeiten mit Farben für einzelne Fächer
- Verstärker einsetzen

Fachlehrer/-in (alle)

- an Regeln erinnern
- Partnerkontrolle fortführen
- bei Regeleinhaltung loben

Elternhaus

- Schultasche gemeinsam packen
- Nutzung der einzelnen Fächer der Schultasche klären
- Farben für die einzelnen Fächer trainieren

Paul

- rechtzeitig Hilfe anzeigen
- auf Signal des Lehrers achten
- sofort mit dem Auspacken beginnen
- Mappe selbstständig aus- und einräumen (Brotdose von Arbeitsmaterialien trennen)

Evaluation (Ziele erreicht?)			
Datum: Ende Klasse 3			
Ziel	erreicht	überwiegend erreicht	weniger erreicht	nicht erreicht
zu 1. Gesprächsverhalten		x		
Ziel	erreicht	überwiegend erreicht	weniger erreicht	nicht erreicht
zu 2. Arbeitsverhalten			x	

7.1 Von der Förderkonzeption zur Förderplanung

Evaluation (Ziele erreicht?)

Begründung für weniger/nicht erreichte Ziele zu 2.:
Pauls Ordnung am Arbeitsplatz verbessert sich merklich. Er schafft es jedoch noch nicht, seine Arbeitsmaterialien pünktlich zu Stundenbeginn auszupacken. Vor allem nach einem Raumwechsel scheint er durch andere Dinge abgelenkt. Die Partnerkontrolle gestaltet sich nicht in allen Stunden umsetzbar. Das Ziel »Ich bin bereit zum Unterricht.« wird in die nächste Förderphase übernommen.

7.1.3 Förderplanbeispiele – Ein Sammelsurium

Die Frage, welches Förderplanmuster besonders geeignet scheint, kann kurz beantwortet werden. Es sollte die wesentlichen Inhalte der Förderplanung abbilden, insgesamt praktikabel sein und Anpassungen an die Bedürfnisse der Einzelschule ermöglichen. In einigen Bundesländern geben landesspezifische Vorgaben in Form von mehr oder weniger übersichtlichen Tabellen eine Auswahl vor. Ob diese sich in der praktischen Anwendung bewähren, zeigt sich letztendlich erst im Prozess der Entstehung und Umsetzung eines Förderplans. Digitale Varianten der Erstellung sparen Zeit, was im Schulalltag sicherlich nicht zu unterschätzen ist.

Das folgende Sammelsurium enthält vier Förderpläne, die dem grundlegenden Förderplanmuster des Förderplans von Paul folgen. Je nach Bedarf wird das Muster für die individuellen Förderpläne weiterer Kinder akzentuiert und angepasst. Es werden Spalten und Zeilen hinzugefügt bzw. entfernt.

Die Kinder Isabell, Elena und Ole sind den Leserinnen und Lesern bereits im Kapitel *Handlungsmöglichkeiten und Fallbeispiele zur Gewährung von Nachteilsausgleich bei Lernschwierigkeiten* (▶ Kap. 5.4) begegnet. Im Rahmen von Fallbeispielen wurden ihre Lernschwierigkeiten ausführlich beschrieben, die Grundrichtung der Förderung überlegt und Konsequenzen für den Umgang mit Nachteilsausgleich abgeleitet. Die bisher gesammelten Informationen münden abschließend in individuelle Förderpläne, in denen der Weg der Förderung kurz und knapp, dennoch aussagekräftig, verschriftlicht wird.

Frederics Auffälligkeiten im Bereich des Sozialverhaltens wurden im Kapitel 5.5.2 dargestellt. An dieser Stelle soll sein Förderplanbeispiel Einblick in eine mögliche Herangehensweise geben, denn bei diesem Schüler ergeben sich mehrere Notwendigkeiten der Ableitung von Förderzielen. Es ist wichtig, ausgewählte Förderbereiche für ihn zu priorisieren, denn alle Baustellen wird ein Förderplanteam nicht gleichzeitig in den Blick nehmen können. Welche Förderziele vorrangig angestrebt und welche zunächst zurückgestellt werden, ist im Förderplanteam zu diskutieren und nicht zuletzt maßgeblich davon abhängig, welche Ziele Frederic für sich selbst anstrebt.

Tab. 7.4: Förderplan für Isabell - ein Kind mit Lernschwierigkeiten im Lesen und Rechtschreiben

---

Förderplan für: Isabell (13 Jahre)

Klasse: 7   Klassenlehrer/-in: xxx   Schuljahr: xxx

Formen des Nachteilsausgleichs (Wenn ja, welche?)

- Zeitverlängerung in Leistungssituationen
- Benutzung des Regelmerkheftes in allen Fächern
- Benutzung eines Nachschlagewerkes, wenn Rechtschreibung nicht Inhalt der Leistungsfeststellung,
- digitale Rechtschreibprüfung von Begriffen im Fachunterricht bei Bedarf ermöglichen
- Hervorhebung des Operators in Aufgabenstellungen (z. B. unterstreichen, farbig markieren, fett drucken)

Förderbereiche (Was?)

1. Lesen (Lesetempo und sinnerfassendes Lesen)

2. Rechtschreiben (Rechtschreibstrategien)

Stärken und Schwächen zu den benannten Förderbereichen

	Stärken	Schwächen
zu 1.	• liest auch zu Hause • kann gut mit einem Lernpartner/einer Lernpartnerin arbeiten • nimmt Hilfe an, unterstützt Lernende • kennt Lesestrategien und wendet die an • arbeitet selbstständig und konzentriert	• Erlesen und sinngerechtes Erfassen langer Aufgabenstellungen fällt schwer • Schwierigkeiten bei der Sinnentnahme von kurzen Texten im Fachunterricht • geringe Lesegeschwindigkeit
zu 2.	• kann trainierte Regelkenntnisse anwenden • nutzt Hilfen z. B. ein Regelmerkheft • kontrolliert Schreibleistungen ohne Aufforderung • kann eigene Stärken und Schwächen benennen	• Schreibleistungen im Fachunterricht unausgewogen (vorrangig bei Zeitdruck und neuen Begriffen)

Förderziele (Wohin?)

zu 1.
- Isabell festigt das bisher erreichte Lesetempo auf Textebene.
- Auf Wortebene steigert sie die Lesegeschwindigkeit um einige Wörter pro Minute.
- Im Fachunterricht gelingt ihr die Sinnerfassung kurzer Texte ohne Hilfe.

7.1 Von der Förderkonzeption zur Förderplanung

Tab. 7.4: Förderplan für Isabell - ein Kind mit Lernschwierigkeiten im Lesen und Rechtschreiben – Fortsetzung

Förderplan für: Isabell (13 Jahre)

zu 2.	• Isabell gewinnt im Umgang mit bereits erlernten Strategien weiter an Sicherheit. • Sie wendet die Strategien beim Schreiben von Begriffen des Fachunterrichtes an.

Fördermaßnahmen zu den benannten Förderzielen (Wie? Womit?)

zu 1.	• wiederholendes Lesen auf Wort- und Textebene • Trainieren der Lesegeschwindigkeit im Lautlesetandem mit Rollenwechsel • Lesestrategien vor allem im Umgang mit Sachtexten • Training des Erkennens von Operatoren in Aufgabenstellungen
zu 2.	• Anwenden bereits erlernter Strategien in verschiedenen Übungsformaten • Üben der schnellen Selbstkontrolle mit Nachschlagewerken • Trainieren der Strategien für das Zusammen- und Getrenntschreiben von Wörtern (Wortmaterial Fachunterricht)

Umsetzung (Wer übernimmt was?)	**Bis wann?**
zu 1. *Förderlehrer/-in*	10-12 Wochen

- wiederholendes Lesen auf Wort- und Textebene üben
- Lautlesetandem mit Rollenwechsel anleiten
- regelmäßige Lernverlaufskontrolle durchführen (gelesene Wörter pro Minute prüfen)
- Lesestrategien vor allem im Umgang mit Sachtexten üben

Klassenlehrer/-in

- Besprechen der Förderziele und -maßnahmen mit Isabell und den Eltern

Fachlehrer/-innen

- Unterstützung des Kindes bei der Anwendung der Lesestrategien im Fachunterricht
- Förderfolge beobachten und dem Kind zurückmelden

Isabell

- Lesen nach Interesse (täglich)

7 Schulentwicklungsbezogene Aspekte – ein stabiles Fundament errichten

Tab. 7.4: Förderplan für Isabell - ein Kind mit Lernschwierigkeiten im Lesen und Rechtschreiben – Fortsetzung

Förderplan für: Isabell (13 Jahre)	
zu 2. *Förderlehrer/-in*	10-12 Wochen
<ul><li>erlernte Strategien in verschiedenen Übungsformaten festigen</li><li>schnelle Selbstkontrolle mit Nachschlagewerken üben</li><li>Strategien für das Zusammen- und Getrenntschreiben von Wörtern aus dem Fachunterricht anbahnen</li><li>regelmäßige Lernverlaufskontrolle durchführen und auswerten (Schreibprobe freies Schreiben)</li></ul> *Klassenlehrer/-in*<ul><li>Besprechen der Förderziele und -maßnahmen mit Isabell und den Eltern</li></ul> *Fachlehrer/-innen*<ul><li>Anwendung der Lesestrategien im Fachunterricht anleiten</li><li>Selbstkontrollmöglichkeiten bereitstellen</li><li>Fördererfolge beobachten und dem Kind zurückmelden</li></ul> *Isabell*<ul><li>Rechtschreibtraining durchführen (3x wöchentlich 10 Minuten zu Hause)</li></ul>	
NTA • Umsetzung der Maßnahmen des Nachteilsausgleichs im jeweiligen Fach (alle Lehrkräfte)	bis Ende Klasse 7

Tab. 7.5: Förderplan für Elena – ein Kind mit Lernschwierigkeiten im Rechnen

Förderplan für: Elena (11 Jahre)
Klasse: 5   Klassenlehrer/-in: xxx   Schuljahr: xxx
Formen des Nachteilsausgleichs im zielgleichen Unterricht (Wenn ja, welche?)
kein Nachteilsausgleich ab Klasse 5 im Bundesland
Förderbereiche (Was?)
1. Mathematik

Tab. 7.5: Förderplan für Elena – ein Kind mit Lernschwierigkeiten im Rechnen – Fortsetzung

Förderplan für: Elena (11 Jahre)

Stärken und Schwächen zu den benannten Förderbereichen

zu 1. **Stärken**   **Schwächen**

Stärken	Schwächen
• zeigt effiziente Strategien beim Kopfrechnen	• rechnet langsam
• beherrscht Malfolgen gedächtnismäßig	• agiert unsicher mit Stellenwerten
• wählt schriftliche Rechenverfahren für Nebenrechnungen	• zeigt Probleme beim Ergänzen
	• zählt unsicher in Schritten

Förderziele (Wohin?)

zu 1. *Elena:*

- zählt sicher in Schritten im ZR bis 100
- versteht die Beziehung Teil-Ganzes
- kann Stellenwerte von Zahlen erkennen und zuordnen
- wendet die Stellentafel sicher an
- nutzt Veranschaulichungsmittel aus dem Förderunterricht sinnstiftend im Mathematikunterricht

Fördermaßnahmen zu den benannten Förderzielen (Wie? Womit?)

zu 1. *unterrichtsintegriert:*

Zählsicherheit und Teil-Ganzes-Beziehungen

- vielfältige Zählübungen und Zerlegungsübungen im Zahlenraum bis 100
- spielerische Übungen zur weiteren Festigung der Grundaufgaben von Addition, Subtraktion, Multiplikation und Division

Stellenwerte

- Übungen zur Bündelung und Entbündelung
- Arbeit mit der Stellenwerttafel auf unterschiedlichen Ebenen der Veranschaulichung (mit Darstellungsmitteln, Mengenbildern und Ziffern)

Darstellungsmittel

- geeignete Veranschaulichungsmittel erkennen und einsetzen

Tab. 7.5: Förderplan für Elena – ein Kind mit Lernschwierigkeiten im Rechnen – Fortsetzung

Förderplan für: Elena (11 Jahre)

unterrichtsergänzend:

Zählsicherheit und Teil-Ganzes-Beziehung

- Übungen zum Beherrschen der Zahlwortreihe und zur Mengenerfassung
- Zahlen im Zahlenraum bis 100 zerlegen
- Aufbau und Festigung von Grundvorstellungen zur Zahlzerlegung

Stellenwert

- Entwicklung des Stellenwertverständnisses am Zehner- und Zwanzigerstreifen, am Hunderterblatt und am Tausenderwürfel
- Begriffe zur Stellenwerttafel einführen und festigen (Einer, Zehner, Hunderter, Tausender) vielfältige Legeübungen in der Stellenwerttafel (Plättchen oder Stäbchen; Mengendarstellungen; Ziffern)
- Zahlen in die Stellenwerttafel eintragen (HZE, HZE mit Nullstellen)
- Zahlen der Stellenwerttafel vergleichen

Veranschaulichungsmittel

- verschiedene Veranschaulichungsmittel kennenlernen und bewusst auswählen

Umsetzung (Wer übernimmt was?)	Bis wann?
zu 1. *Förderlehrer/-in*	10-12 Wochen

- setzt die Fördermaßnahmen im Rahmen der unterrichtsergänzenden Förderung um
- informiert Mathematiklehrkraft wöchentlich über Förderinhalte
- beobachtet den Lernverlauf im Förderprozess

Klassenlehrer/-in

- koordiniert die Förderung insgesamt
- bespricht die Förderziele und -maßnahmen mit Elena und den Eltern

Mathematiklehrer/-in

- setzt die Fördermaßnahmen im Rahmen der unterrichtsintegrierten Förderung um
- stellt Veranschaulichungsmittel bereit

Tab. 7.5: Förderplan für Elena – ein Kind mit Lernschwierigkeiten im Rechnen – Fortsetzung

Förderplan für: Elena (11 Jahre)
♦ beobachtet kleinste Fördererfolge in Übungsphasen ♦ gibt dem Kind sofortige Rückmeldungen *Elena* ♦ Zählübungen zu Hause fortsetzen (verschiedene Gegenstände zählen; gezählte Gegenstände im Computer dokumentieren; Brettspiele mit den Eltern) ♦ Grundaufgaben üben

Tab. 7.6: Förderplan für Ole – ein Kind mit sonderpädagogischem Unterstützungsbedarf im Schwerpunkt Lernen

Förderplan für: Ole (9 Jahre)

Klasse: 4   Klassenlehrer/-in: xxx   Schuljahr: xxx

Formen des Nachteilsausgleichs im zielgleichen Unterricht (Wenn ja, welche?)

Folgende Maßnahmen des Nachteilsausgleichs sollen Ole die Bewältigung von zielgleichen Lernanforderungen ermöglichen:

Personelle Unterstützung durch Sonderpädagoge/-in

- Erklärung und Visualisierung von Lernschritten
- sprachliche Vereinfachung von Begriffen
- Unterstützung bei Handlungsplanung und -steuerung
- Beantwortung von Fragen (ohne Vorsagen)
- Sicherung der Orientierung im Raum und am Arbeitsplatz

Räumliche Unterstützung

- fester Sitzplatz
- Raumwechsel mit sonderpädagogischer Lehrkraft bei Bedarf

Zeitliche Unterstützung

- flexible Zeitverlängerungen
- deutliches Signalisieren des Arbeitsbeginns
- Vorbereitungszeit in Leistungssituationen

Bereitstellung von Materialien und Medien
u. a. Bereitstellung von fachbezogenen Veranschaulichungen (Materialien, Bilder)

Tab. 7.6: Förderplan für Ole - ein Kind mit sonderpädagogischem Unterstützungsbedarf im Schwerpunkt Lernen – Fortsetzung

Förderplan für: Ole (9 Jahre)

Förderbereiche (Was?)

1. Mathematik (zieldifferent)
2. Rechtschreibung (zieldifferent)
3. Lesen (zieldifferent)

Stärken und Schwächen zu den benannten Förderbereichen

	Stärken	Schwächen
zu 1.	• beherrscht die Grundaufgaben überwiegend gedächtnismäßig • gut automatisierte Zahlenpaare im Zahlenraum bis 10 • kann einfache Rechenprozeduren im Zahlenraum bis 20 durchführen (Addition, Subtraktion) • beherrscht Malfolgen 2, 5, 10 sicher	• unsichere Mengen- und Zahlvorstellungen im Zahlenraum bis 100 • nur formales Rechnen möglich (z. B. Addition voller Hunderter) • ungefestigter Abruf weiterer Malfolgen • Strategien zur Lösung von einfachen Sachaufgaben fehlen
zu 2.	• kennt alle Laute und Buchstaben • kennt einige Regeln (Satzanfänge, Interpunktion, Großschreibung nach Artikel) • schreibt in Wortdiktaten nach langer Übungsphase viele Wörter richtig	• ungefestigter Sichtwortschatz • viele Abschreibfehler • freies Schreiben kaum möglich • schreibt einfache Diktattexte stark fehlerhaft • unsicherer Umgang mit einem Nachschlagewerk
Zu 3.	• liest langsam wortweise • kennt einfache Lesestrategien • beteiligt sich an Lesezeit und bringt eigenes Lesematerial mit	• Lesetempo und Lesegenauigkeit sind gering • Sinnerfassung auch bei einfachen und kurzen Texten erschwert

Förderziele (Wohin?)

zu 1.
• Ole erlangt mehr Sicherheit in der Orientierung im Zahlenraum bis 100.
• Er beherrscht drei weitere Malfolgen gedächtnismäßig sicher.
• Er lernt mindestens eine Strategie zur Lösung von Sachaufgaben kennen und wendet diese an.

zu 2.
• Ole erweitert seinen Sichtwortschatz um mindestens 20 Wörter.
• Er fügt geübte Wörter in Lückentexte fehlerfrei ein.
• Er kontrolliert Wörter mit einer Wörterliste.

Tab. 7.6: Förderplan für Ole - ein Kind mit sonderpädagogischem Unterstützungsbedarf im Schwerpunkt Lernen – Fortsetzung

Förderplan für: Ole (9 Jahre)

zu 3.
- Ole liest Wortlisten und einfache Sätze genau. Er korrigiert seine Fehler nach Aufforderung.
- Er wendet gelernte Lesestrategien sicher an und beantwortet einfache Fragen zu kurzen Textinhalten.

Fördermaßnahmen zu den benannten Förderzielen (Wie? Womit?)

zu 1.
- Übungen zur Orientierung im Zahlenraum (DIENES- Material, Hunderterfeld)
- intensives Malfolgentraining (mehrere Lernportionen über den Tag verteilt, Lernen mit Bewegung verbinden)
- Einbeziehung der Malfolgen in die tägliche Übung (Erfolgserlebnisse)
- Aufbau von einfachen Sachaufgaben üben (Fragen formulieren lassen)

zu 2.
- Rechtschreibtraining Mindestwortschatz (vor allem lautgetreue Wörter)
- Training Kieler Rechtschreibaufbau Stufe 1 und 2
- Selbstkontrolle anwenden bei Wortdiktaten

zu 3.
- Training der automatisierten Worterkennung mit dem Kieler Leseaufbau
- Prozedere zu Mitleseverfahren einführen und üben
- Antworten in einem Text suchen und markieren

Umsetzung (Wer übernimmt was?) Bis wann?

zu 1.-3.   *Sonderpädagoge/-in*   10-12 Wochen

- Umsetzung der Fördermaßnahmen im Rahmen der unterrichtsintegrierten und unterrichtsergänzenden sonderpädagogischen Förderung
- Eltern in das Lesetraining (Mitlesen) für zu Hause einführen
- Lernverläufe beobachten

Klassenlehrer/-in

- Koordination der Förderung in Absprache mit sonderpädagogischer Lehrkraft
- Besprechen des Förderplans mit Ole und den Eltern
- Evaluation der Förderung

Fachlehrer/-innen

- Bereitstellen der zieldifferenten Lern- und Leistungsanforderung im Fach

Tab. 7.6: Förderplan für Ole - ein Kind mit sonderpädagogischem Unterstützungsbedarf im Schwerpunkt Lernen – Fortsetzung

Förderplan für: Ole (9 Jahre)		
	• Umsetzen des Nachteilsausgleichs, sollte Ole zielgleich unterrichtet werden • Arbeitsproben im Fach analysieren	
	Eltern mit Ole	
	• tägliches Lesetraining zu Hause (Mitleseverfahren) • mündliches Abfragen der Malfolgen	
NTA	• Umsetzen der Maßnahmen des Nachteilsausgleichs in den Fächern, in denen Ole zielgleich unterrichtet wird (Lehrkräfte in den jeweiligen Fächern)	bis Ende Klasse 4

Tab. 7.7: Förderplan für Frederic – ein Kind mit Störungen des Sozialverhaltens

Förderplan für: Frederic (10 Jahre)

Klasse: 4   Klassenlehrer/-in: xxx   Schuljahr: xxx

Formen des Nachteilsausgleiches (Wenn ja, welche?)

- personelle Unterstützung durch Schulbegleitung im Unterricht und ggf. in den Pausen
- reizreduzierter Arbeitsplatz
- Time-Out-Angebote bereitstellen (während der Unterrichtszeit und während der Pausen)
- Zeitverlängerung in Leistungssituationen (nur in Verbindung mit kleinen Pausen während der Leistungssituation)
- Leistungsfeststellung schriftlich statt mündlich oder umgekehrt (je nach Tagesverfassung)

Förderbereiche (Was?)

1. emotional-soziale Entwicklung (Einhaltung von Regeln)

2. emotional-soziale Entwicklung (Konfliktfähigkeit)

Stärken und Schwächen zu den benannten Förderbereichen

Tab. 7.7: Förderplan für Frederic – ein Kind mit Störungen des Sozialverhaltens
– Fortsetzung

Förderplan für: Frederic (10 Jahre)	
Stärken	**Schwächen**
• erbringt gute bis durchschnittliche schulische Leistungen • kommunikativ • Bereitschaft, über Fehlverhalten zu sprechen, vorhanden • kann Gefühle äußern • Freude am kreativen Gestalten • kennt sich gut mit Computern und PC-Spielen aus	• hält sich nicht an Unterrichtsregeln • verstößt häufig gegen Pausenregeln • gerät im Unterricht und in Pausen häufig in Konflikte • provoziert Konflikte • nur schwer in der Lage, sein Handeln vor der Ausführung zu kontrollieren • kann die Folgen seines Handelns nicht richtig abschätzen • hat große Schwierigkeiten, sich mit seinen Mitschülerinnen und Mitschülern angemessen zu einem Lerngegenstand auszutauschen • akzeptiert die Meinungen der anderen nur schwer • entwickelt kaum Kompromissbereitschaft

Förderziele (Wohin?)

zu 1. Frederic kennt die Pausenregeln und hält diese ein.

- • - Ich beginne und beende die Pausen pünktlich.
- • - Ich gehe langsam durch das Schulhaus.
- • - Ich verlasse das Schulgelände nicht.

zu 2. Frederic reagiert angemessen, wenn sich Meinungsverschiedenheiten anbahnen.

- • - Ich bleibe ruhig und sachlich.
- • - Ich bringe meine Interessen klar zum Ausdruck.
- • - Ich löse Konflikte ohne Gewalt.

Fördermaßnahmen zu den benannten Förderzielen (Wie? Womit?)

zu 1.
- • Pausenregeln mit Frederic gemeinsam auswählen und besprechen
- • zusätzliche Impulse zur zeitlichen Strukturierung geben (stummer Impuls mit Blick auf die Uhr zum Beginn und zum Ende der Pause)
- • Gang durch das Schulhaus gemeinsam üben
- • Schulhofgrenzen klären
- • positives Verhalten verstärken
- • Umgang mit Regelverletzung klären
- • Tokensystem einführen
- • Pendelheft nutzen, um in Zusammenarbeit mit den Eltern erreichte Schritte zu belohnen (z. B. PC-Zeit)

Tab. 7.7: Förderplan für Frederic – ein Kind mit Störungen des Sozialverhaltens
– Fortsetzung

Förderplan für: Frederic (10 Jahre)	
zu 2.	• Konfliktverhalten zum Unterrichtsgegenstand machen (z. B. Rollenspiele) • Satzmuster zur Äußerung eigener Interessen erarbeiten • Erarbeitung von Konfliktbewältigungsstrategien • Erarbeiten und Einüben von Handlungsalternativen (tief durchatmen, weggehen, Schulbegleitung um Hilfe bitten) • gemeinsam mit Frederic konkrete Verhaltensziele in Konfliktsituationen erarbeiten • Verhaltensvertrag abschließen
Umsetzung (Wer übernimmt was?)	**Bis wann?**
Klassenlehrer/-in	10- 12 Wochen
• Fördermaßnahmen im Rahmen der unterrichtsintegrierten Förderung umsetzen • Förderplan mit Frederic und seiner Mutter besprechen • Förderung evaluieren • gemeinsam mit sonderpädagogischer Lehrkraft das multiprofessionelle Team koordinieren	
Sonderpädagoge/-in	
• Umsetzung der Fördermaßnahmen im Rahmen der unterrichtsintegrierten und unterrichtsergänzenden sonderpädagogischen Förderung • Eltern in Tokensystem und Verhaltensvertrag einführen und Möglichkeiten der Belohnung für sozial erwünschtes Verhalten absprechen • gemeinsam mit Klassenlehrer/-in das multiprofessionelle Team koordinieren	
Schulbegleitung	
• Umsetzung der Fördermaßnahmen laut Förderplan unterstützen	

7.2 Allein wird das nichts! – Netzwerkarbeit in der inklusiven Schule

Das Bild von der Mathematiklehrerin, die allein vor ihrer Klasse steht und alle Aufgaben eigenständig meistert, ist überholt. Man darf davon ausgehen, dass die mannigfachen Aufgaben und Herausforderungen einer inklusiven Schule

7.2 Allein wird das nichts! – Netzwerkarbeit in der inklusiven Schule

deutlich leichter zu bewältigen sind, wenn ein gut zusammengesetztes und langfristig entwickeltes Netzwerk dieses Vorhaben mitträgt. Es gilt, die dafür notwendigen Kooperationen sorgfältig aufzubauen und zu pflegen. Schulen verfügen oftmals bereits über zahlreiche Erfahrungen in der Zusammenarbeit mit Eltern, mit den Schulträgern und der Jugendhilfe. Hierauf kann aufgebaut werden. Denn zum Netzwerk einer inklusiven Schule gehören Personen und Institutionen, die über das Handlungsfeld des eigentlichen Unterrichtens deutlich hinausgehen. Es geht um einen Zusammenschluss mehrerer Schulen und verschiedener externer Fachkräfte, Verbände und Einrichtungen, die zum Gelingen inklusiver Schulentwicklung beitragen. Dabei sollen Netzwerke Lehrkräften verschiedener Schulen die Möglichkeiten des Austausches untereinander bieten und somit Schulprogrammarbeit ankurbeln. Alle am Netzwerk Beteiligten können von gegenseitigen Angeboten, Anregungen und Impulsen profitieren. Im Netzwerk finden Ratsuchende Hilfe und Unterstützung bei der Lösung pädagogischer Probleme im engeren und weiteren Sinne. Es besteht auch die Möglichkeit, dass ein Netzwerk eine einzelne Person in ihrem schulischen Wirken unterstützt. Über die kooperative Zusammenarbeit in einem Netzwerk können sich neue Ressourcen erschließen, gemeinsame Fragestellungen beantwortet und intensive Austauschprozesse in Gang gehalten werden.

In erster Linie geht es in einem Netzwerk zur schulischen Inklusion darum, den Lernprozess aller Kinder und Jugendlichen mit Hilfe der im nahen und im weiteren Umkreis zur Verfügung stehenden Ressourcen und Ideen bestmöglich zu gestalten und zu unterstützen.

Tab. 7.8: Auswahl der am schulischen Netzwerk beteiligten Personen und Institutionen und deren Aufgaben

Beteiligte Personen und Institutionen	Aufgaben im Netzwerk (exemplarisch)
Eltern oder Erziehungsberechtigte	• Kooperation mit der Schule bei der Umsetzung der Erziehungsaufgaben
andere Bildungseinrichtungen, z. B. • Kindergärten • Grundschulen • Sekundarschulen • Berufliche Schulen	• Gestaltung von Übergängen • Weitergabe von Informationen, die für die schulische Bildung eines Kindes relevant sind • Schullaufbahnempfehlungen • Berufsorientierung

Tab. 7.8: Auswahl der am schulischen Netzwerk beteiligten Personen und Institutionen und deren Aufgaben – Fortsetzung

Beteiligte Personen und Institutionen	Aufgaben im Netzwerk (exemplarisch)
Diagnostikerinnen und Diagnostiker	♦ Feststellungsverfahren sonderpädagogischer Unterstützungsbedarf ♦ Diagnostik von Teilleistungsstörungen ♦ Beratung bzgl. der Umsetzung von Förderempfehlungen
Schulpsychologinnen und -psychologen	♦ Beratung zu spezifischen schulbiografischen Entscheidungen ♦ Unterstützung bei psychologischen Fragen, die die ganze Schule oder einzelne Kinder betreffen ♦ Krisenmanagement
Jugendhilfe	♦ Einzelfallhilfen ♦ Schulbegleitung (auch als Integrationshilfe, Teilhabeassistenz oder schulische Assistenz) ♦ Nutzung von Einrichtungen und Angeboten der Jugendhilfe durch Schulen (z. B. Jugendbildungsstätten)
Schulsozialarbeit	♦ Beratung in individuellen Problemlagen ♦ sozialpädagogische Gruppenarbeit ♦ sozialpädagogische Projekte mit Schulklassen ♦ offene Angebote für alle Schülerinnen und Schüler ♦ Mitwirkung in schulischen Gremien (z. B. Klassenkonferenzen, Gesamtkonferenzen u. ä.) ♦ Zusammenarbeit mit Lehrkräften und Eltern (Beratungen, Teilnahme an Elternabenden) ♦ Kooperation mit dem Jugendamt, regionalen Unternehmen, Vereinen und Initiativen etc.)
Schulbegleitung	♦ personelle Assistenz für die zu begleitende Schülerin oder den zu begleitenden Schüler entsprechend ihrer/seiner individuellen Bedarfe

In das weitere Netzwerk schulischer Inklusion können darüber hinaus Therapeutinnen und Therapeuten, regionale Unternehmen und Verbände und viele mehr eingebunden sein.

Aufgrund der Vielfalt möglicher Netzwerkpartnerinnen und -partner ist es nahezu unmöglich, das Gesamtsystem jederzeit zu überschauen. Deshalb erscheint es sinnvoll, eine

gut handhabbare und übersichtliche Netzwerkanalyse zu erstellen, auf die alle Beteiligten jederzeit Zugriff haben und somit im pädagogischen Alltag Entlastung finden.

7.2.1 Wer macht was im multiprofessionellen Team?

Das Handlungsfeld eines multiprofessionellen Teams bezieht sich eher auf den Unterricht selbst. Im Rahmen der inklusiven Schulentwicklung gewinnt die Zusammenarbeit von Regelschullehrkräften, Sonderpädagoginnen und Sonderpädagogen, Schulbegleitung und Schulsozialarbeit mehr und mehr an Bedeutung, gilt sie doch als ein Garant für gelingende Inklusion. Den vielfältigen Herausforderungen im Unterrichtsalltag wird keine Lehrkraft als Einzelkämpferin oder als Einzelkämpfer gerecht werden können.

Bereitschaft und Kompetenz zur Kooperation gelten als notwendige Bedingungen inklusiver Schulentwicklung (Moser & Kropp, 2015).

Multiprofessionelle Teams an Schulen agieren mit unterschiedlichen Berufsaufträgen im Hinblick auf die Bildung und Erziehung der Schüler/-innen. Die Arbeitsteilung beruht auf Aushandlungsprozessen. Diese können mitgeprägt sein durch Überzeugungen und Haltungen der beteiligten Akteur/-innen, deren jeweiligen beruflichen Sozialisationen sowie durch Strukturen und Praktiken in der Schule. Für eine effektive Förderung der Schüler/-innen sind multiprofessionelle Teams im Schulalltag angehalten, gemeinsame Interpretationen und zielorientierte Handlungspraktiken zu entwickeln (Widmer-Wolf, 2018, S. 299).

Die Schulen sind für diese Herausforderung unterschiedlich gut vorbereitet und Lehrkräfte unterschiedlich gut qualifiziert. Obgleich Lehrkräfte häufig eine stärkere und multiprofessionellere Ausstattung der Schulen fordern, fällt es ihnen zuweilen schwer, ihre eigene Dominanz aufzugeben und sich auf kooperatives Lehren, wechselseitige Beratung, kollegiale Beobachtung und auf Reflexion einzulassen. Lehrkräfte sollten nicht ausschließlich danach trachten, Unterstützung für den eigenen Unterricht zu erhalten, sondern gemeinsam im multiprofessionellen Team ein neues Rollenverständnis zu entwickeln und die Teamarbeit als Grundlage für einen gelingenden inklusiven Unterricht zu betrachten (Erdsiek-Rave & John-Ohnesorg, 2014).

Darüber hinaus wirken Akteurinnen und Akteure im multiprofessionellen Team mit, die, so scheint es, gar nicht unbedingt etwas mit Unterricht bzw. Lehr- und Lernprozessen zu tun haben. Gleichwohl gilt es, im Sinne der bestmöglichen individuellen Förderung aller Kinder und Jugendlichen an einem Strang zu ziehen. Dabei kann es hilfreich sein, sich über die Merkmale eines Teams klar zu werden und sich zu den einzelnen Aspekten auszutauschen. Wenn ein Team über einen längeren Zeitraum gut funktionieren soll, ist das gemeinsame Ziel bzw. die gemeinsame Aufgabe zu klären und abzustimmen, wer bei der Umsetzung des Vorhabens welche Rolle innehat. Der Austausch zu gemeinsamen Werten und Haltungen ist gerade im Hinblick auf die Förderung der Schülerinnen und Schüler mit sonderpädagogischem Unterstützungsbedarf notwendig, da es darum gehen sollte, ein gemeinsames Lernen für alle zu ermöglichen. Gelingt es einem multiprofessionellen Team, ein Wir-Gefühl zu entwickeln, werden sich daraus wertvolle Synergieeffekte für die Bewältigung der zuweilen umfangreichen und herausfordernden Aufgaben ergeben und zu einer Entlastung für jedes Teammitglied führen. Die Merkmale eines Teams stellt Philipp (1996) in enger Wechselwirkung ausgehend von der gemeinsamen Aufgabe dar.

Ob als »gemeinsame Aufgabe« die konkrete Förderung einer Schülerin oder eines Schülers, die Gestaltung eines binnendifferenzierenden Unterrichtes oder die inklusive Schulentwicklung festgeschrieben wird, sei hier einmal dahingestellt. Vielmehr ist es wichtig, sich gemeinsam darüber im Klaren zu sein, dass ein Team umso effektiver und erfolgreicher arbeitet, je mehr Teammerkmale (▶ Abb. 7.1) es für sich verbuchen kann. Die durch Inklusion herbeigeführte Zusammenarbeit bedeutet nicht per se gut funktionierende Kooperationen. Diese gilt es zu entwickeln, indem ein Team über einen längeren Zeitraum zusammenarbeitet und somit auch zusammenwachsen kann. Ist sich ein Team über gemeinsame Normen und Werte weitestgehend einig und hat es sinnvolle Regeln für die Zusammenarbeit aufgestellt, wird es gelingen, in unterschiedlichen Rollen und mit verschiedenen Expertisen gemeinsame Ziele zu erreichen. Voraussetzung hierfür ist es selbstredend, dass alle auch wirklich vor Ort für das Team zur Verfügung stehen. Eine sonderpädagogische Lehrkraft, die an einem Tag in mehreren Schulen tätig ist, eine Schulsozialarbeiterin bzw. ein Schulsozialarbeiter, der für drei Schulen gleichzeitig verantwortlich zeichnet, oder die zeitliche Befristung des Arbeitsvertrages einer Schulbegleitung sind an dieser Stelle keineswegs förderlich. Insofern können weder Netzwerkarbeit noch Kooperation im multiprofessionellen Team ressourcenunabhängig betrachtet werden.

7.2 Allein wird das nichts! – Netzwerkarbeit in der inklusiven Schule

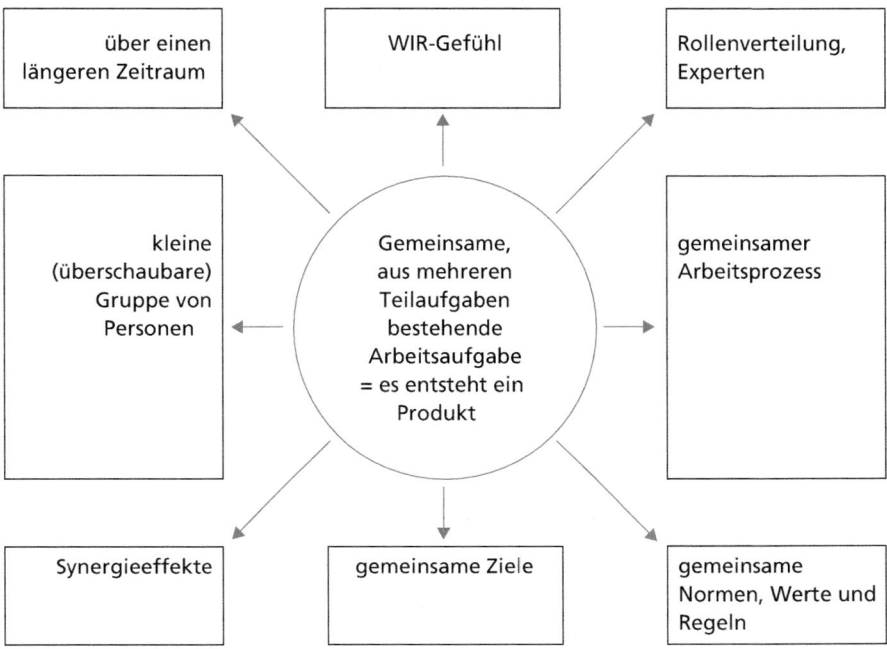

Abb. 7.1: Merkmale eines Teams (Philipp, 1996)

Folgende Personengruppen können im engeren multiprofessionellen Team mit folgenden Aufgaben mitgedacht werden:

Regelschullehrkraft

- Auswahl von Unterrichtsthemen
- konkrete Vorbereitung des gemeinsamen Unterrichts
- Auswahl der Unterrichtsmethoden
- Auswahl der Unterrichtsmaterialien
- Unterrichten
- Umsetzen der Förderplanziele
- lernprozessbegleitende Diagnostik

Sonderpädagogische Lehrkraft

- Individualisierungsmaßnahmen
- Einsatz ergänzender diagnostischer Verfahren
- Umsetzen der Förderplanziele

- Durchführung unterrichtsintegrierter und unterrichtsergänzender Förderangebote
- Einzel- und Kleingruppenförderung

Unterstützende pädagogische Fachkräfte

- Durchführung sonderpädagogischer Maßnahmen besonders für Schülerinnen und Schüler mit festgestelltem sonderpädagogischen Unterstützungsbedarf
- Einzel- und Kleingruppenförderung

Schulbegleitung

- personelle Assistenz für das einzelne Kind
- Unterstützung im Unterricht, z. B. durch Strukturierungshilfen, Lenkung der Aufmerksamkeit
- Förderung der sozialen Interaktion, z. B. durch Hilfen zur Kommunikation und zum sozialen Umgang
- Begleitung des Kindes in Krisensituationen

Schulsozialarbeit

- Umsetzung konkreter Förderplanziele
- Durchführung besonderer Fördermaßnahmen
- Vorhalten von Time-out-Angeboten

Wenngleich o. a. Aufzählung eine klare Aufgabenverteilung suggeriert, tragen doch alle im multiprofessionellen Team eine gemeinsame Verantwortung für den Unterricht und für die Förderung der Kinder oder Jugendlichen einer Klasse. Will man erreichen, dass alle im Kernteam auf einem hohen Kooperationsniveau arbeiten, wird es zukünftig unumgänglich sein, hierfür entsprechende Stunden, Räume und Materialien zur Verfügung zu stellen.

Sollten mehrere Personen des multiprofessionellen Teams direkt an der Durchführung einer Unterrichtsstunde beteiligt sein, ist eine enge Abstimmung bzgl. der zu übernehmenden Aufgaben erforderlich. Unerwähnt bleiben soll an dieser Stelle nicht, dass ein multiprofessionelles Team auch dann funktioniert, wenn nicht alle immer und in jeder Unterrichtsstunde im Klassenraum anwesend sind. Auf der Grundlage einer guten Kommunikation, die dazu beiträgt, dass der rechte Fuß immer weiß, was der linke tut, sind zeitlich parallel liegende Kleingruppen- oder Einzelfördersituationen denkbar.

7.2.2 Kooperatives Lehren im inklusiven Unterricht

Im Zuge der inklusiven Schulentwicklung wurde der Ruf der Regelschullehrkräfte nach personeller Unterstützung im Unterricht immer lauter. Doch die Doppelbesetzung aus Regelschul- und sonderpädagogischer Lehrkraft im inklusiven Unterricht ist eher seltene Realität. Entweder stehen nicht genügend Stunden zur Verfügung oder eines der Teammitglieder wird zu Vertretungszwecken herangezogen. Daher gibt es auch nur wenige Erprobungsfelder für das kooperative Lehren.

Angemerkt sei an dieser Stelle auch, dass das Unterrichten im Team ein hohes Maß an Professionalität in Bezug auf die Umsetzung binnendifferenzierender und individualisierender Maßnahmen voraussetzt. Allein die Anzahl der im Unterricht tätigen Personen zu erhöhen, wird nicht zu den gewünschten Erfolgen führen. Wenn keine der Lehrpersonen weiß, wie individuelle Förderung angelegt werden kann und muss, nützt jede personelle Aufstockung nichts, sondern verschlingt lediglich wertvolle Ressourcen.

In der Literatur häufig verwendete Synonyme für das kooperative Lehren sind das Co-Teaching, bei dem in der Regel von zwei Lehrkräften ausgegangen wird und das Teamteaching, bei dem mehrere Lehrende zum Einsatz kommen.

> Teamteaching findet statt, wenn sich zwei oder mehrere Personen die Verantwortung für den Unterricht bzw. Lernprozesse aller Lernenden bestimmter Lerngruppen teilen (Reich & Kricke, 2016, S. 39).

Durch die Kooperation zweier oder mehrerer Lehrpersonen können binnendifferenzierende und individualisierende Maßnahmen besser abgesichert stattfinden, indem sich die Unterstützung im Unterricht entweder auf mehrere Schultern verteilt oder die Förderaufgaben jeweils konkret einer Lehrkraft zugeordnet sind.

Besonders hervorzuheben sind die Potentiale des kooperativen Lehrens für die Unterrichtsgestaltung in Lerngruppen mit zielgleicher und zieldifferenter Ausrichtung.

In welcher Weise die Lehrkräfte des multiprofessionellen Teams in der Unterrichtsstunde zum Einsatz kommen, hängt von den geplanten Lernzielen ab und kann von Stunde zu Stunde sehr verschieden sein. Feste Rollen können nicht in Stein gemeißelt werden.

Effektiv wird das Teamteaching dann, wenn beide Lehrkräfte ihre Expertise so umfänglich wie möglich einbringen können. So kann eine Regelschullehrkraft mehr als »nur« zielgleich unterrichten und eine sonderpädagogische

Lehrkraft mehr, als einem Kind mit Verhaltensauffälligkeiten über den Rücken zu streicheln oder einem Kind mit Lernschwächen den Unterrichtsstoff zu soufflieren.

Friend und Bursuck (2018) haben ein Modell verschiedener Formen der Teamarbeit in Unterrichtssituationen, in denen eine Regelschullehrkraft und eine sonderpädagogische Lehrkraft zusammenarbeiten, entwickelt, das u. a. von Lütje-Klose und Neumann (2018) sowie Reich und Kricke (2016) rezipiert wird:

1. Eine Lehrkraft unterrichtet, die andere Lehrkraft beobachtet, z. B. zum Zwecke prozessimmanenter Förderdiagnostik (»one teach, one observe«).
2. Eine Lehrkraft unterrichtet, die andere Lehrkraft unterstützt, z. B. einzelne Schülerinnen und Schüler in ihrem Lernprozess (»one teach, one support«).
3. Beide Lehrkräfte betreuen verschiedene Stationen im Stationsunterricht (»station teaching«).
4. Die Klasse wird in zwei Gruppen eingeteilt und von jeweils einer Lehrkraft unterrichtet (»parallel teaching«).
5. Beide Lehrkräfte betreuen Schülerinnen und Schüler auf differenzierten Lernniveaus oder unterstützen die Lernenden individuell (»alternativ teaching«).
6. Beide Lehrkräfte unterrichten abwechselnd bzw. gemeinsam (»teamteaching«).

Zur Klärung der Unterrichtsaufgaben im Team können folgende Fragestellungen behilflich sein:

- Wer unterrichtet im Frontalunterricht? (Das muss nicht immer die Regelschullehrkraft sein.)
- Wer unterrichtet welche Gruppe/welche Station in offenen Unterrichtsformen? (Das müssen nicht immer leistungshomogene Gruppen sein.)
- Wer beobachtet was und wen? (Das muss nicht immer die sonderpädagogische Lehrkraft sein.)
- Wer unterstützt einzelne Schülerinnen und Schüler wie? (Das muss nicht immer die sonderpädagogische Lehrkraft sein.)
- Wer unterrichtet welche Gruppe bei Gruppenteilung/getrennter Unterrichtung?

Sicher werden sich, je nach Unterrichtssituation, neue Fragen ergeben, die es bei der Planung einer Unterrichtsstunde oder einer Stoffeinheit zu beantworten gilt. Hier sind Flexibilität, Kreativität und gegenseitiges Vertrauen gefragt. In diesem Zusammenhang spielen Gefühle, Vorstellungen, Bedürfnisse und Bitten eines jeden Teammitgliedes eine wichtige Rolle.

Die Kooperation im Unterricht ist regelmäßig zu überprüfen, um Schlussfolgerungen aus der Reflexion gewinnbringend in das weitere pädagogische Handeln einbringen zu können.

Die Schülerinnen und Schüler sollten ihre Lehrkräfte als gleichberechtigte Lehrpersonen wahrnehmen. Wenn sie erst überlegen müssen, wer denn nun Ansprechpartner oder -partnerin für eine unterrichtsbezogene Frage ist, führt das zu unnötigen Irritationen. Eine möglicherweise als Dauerbeobachtung wahrgenommene Betreuung fördert das selbsttätige und selbstverantwortete Lernen darüber hinaus auch nicht unbedingt. Das multiprofessionelle Team sollte also auch in der Lage sein, an geeigneten Stellen des Unterrichts eine gute Distanz zu den Lernenden zu wahren.

7.2.3 Kollegialer Austausch und Beratung

Ganz gleich ob es um Schulentwicklungsprozesse allgemein, um die Erstellung einer Förderkonzeption, um Förderplanung oder um das pädagogische Handeln im Sinne einer individuellen Förderung geht, immer finden Beratungsprozesse statt – sei es im kollegialen Gespräch oder in Teamsitzungen unter Verwendung eines bestimmten Beratungsmodelles. Beratung ist somit ein nicht wegzudenkender Bestandteil von Kooperation im multiprofessionellen Team und wird verstanden als

»... professionelle Hilfeleistung, die ein Berater oder eine Beraterin erbringt und die von einem oder einer Ratsuchenden nachgefragt wird« (Möller, 2000, S. 541).

Die Beratungsbedürfnisse und -anlässe ergeben sich oftmals aus problem- oder konfliktbehafteten Situationen und stellen das Thema der Beratung. Sie können sich auf einzelne Schülerinnen und Schüler und deren Lernvoraussetzungen, auf Ergebnisse eines diagnostischen Prozesses, auf mögliche Entwicklungsverläufe von Schülerinnen und Schüler, auf die didaktische und methodische Gestaltung des zielgleichen und des zieldifferenten Unterrichts etc. beziehen.

7 Schulentwicklungsbezogene Aspekte – ein stabiles Fundament errichten

In einem multiprofessionellen Team kann jede Person sowohl Beraterin oder Berater als auch Ratsuchende oder Ratsuchender sein. Es besteht ebenfalls die Möglichkeit, externe Beratung in Anspruch zu nehmen. Allerdings geht es im Zusammenhang mit pädagogischer Beratung nicht um die rasche Klärung eines schulischen Problems zwischen Tür und Angel oder um Unterrichtsrezepte, sondern vielmehr um das gemeinsame Einigen auf ein Beratungsmodell und das Investieren von Zeit für lösungsorientierte Gespräche.

»Das Beratungsgespräch kann definiert werden als eine besondere zwischenmenschliche Interaktionsform, die im Gegensatz zum Alltagsgespräch planvoll, fachkundig und methodisch geschult durchgeführt wird und die auf einer beidseitigen Verbindlichkeit, Verantwortung und auf einem arbeitsfördernden Vertrauensverhältnis beruht« (Mutzeck, 2008, S. 14).

Beratung in pädagogischen Handlungsfeldern zielt auf die Förderung der Selbstständigkeit und Mündigkeit in der konkreten Problemsituation und darüber hinaus ab (Ellinger, 2016).

Die Ziele von pädagogischer Beratung liegen darin, die Lehrkräfte dabei zu unterstützen,

- »den beruflichen Alltag aus der Distanz zu reflektieren,
- die problematischen Belastungen besser zu bewältigen,
- in problematischen Situationen auf Anteilnahme und Verständnis zu stoßen,
- bei Erschöpfung und beruflicher Unzufriedenheit neue Zuversicht zu gewinnen,
- Konflikten und unerfreulichen Frontbildungen vorzubeugen,
- die eigene Professionalität zu stützen und weiterzuentwickeln,
- für schwierige Situationen neue Handlungsperspektiven zu entwickeln,
- das Arbeitsklima zu verbessern und die Schulkultur zu entwickeln,
- Strukturen und Organisationsformen zu verändern« (Schlee & Mutzeck, 1996, S. 13).

Zu den für die Arbeit im multiprofessionellen Team geeigneten Handlungsformen der pädagogischen Beratung zählen u. a. die *Kooperative Beratung* und die *Kollegiale Supervision*.

Bei der *Kooperativen Beratung* handelt es sich um ein theoriegeleitetes und praxisorientiertes Konzept, mittels dessen die Lösung eines pädagogischen

7.2 Allein wird das nichts! – Netzwerkarbeit in der inklusiven Schule

Problems angestrebt wird. Das Besondere an dieser Form ist das horizontale Verständnis von Beratung, d. h., dass grundsätzlich von einer Gleichwertigkeit aller Teammitglieder ausgegangen wird und ein humanistisches Menschenbild zugrunde liegt.

Im Prozess der Kooperativen Beratung wird in einem ersten Schritt eine Einführung in die Problemlage gegeben. Ist das Problem beschrieben, werden die Ressourcen erkundet, die in der ratsuchenden Person selbst oder in deren Umfeld für die Problemlösung zur Verfügung stehen. In einem sich anschließenden Perspektivwechsel wird die Sichtweise des Gegenübers eingenommen. Die Situation wird in Bezug auf das Schlüsselproblem hin analysiert. Aus dieser Analyse heraus formuliert die Ratsuchende Person mit Unterstützung der Beraterin oder des Beraters seine Zielstellung. Bei der Suche nach Lösungen können an dieser Stelle mehrere verschiedene Möglichkeiten in Betracht gezogen werden. In der Phase der Entscheidungsfindung legt man eine Reihung möglicher Lösungen fest, bereitet deren Umsetzung vor und trifft Vereinbarungen zur nachgehenden Begleitung.

Gekennzeichnet ist der Prozess der Kooperativen Beratung von Elementen wie einer direkten persönlichen Ansprache, dem aktiven Zuhören, dem Ansprechen von Gedanken und Gefühlen und einem durchgängigen Bemühen um einen Dialogkonsens.

Eine weitere Möglichkeit, eigenes berufliches Handeln oder das im multiprofessionellen Team zu reflektieren und problematischen Situationen konstruktiv zu begegnen, ist die *Kollegiale Supervision*.

> »Supervision ist ein Instrument zur Unterstützung und Beratung von Berufstätigen. Als Nachdenken unter Anleitung ist sie eine Beratungsform für berufliche Probleme. Zielgruppe sind Menschen in Berufen mit hohen psychischen Belastungen, z. B. Erzieher, Lehrer, Sozialarbeiter usw. Neben einer psychischen Entlastung strebt Supervision eine Erhöhung der Professionalität der Beteiligten und eine Verbesserung von institutionellen Rahmenbedingungen an« (Schlee & Mutzeck, 1996, S. 11).

Die Kollegiale Supervision ist eine anwendungsbereite Methode für den schulischen Alltag, bei der ein Gruppenmitglied die Gesprächsleitung übernimmt und alle Personen teilnehmen können, die mit dem Problem der ratsuchenden Person befasst sind.

Eine Supervisionssitzung folgt einer festgelegten Struktur. Diese lässt das Handeln des Supervisors, der das Gespräch leitet, und das des Supervisanden, also der Person, die ihren Fall vorträgt, transparent werden.

Die Struktur einer Kollegialen Supervision ist in verschiedenen Varianten denkbar.

Exemplarisch sei hier das Modell von Fleischer, Grewe, Jötten, Seifried, & Sieland (2007) vorgestellt:

1. Phase: *Vortragen des »Falles« durch die ratsuchende Person*
   - Darstellung einer aktuellen problematischen oder konfliktbehafteten Situation durch eine ratsuchende Person
   - Klärung übergeordneter Fragen, z. B. Was kann über die Situation gesagt werden? Welches Ziel verfolge ich?
2. Phase: *Nachfragen*
   - Informations- und Verständnisfragen aus der Gruppe
3. Phase: *Eindrücke und Gefühle*
   - Äußerungen von Eindrücken und Gefühlen aus der Gruppe
   - ratsuchende Person nimmt Eindrücke und Gefühle auf, ohne sich dazu zu äußern
4. Phase: *Problemorientierte Diskussion*
   - Diskussion von Ideen, Erklärungen und Hypothesen zum Fall und zu emotionalen Reaktionen durch die Gruppe
   - ratsuchende Person nimmt Ideen, Erklärungen und Hypothesen auf, ohne sich dazu zu äußern
5. Phase: *Feedback*
   - Rückmeldungen der ratsuchenden Person zu Phasen 3 und 4
6. Phase: *Abschluss*
   - Erarbeitung gemeinsamer Lösungsstrategien

Die beiden hier dargestellten Beratungsmodelle können für multiprofessionelle Teams eine Unterstützung darstellen, problematische oder konflikthafte Situationen zu besprechen, Alltagssituationen aus einer veränderten Perspektive zu betrachten und über eine kritische Auseinandersetzung mit möglichen Zielen gemeinsame Lösungen zu entwickeln.

7.3 Bausteine für die Gestaltung von schulinternen Fortbildungen zum Thema zielgleicher/ zieldifferenter Unterricht und Umgang mit Nachteilsausgleich

Aus langjähriger Fort- und Weiterbildungspraxis heraus ergeben sich Anknüpfungspunkte und Überlegungen, wie die einzelnen Aspekte zum Thema *zielgleicher und zieldifferenter Unterricht und Umgang mit Nachteilsausgleich* zum übergeordneten Thema *Schulische Inklusion* im Rahmen schulinterner Veranstaltungen verortet werden können.

Erinnern Sie sich an den stabilen Bilderrahmen, der ein noch nicht vollendetes Bild umrahmt? Erinnern Sie sich an erste Pinselstriche, farbenfroh und zaghaft, die neue und belebende Akzente auf dem Bild setzen (▶ Kap. 3.1)? Jedes Kollegium einer Schule hat es in der Hand, sein eigenes Bild der schulischen Inklusion zu zeichnen, neue Techniken auszuprobieren und »Verstaubtes« zu übermalen. Es entscheidet selbst, wie intensiv und umfänglich es an dem Bild malen, an welcher Stelle es den ersten Farbtupfer setzen und wie es Einzelelemente kreativ miteinander verbinden wird, wobei es ebenso entscheidet, einige Elemente in den Vorder- und andere in den Hintergrund zu rücken.

Die Ausgestaltung des *inneren Rahmens* von schulischer Inklusion erfordert Kenntnisse, Fähigkeiten, Einstellungen und Haltungen. Kenntnisse erwerben Lehrkräfte über die Aneignung neuer Inhalte. Fähigkeiten jedoch entwickeln Lehrkräfte durch das Ausprobieren und Anwenden des neu Gelernten. Und Einstellungen? Diese können über Reflexionsprozesse erworben werden, indem Lehrkräfte z.B. einen intensiven Austausch darüber pflegen, welche Erfahrungen sie im Rahmen des Erprobens gemacht haben und wie sie diese in ihr bisheriges Erfahrungskonzept einordnen. Gerade für den letztgenannten Punkt bleibt in der schulischen Praxis meist zu wenig Raum. Einstellungs- und Haltungsfragen sollten bei Fortbildungsinhalten mitgedacht werden, denn oftmals geht es um das Finden eines kleinsten gemeinsamen Nenners, damit die Implementation von Neuem nicht schon im Ansatz scheitert.

Den Themenfeldern *zielgleicher und zieldifferenter Unterricht und Umgang mit Nachteilsausgleich* kommt in dem Buch besondere Aufmerksamkeit zu. Lehrkräften werden inhaltliche Fragen beantwortet und Handlungsmöglichkeiten für die Umsetzung in der schulischen Praxis vorgeschlagen. In der folgenden Abbildung (▶ Tab. 7.9) sind diese beiden Kernstücke in weitere Themenfelder eingebettet, die in einem engeren oder entfernteren Zusammenhang zur Thematik stehen.

Die einzelnen Modulbausteine können nach dem Baukastenprinzip zusammengestellt werden. In jedem Modulbaustein finden sich Anknüpfungspunkte für die Weiterarbeit in einem nächsten Modul nach dem Motto: Alles hängt mit allem zusammen. Die Mehrzahl der Inhalte dürfte Lehrkräften bekannt vorkommen, denn sie sind im pädagogischen und sonderpädagogischen Kontext langjährige Kernthemen, wie z. B. Beratung, Förderplanung oder auch Differenzierung und Individualisierung. Andere wiederum, wie z. B. Diagnostik oder Umgang mit Kindern und Jugendlichen mit Schwierigkeiten in der sozial-emotionalen Entwicklung und im Verhalten, sind Themen, die, wenn sie intensiv bearbeitet und reflektiert werden, zu mehr Professionalität der Lehrkräfte an Regelschulen führen sollen.

Als stabiles Fundament soll u. a. das schulische Präventions- und Förderkonzept verstanden werden, das als Grundgerüst alle großen und kleinen Bausteine sicher trägt. Hier wird das Inklusionsverständnis der Einzelschule verankert. Es bietet den inhaltlichen und organisatorischen Rahmen für die Ausgestaltung schulischer Inklusionsprozesse. Wird das Präventions- und Förderkonzept in der Schulprogrammarbeit zurückgestellt oder gänzlich vernachlässigt, besteht die Gefahr, dass die einzelnen Modulbausteine eher weniger in den Gesamtkontext eingeordnet werden können. Bearbeitet eine Schule beispielsweise das Thema *individuelle Förderung*, stoßen Lehrkräfte durchaus an Grenzen der Umsetzung, wenn der organisatorische Rahmen nicht mitgedacht wird.

Die Schwerpunkte Leistungsbewertung und -zensierung finden sich nur punktuell in den Modulbausteinen wieder, denn sie sind nach wie vor eine »Baustelle«. Ein Spagat zwischen zielgleichen Leistungsanforderungen im Regelschulsystem und individueller Perspektive auf Lernende mit differenten Lernzielen scheint, neben der Gestaltung inklusiver Rahmenpläne, zu einer größeren Herausforderung zu werden. Die Lehrerinnen und Lehrer stehen einerseits vor der Verantwortung einer gerechten Leistungsbewertung und andererseits der Sicherung von Zukunftschancen durch anschlussfähige Schulabschlüsse.

In der Grundschule sind kompetenzorientierte Zugänge unkompliziert möglich und werden über die Beschreibung von Kompetenzen in Zeugnissen bereits praktiziert. Ob und wie diese Möglichkeiten praktikabel für den Bereich der Sekundarstufe übertragbar sind, bleibt (noch) weitgehend offen. Gerade die Benotung von zieldifferenten Leistungsanforderungen im Sinne der Individualorientierung macht in der Praxis wenig Sinn.

Einen reichen Fundus an pädagogischem Vorwissen, eine große Portion Erfahrung im Unterrichten und Freude im Umgang mit Kindern und Jugendlichen bringen Lehrkräfte in die inklusive Schule mit ein. Sie sind außerdem Expertinnen und Experten ihrer Fächer, in denen sie innovativ und ideenreich Neues ausprobieren. Skepsis gegenüber einer doch zahlenmäßig recht kleinen Gruppe von Schülerinnen und Schülern erwächst meist aus der Tatsache, dass sie sich nicht kompetent genug fühlen im Umgang mit deren Behinderung bzw. Beeinträchtigung.

Neben einer Erweiterung der Handlungskompetenz im Rahmen nachhaltiger schulinterner Fortbildungen sollten Lehrkräfte die Möglichkeit erhalten, sich langfristig für Förderaufgaben an der Schule spezialisieren zu dürfen. Universitäre Weiterbildungsprogramme in mehreren Bundesländern zeigen, dass gerade die intensive berufsbegleitende Qualifizierung von Lehrkräften zu inklusions- und sonderpädagogischen Themen gelingen kann, wenn neben einer guten Studierbarkeit auch der zukünftige Einsatz der Absolventinnen und Absolventen bzgl. ihrer Funktionen und Aufgaben an der inklusiven Schule langfristig mitgedacht werden.

Tab. 7.9: Fortbildungsbausteine zur Ausgestaltung des inneren Rahmens einer inklusiven Schule

11 Gespräche führen	12 Beratung	13 Förderplanung als Teamaufgabe
• Gespräche mit Eltern • Gespräche mit Schülerinnen und Schülern	• Beratungsmodelle und deren Implementation in Schule	• Förderplanung in der konkreten Umsetzung

9 Zielgleicher und zieldifferenter Unterricht	10 Umgang mit Nachteilsausgleich
• Chancen und Problemstellen • Rahmenplanbezug und gemeinsame Lerngegenstände • Aufgabenkultur, Lern- und Leistungsaufgaben • Unterstützungsmöglichkeiten und Hilfen in Lern- und Leistungssituationen • Anforderungen an Hausaufgaben • Aspekte von Leistungsfeststellung und Leistungsbewertung • personelle Unterstützung im zieldifferenten Unterricht	• Begriff und Bedeutung • gesetzliche Grundlagen und Empfehlungen • Formen von Nachteilsausgleich • besondere Maßnahmen bei sonderpädagogischem Unterstützungsbedarf • besondere Maßnahmen bei besonderen Schwierigkeiten im Lesen, Rechtschreiben oder Rechnen • Nachteilsausgleich in Lern- und Leistungssituationen • Grenzen von Nachteilsausgleich

7 Schulentwicklungsbezogene Aspekte – ein stabiles Fundament errichten

Tab. 7.9: Fortbildungsbausteine zur Ausgestaltung des inneren Rahmens einer inklusiven Schule – Fortsetzung

6 Didaktik und Methodik des Unterrichts unter Herausforderungen von Inklusion	7 Differenzierung und Individualisierung in heterogenen Lerngruppen	8 Individuelle Förderung
◆ didaktische Grundsätze, Handlungsmöglichkeiten für den Unterricht bei Lernschwierigkeiten und Verhaltensstörungen ◆ Unterrichtskonzepte und -methoden im Spannungsfeld von direktem und geöffnetem Unterricht	◆ äußere und innere Differenzierung ◆ Individualisierung von Lernprozessen ◆ differenzierte Hausaufgaben ◆ Differenzierung in Leistungssituationen	◆ unterrichtsintegrierte und unterrichtsergänzende Förderung ◆ Förderkonzepte und Fördermethoden ◆ Makro- und Mikroplanung von Fördereinheiten ◆ Auswahl evidenzbasierter Materialien ◆ Einsatz von Trainingsprogrammen

5 Diagnostik und Früherkennung

◆ Diagnosekompetenz von Lehrkräften an Regelschulen
◆ Instrumente und Verfahren (u. a. Verhaltensbeobachtung, explorative Gespräche, Screenings, formative Leistungsevaluation)

3 Aufgabenfelder von Lehrkräften in der inklusiven Schule	4 Arbeit im multiprofessionellen Team
◆ übergeordnete Aufgaben ◆ professionsbezogene Aufgaben	◆ Aufgaben der verschiedenen Akteure ◆ Teamarbeit im Unterricht (z. B. Lehren in Kooperation) ◆ Netzwerkarbeit

2 Heterogenität in der Lerngruppen
u. a. Schülerinnen und Schüler mit

◆ Lernschwierigkeiten
◆ Schwierigkeiten in der sozial-emotionalen Entwicklung und im Verhalten
◆ weiteren Unterstützungsbedarfen

1 Äußerer und innerer Rahmen von schulischer Inklusion

◆ Präventions- und Förderkonzept als stabiles Fundament
◆ Gelingensbedingungen schulischer Inklusion
◆ Kenntnisse, Fähigkeiten, Einstellungen und Haltungen von Lehrkräften in der inklusiven Schule

Literaturverzeichnis

Abelein, P. & Stein, R. (2017). *Förderung bei Aufmerksamkeits- und Hyperaktivitätsstörungen*. Stuttgart: Verlag Kohlhammer.
Amrhein, B. (2011). *Inklusion in der Sekundarstufe. Eine empirische Analyse*. Bad Heilbrunn: Verlag Julius Klinkhardt.
Baier, D. (2012). Die Schulumwelt als Einflussfaktor des Schulschwänzens. In H. Ricking & G. Schulze (Hrsg.), *Schulabbruch – ohne Ticket in die Zukunft?* (S. 37–62). Bad Heilbrunn: Verlag Julius Klinkhardt.
Bastian, J., Combe, A. & Langer, R. (2016). *Feedback-Methoden. Erprobte Konzepte, evaluierte Erfahrungen* (4., überarbeitete Auflage). Weinheim: Beltz Verlag.
Becker, B. & Ewering, T. (2021). *Praxisleitfaden Kooperatives Lernen und Heterogenität*. Weinheim: Verlag Beltz.
Becker, G. E. (2006). *Lehrer lösen Konflikte. Handlungshilfen für den Schulalltag*. Weinheim: Verlag Beltz.
Behnke, K. (2016). *Umgang mit Feedback im Kontext Schule. Erkenntnisse aus Analysen der externen Evaluation und des Referendariats*. Berlin: Verlag Springer.
Benkmann, R. & Heimlich, U. (2018). *Inklusion im Förderschwerpunkt Lernen*. Stuttgart: Verlag Kohlhammer.
Berger, R., Granzer, D., Looss, W. & Waack, S. (2013). *Warum fragt ihr nicht einfach uns? Mit Schüler-Feedback lernwirksam unterrichten*. Weinheim: Verlag Beltz.
Bönsch, M. (2018). *Grundlegungen sozialen Lernens heute. Personen stärken, Beziehungen kultivieren, Humanität fördern*. Baden-Baden: Verlag Academia.
Bönsch, M. (1995). *Differenzierung in Schule und Unterricht*. München: Verlag Ehrenwirth.
Born, A. & Oehler, C. (2009). *Lernen mit Grundschulkindern. Praktische Hilfen und erfolgreiche Fördermethoden für Eltern und Lehrer*. Stuttgart: Verlag Kohlhammer.
Braun, D. & Schmischke, J. (2010). *Kinder individuell fördern*. Berlin: Cornelsen Scriptor.
Brüning, L. & Saum, T. (2019). *Direkte Instruktion. Kompetenzen wirksam vermitteln*. Essen: Verlagsgesellschaft Neue Deutsche Schule.
Büch, H., Döpfner, M. & Petermann, U. (2015). *Soziale Ängste und Leistungsängste*. Göttingen: Verlag Hogrefe.
Bundschuh, K. & Winkler, C. (2019). *Einführung in die sonderpädagogische Diagnostik* (9. überarbeitete Aufl.). München: Verlag Reinhardt.
Diehl, K., Hartke, B. & Mahlau, K. (2020). *Inklusionsorientierter Deutschunterricht*. Stuttgart: Verlag Kohlhammer.
Drave, W., Rumpler, F. & Wachtel, P. (2000). *Empfehlungen zur sonderpädagogischen Förderung. Allgemeine Grundlagen und Förderschwerpunkte mit Kommentaren*. Würzburg: Verlag Edition Bentheim.
Ellinger, S. (2016). Pädagogische Beratung. In M. Dederich, I. Beck, U. Bleidick & G. Antor (Hrsg.), *Handlexikon der Behindertenpädagogik. Schlüsselbegriffe aus Theorie und Praxis* (3., erweiterte und überarbeitete Aufl.). (S. 267–269). Stuttgart: Verlag Kohlhammer.

Ellinger, S. (2007a). Aufmerksamkeitsstörung und Hyperaktivität (ADS/ADHS). In S. Ellinger, K. Koch, J. Schroeder (Hrsg.), *Risikokinder in der Ganztagsschule. Ein Praxishandbuch* (S. 116-148). Stuttgart: Verlag Kohlhammer.

Ellinger, S. (2007b). Schulaversives Verhalten. In S. Ellinger, K. Koch, J. Schroeder (Hrsg.), *Risikokinder in der Ganztagsschule. Ein Praxishandbuch* (S. 171-192). Stuttgart: Verlag Kohlhammer.

Ellinger, S., Koch, K. & Schroeder, J. (2007). *Risikokinder in der Ganztagsschule. Ein Praxishandbuch.* Stuttgart: Verlag Kohlhammer.

Erdsiek-Rave, U. & John-Ohnesorg, M. (2014). *Individuell Fördern mit multiprofessionellen Teams.* Berlin: Friedrich-Ebert-Stiftung.

Fegert, J. M., Eggers, C. & Resch, F. (2012). *Psychiatrie und Psychotherapie des Kindes- und Jugendalters.* Berlin: Verlag Springer.

Feuser, G. (1998). Gemeinsames Lernen am gemeinsamen Gegenstand. Didaktisches Fundamentum einer Allgemeinen (integrativen) Pädagogik. In A. Hildeschmidt, I. Schnell (Hrsg.), *Integrationspädagogik. Auf dem Weg zu einer Schule für alle* (S. 19-36). Weinheim und München: Verlag Juventa.

Fleischer, T., Grewe, N., Jötten, B., Seifried, K. & Sieland, B. (2007). *Handbuch Schulpsychologie.* Stuttgart: Verlag Kohlhammer.

Friend, M. & Bursuck, W. D. (2018). *Including Students with Special Needs* (8. Aufl.). London: Pearson Education.

Fritz, A., Schmidt, S. & Ricken, G. (2017). *Handbuch Rechenschwäche. Lernwege, Schwierigkeiten und Hilfen bei Dyskalkulie* (3., überarbeitete Aufl.). Weinheim Basel: Verlag Beltz.

Gasteiger-Klicpera, B. & Klicpera, C. & (2014). Lese- Rechtschreibschwäche. In G. W. Lauth, M. Grünke, J. C. Brunstein (Hrsg.), *Interventionen bei Lernstörungen. Förderung, Training und Therapie in der Praxis* (2., überarbeitete und erweiterte Aufl.). (S. 56-65). Göttingen: Verlag Hogrefe.

Geber, G. (2017). Der Nachteilsausgleich in der Regelschule - Eine explorative Studie zur praktischen Umsetzung des Nachteilsausgleichs. In A. Textor, S. Grüter, I. Schiermeyer-Reichl, B. Streese (Hrsg.), *Leistung inklusive? Inklusion in der Leistungsgesellschaft* (S. 173-180). Bad Heilbrunn: Verlag Klinkhardt.

Glockengiesser, I. (2014). Abgrenzung zwischen Nachteilsausgleich und Notenschutz auf der obligatorischen Bildungsstufe - eine Beurteilung aus rechtlicher Sicht. *Schweizerische Zeitschrift für Heilpädagogik,* 20 (5), 17-22.

Goetze, H. (2006). Prävention. In G. Antor & U. Bleidick (Hrsg.), *Handlexikon der Behindertenpädagogik* (2. Aufl.). (S. 109-111). Stuttgart: Verlag Kohlhammer.

Gold, A. (2016). *Lernen leichter machen. Wie man im Unterricht mit Lernschwierigkeiten umgehen kann.* Göttingen: Verlag Vandenhoeck & Ruprecht.

Gold, A. (2011). *Lernschwierigkeiten. Ursachen, Diagnostik, Intervention.* Stuttgart: Verlag Kohlhammer.

Grünke, M. & Grosche, M. (2014). Lernbehinderung. In G. W. Lauth, M. Grünke, J. C. Brunstein (Hrsg.), *Interventionen bei Lernstörungen. Förderung, Training und Therapie in der Praxis* (2., überarbeitete und erweiterte Aufl.). (S. 76-89). Göttingen u. a.: Verlag Hogrefe.

Guthörlein, K., Lindmeier, C., Laubenstein, D., Scheer, D. & Sponholz, D. (2017). Auf dem Weg zur schulischen Inklusion – Zum Verhältnis von Vielfalt und Leistung an Schwerpunktschulen in Rheinland-Pfalz. In A. Textor, S. Grüter, I. Schiermeyer-Reichl, B. Streese

(Hrsg.), *Leistung inklusive? Inklusion in der Leistungsgesellschaft.* Band II. (S. 208-215). Bad Heilbrunn: Verlag Klinkhardt.

Haider, V., Pertzel, E., Schmieg, I. & Schütte, A. U. (2015). *Inklusiv unterrichten: Jedem Schüler gerecht werden. Mit Lernschwierigkeiten und ihren Ursachen umgehen.* Berlin: Verlag Cornelsen.

Hanke, P., Backhaus, J. & Bogatz, A. (2013). *Den Übergang gemeinsam gestalten. Kooperation und Bildungsdokumentation im Übergang von der Kindertageseinrichtung in die Grundschule.* Münster: Verlag Waxmann.

Hartke, B., Mahlau, K., Sikora, S. Blumenthal, Y., Diehl, K. & Voß, S. (2016). Lehr- und Lernprozesse effektiv gestalten. In K. Mahlau, S. Voß & B. Hartke (Hrsg.), *Lernen nachhaltig fördern. Band 1: Allgemeine Grundlagen zur Umsetzung einer inklusiven Grundschule. Fortbildungseinheiten, -methoden und -materialien* (S. 147-196). Hamburg: Verlag Dr. Kovač.

Hartke, B. (2003). Offener Unterricht bei besonderem Förderbedarf. In A. Leonhardt, F. Wember (Hrsg.), *Grundfragen der Sonderpädagogik* (S. 770--789). Weinheim, Basel, Berlin: Verlag Beltz.

Hasselhorn, M. & Gold, A. (2017). *Pädagogische Psychologie. Erfolgreiches Lehren und Lernen* (4., aktualisierte Aufl.). Stuttgart: Verlag Kohlhammer.

Hattie, J. & Zierer, K. (2018 a). *Kenne deinen Einfluss! »Visible Learning« für die Unterrichtspraxis.* Baltmannsweiler: Verlag Schneider.

Hattie, J. & Zierer, K. (2018 b). *Visible Learning: Auf den Punkt gebracht.* Baltmannsweiler: Verlag Schneider.

Hattie, J. (2013). *Lernen sichtbar machen.* Baltmannsweiler: Verlag Schneider.

Heimlich, U. (2009). *Lernschwierigkeiten.* Bad Heilbrunn: Verlag Klinkhardt.

Heimlich, U. & Schmid, C. (2018). Zwischen Nachhilfeklassen und inklusiven Schulen. Schulorganisatorische Aspekte der Inklusion bei gravierenden Lernschwierigkeiten. In R. Benkmann, U. Heimlich (Hrsg.), *Inklusion im Förderschwerpunkt Lernen* (S. 14-57). Stuttgart: Verlag Kohlhammer.

Heimlich, U. (2016). Gemeinsamer Unterricht im Rahmen inklusiver Didaktik. In U. Heimlich & F. Wember (Hrsg.), *Didaktik des Unterrichts im Förderschwerpunkt Lernen* (3. Aufl.). (S. 69-80). Stuttgart: Verlag Kohlhammer.

Heimlich, U. & Wember, F. B. (2016). *Didaktik des Unterrichts im Förderschwerpunkt Lernen. Ein Handbuch für Studium und Praxis* (3. Aufl.). Stuttgart: Verlag Kohlhammer.

Hellmich, F. & Blumberg, E. (2017). *Inklusiver Unterricht in der Grundschule.* Stuttgart: Verlag Kohlhammer.

Helmke, A. (2019). Vorwort. In L. Brüning & T. Saum: *Direkte Instruktion. Kompetenzen wirksam vermitteln* (S. 4-10). Essen: Neue Deutsche Schule Verlagsgesellschaft.

Helmke, A. (2013). Individualisierung: Hintergrund, Missverständnisse und Perspektiven. *Zeitschrift Pädagogik,* (2), 34-37.

Helmke, A. (2003). *Unterrichtsqualität erfassen, bewerten, verbessern.* Seelze: Verlag Kallmeyer.

Hennemann, T., Casale, G., Leidig, T., Fleskes, T., Döpfner, M. & Hanisch, C. (2020). Psychische Gesundheit von Schülerinnen und Schülern an Förderschulen mit Förderschwerpunkt Emotionale und soziale Entwicklung (PEARL). *Zeitschrift für Heilpädagogik,* 71, 44-57.

Hennemann, T. & Casale, G. (2016). Emotionale und soziale Entwicklung. In I. Hedderich, G. Biewer, J. Hollenweger, R. Markowetz, (Hrsg.), *Handbuch Inklusion und Sonderpädagogik* (S. 208-213). Bad Heilbrunn: Verlag Klinkhardt.

Hennemann, T., Hövel, D., Casale, G., Hagen, T. & Fitting-Dahlmann, K. (2016). *Schulische Prävention im Bereich Verhalten*. Stuttgart: Verlag Kohlhammer.

Hessisches Kultusministerium (2017). Besondere Schwierigkeiten beim Lesen, Rechtschreiben oder Rechnen. Handreichung zur Umsetzung des sechsten Teils der Verordnung zur Gestaltung des Schulverhältnisses (VOGSV) vom 19. August 2011, zuletzt geändert durch die Verordnung vom 29. April 2014 (ABl. S. 234). Zugriff am 02.05.2022. Verfügbar unter: https://kultusministerium.hessen.de/infomaterial/Besondere-Schwierigkeiten-beim-Lesen-Rechtschreiben-oder-Rechnen

Hillenbrand, C. (2018). Förderschwerpunkt Emotional-soziale Entwicklung. In B. Lütje-Klose, T. Riecke-Baulecke, R. Werning, (Hrsg.), *Basiswissen Lehrerbildung: Inklusion in Schule und Unterricht. Grundlagen in der Sonderpädagogik* (S. 182–203). Seelze: Verlag Klett.

Hillenbrand, C. & Melzer, C. (2018). Zwischen Inklusion und Exklusion – Empirische Aspekte der schulischen Inklusion im Förderschwerpunkt Lernen. In R. Benkmann & U. Heimlich (Hrsg.), *Inklusion im Förderschwerpunkt Lernen* (S. 66–132). Stuttgart: Verlag Kohlhammer.

Hoberg, K. (2018). *Schulratgeber ADHS. Ein Leitfaden für LehrerInnen* (2., aktualisierte Auflage). München: Verlag Ernst Reinhardt.

Hollenbach-Biele, N. & Klemm, K. (2020). *Inklusive Bildung zwischen Licht und Schatten: Eine Bilanz nach zehn Jahren inklusiven Unterrichts*. Gütersloh: Bertelsmann Stiftung.

Jantzen, W. (2018). *Sozialisation und Behinderung. Studien zu sozialwissenschaftlichen Grundfragen der Behindertenpädagogik*. Gießen: Psychosozial-Verlag.

Jürgens, E. (2009). *Die neue Reformpädagogik und die Bewegung Offener Unterricht – Theorie, Praxis und Forschungslage* (7. Aufl.). Sankt Augustin: Verlag Academia.

Kiel, E. (2015). Einleitung: Inklusion im Sekundarbereich – ein schwieriges Feld. In E. Kiel (Hrsg.), *Inklusion im Sekundarbereich* (S. 9–15). Stuttgart: Verlag Kohlhammer.

Koch, K. (2005). Probleme im Bereich des mathematischen Lernens. In S. Ellinger, M. Wittrock (Hrsg.), *Sonderpädagogik in der Regelschule. Konzepte – Forschung – Praxis* (S. 279–298). Stuttgart: Verlag Kohlhammer.

Koßmann, R. (2019). *Schule und »Lernbehinderung«. Wechselseitige Erschließungen*. Bad Heilbrunn: Verlag Julius Klinkhardt.

Kultusministerkonferenz (KMK, 2019). *Empfehlungen zur schulischen Bildung, Beratung und Unterstützung von Kindern und Jugendlichen im sonderpädagogischen Schwerpunkt Lernen*. Beschluss der KMK vom 14.03.2019. Zugriff am: 15.03.2022. Verfügbar unter: https://www.kmk.org/dokumentation-statistik/beschluesse-und-veroeffentlichungen/bildung-schule/allgemeine-bildung.html#c1315

Kultusministerkonferenz (KMK, 2015). *Empfehlungen zur Arbeit in der Grundschule*. Beschluss der Kultusministerkonferenz vom 11.06.2015. Zugriff am 12.05.2022. Verfügbar unter: https://www.kmk.org/themen/allgemeinbildende-schulen/bildungswege-und-abschluesse/primarbereich.html

Kultusministerkonferenz (KMK, 2011). *Inklusive Bildung von Kindern und Jugendlichen mit Behinderung in der Schule*. Beschluss der KMK vom 20.10.2011. Zugriff am 01.05. 2022. Verfügbar unter: https://www.kmk.org/themen/allgemeinbildende-schulen/inklusion.html

Kultusministerkonferenz (KMK, 2010) in Zusammenarbeit mit dem Institut zur Qualitätsentwicklung im Bildungswesen (IQB). *Konzeption der Kultusministerkonferenz zur Nutzung der Bildungsstandards für die Unterrichtsentwicklung*. Köln: Verlag Carl Link.

Kultusministerkonferenz (KMK, 2004). *Bildungsstandards im Fach Mathematik für den Primarbereich.* Beschluss der KMK vom 15.10.2004. Zugriff am 02.05.2022. Verfügbar unter: https://www.kmk.org/themen/allgemeinbildende-schulen/bildungswege-und-abschluesse/primarbereich.html

Kultusministerkonferenz (KMK, 2004). *Standards für die Lehrerbildung: Bildungswissenschaften.* Beschluss der KMK vom 16.12.2004. Zugriff am 12.05.2022. Verfügbar unter: https://www.kmk.org/themen/allgemeinbildende-schulen/lehrkraefte/lehrerbildung.html

Kultusministerkonferenz (KMK, 2003). *Grundsätze zur Förderung von Schülerinnen und Schülern mit besonderen Schwierigkeiten im Lesen, Rechtschreiben oder im Rechnen.* Beschluss der KMK vom 04.12.2003 i. d. F vom 15.11.2007. Zugriff am 08.02.2022. Verfügbar unter: https://www.kmk.org/dokumentation-statistik/beschluesse-und-veroeffentlichungen/bildung-schule/allgemeine-bildung.html#c1266

Kunze, I. & Solzbacher, C. (2008). *Individuelle Förderung in der Sekundarstufe I und II.* Baltmannsweiler: Verlag Schneider Hohengehren.

Lambrecht, J. (2020). *Warum machen wir nicht einfach Inklusion? Entwicklung einer Theorie schulischer Inklusion.* Bielefeld: Verlag wbv.

Lebens, M. & Lauth, G. W. (2014). Direkte Instruktion. In G. W. Lauth, M. Grünke, J. C. Brunstein (Hrsg.), *Interventionen bei Lernstörungen. Förderung, Training und Therapie in der Praxis* (2., überarbeitete und erweiterte Aufl.). (S. 419–428). Göttingen: Verlag Hogrefe.

Lelgemann, R., Singer, P. & Walter-Klose, C. (2015). *Inklusion im Förderschwerpunkt körperliche und motorische Entwicklung.* Stuttgart: Verlag Kohlhammer.

Lenze, M. & Lutz-Westphal, B. (2015). Fachdidaktische Ansätze für einen inklusiven Mathematikunterricht am Beispiel der Einführung in die beschreibende Statistik. In J. Riegert, O. Musenberg (Hrsg.), *Inklusiver Fachunterricht in der Sekundarstufe* (S. 43–56). Stuttgart: Verlag Kohlhammer.

Lorenz, J. H. (2014). Rechenschwäche. In G. W. Lauth, M. Grünke, J. C. Brunstein (Hrsg.), *Interventionen bei Lernstörungen. Förderung, Training und Therapie in der Praxis* (2., überarbeitete und erweiterte Aufl.). (S. 43–55). Göttingen: Verlag Hogrefe.

Lütje-Klose, B. & Neumann, P. (2018). Professionalisierung für eine inklusive Schule. In B. Lütje-Klose, T. Riecke-Baulecke, R. Werning (Hrsg.), *Basiswissen Lehrerbildung: Inklusion in Schule und Unterricht. Grundlagen in der Sonderpädagogik* (S. 129–151). Seelze: Friedrich Verlag.

Ludwig, D. (2016). Nachteilsausgleiche – Welche Bedeutung haben sie für die Hochschulen? *Zeitschrift Sonderpädagogische Förderung heute,* (4), 368–379.

Mahnke, U. (2013). Von der Grundschule in die Sekundarstufe I. In V. Moser (Hrsg.), *Die inklusive Schule* (S. 128–136). Stuttgart: Verlag Kohlhammer.

Melfsen, S. & Walitza, S. (2013). *Soziale Ängste und Schulangst. Entwicklungsrisiken erkennen und behandeln.* Weinheim: Verlag Beltz.

Melzer, C. (2014). Förderplanung. In U. Heimlich, R. Stein, F. Wember (Hrsg.), *Handlexikon Lernschwierigkeiten und Verhaltensstörungen* (S. 125–128). Stuttgart: Verlag Kohlhammer.

Melzer, C., Hillenbrand, C., Sprenger, D. & Hennemann, T. (2015). Aufgaben von Lehrkräften in inklusiven Bildungssystemen – Review internationaler Studien. *Erziehungswissenschaft,* 26 (51), S. 61–80.

Meyer, H. (2004). *Was ist guter Unterricht?* Frankfurt a. M.: Verlag Cornelsen Scriptor.

Ministerium für Bildung Sachsen-Anhalt (2017). *Handreichung: Leistung fordern, fördern und bewerten. Nachteilsausgleich richtig anwenden. Richtlinien - Grundsätze - Anregungen.* Zugriff am 02.05.2022. Verfügbar unter: https://landesschulamt.sachsen-anhalt.de/behoerde/schulpsychologische-beratung/links-und-downloads/

Ministerium für Bildung, Wissenschaft und Kultur Mecklenburg-Vorpommern (2013). *Förderplanung - Aber wie? Eine Handreichung für Lehrerinnen und Lehrer der allgemein bildenden Schulen in Mecklenburg-Vorpommern.* Zugriff am: 01.05.2022. Verfügbar unter: https://www.bildung-mv.de/foerderplanung/index.html

Möller, J. (2000). Beratung innerhalb und außerhalb der Schule. In J. Borchert (Hrsg.), *Handbuch der Sonderpädagogischen Psychologie* (S. 541-550). Göttingen: Verlag Hogrefe.

Moser, V. & Kropp, A. (2015). Kompetenzen in inklusiven Settings (KIS). Vorarbeiten zu einem Kompetenzstrukturmodell sonderpädagogischer Lehrkräfte. In T. Häcker, M. Walm (Hrsg.), *Inklusion als Entwicklung. Konsequenzen für Schule und Lehrerbildung* (S. 185-212). Bad Heilbrunn: Verlag Julius Klinkhardt.

Moser Opitz, E., Reusser, L., Moeri Müller, M., Anliker, B., Wittich, C. & Freesemann, O. (2010). *BASIS-MATH 4-8. Basisdiagnostik Mathematik für die Klassen 4-8.* Bern: Verlag Hogrefe.

Mutzeck, W. (2008). *Kooperative Beratung.* Weinheim: Verlag Beltz.

Mutzeck, W. & Melzer, C. (2007). Kooperative Förderplanung – Erstellung und Fortschreibung individueller Förderpläne (KEFF). In W. Mutzeck (Hrsg.), *Förderplanung, Grundlagen, Methoden, Alternativen* (3., überarbeitete und erweiterte Aufl.). (S. 240-247). Weinheim und Basel: Verlag Beltz.

Myschker, N. & Stein, R. (2018). *Verhaltensstörungen bei Kindern und Jugendlichen. Erscheinungsformen - Ursachen - Hilfreiche Maßnahmen* (8., erweiterte und aktualisierte Aufl.). Stuttgart: Verlag Kohlhammer.

Naegele, I. & Valtin, R. (2001). *Legasthenie in den Klassen 1-10. Handbuch der Lese- Rechtschreib-Schwierigkeiten.* Weinheim: Verlag Beltz.

Neumann, P., Grüter, S., Eckel, L., Lütje-Klose, B. (2021). Aufgaben und Zuständigkeiten von allgemeinen und sonderpädagogischen Lehrkräften sowie Fachkräften der Schulsozialarbeit in inklusiven Schulen der Sekundarstufe I. *Zeitschrift für Heilpädagogik,* 72 (4), 164-177.

Paradies, L. & Linser, H. J. (2008). *Differenzieren im Unterricht.* Berlin: Verlag Cornelsen Scriptor.

Philipp, E. (1996). *Teamentwicklung in der Schule. Konzepte und Methoden.* Weinheim: Verlag Beltz.

Popp, K., Melzer, C. & Methner, A. (2017). *Förderpläne entwickeln und umsetzen* (3., überarbeitete Aufl.). München: Verlag Ernst Reinhardt.

Prediger, S. (2009). Inhaltliches Denken vor Kalkül. In A. Fritz & S. Schmidt (Hrsg.), *Fördernder Mathematikunterricht in der Sekundarstufe I. Rechenschwierigkeiten erkennen und überwinden* (S. 213-234). Weinheim und Basel: Verlag Beltz.

Prengel, A. (2012). Humane entwicklungs- und leistungsförderliche Strukturen im inklusiven Unterricht. In V. Moser (Hrsg.), *Die inklusive Schule. Standards für die Umsetzung* (S. 175-183). Stuttgart: Verlag Kohlhammer.

Preuss-Lausitz, U. (2019). Die Anfänge schulischer Inklusion und deren Entwicklung seit 40 Jahren. In A. Sasse, B. Kracke, S. Czempiel, S. Sommer (Hrsg.), *Schulische Inklusion in der Kommune* (S. 51-64). Münster: Verlag Waxmann.

Puhr, K. (2003). *Lernangebote für schulverweigernde Kinder und Jugendliche: Pädagogische Probleme unter dem Anspruch von Schulpflicht und Bildungsrecht*. Hamburg: Verlag Dr. Kovač.

Reber, K. (2017). *Prävention von Lese- und Rechtschreibstörungen im Unterricht. Systematischer Schriftspracherwerb von Anfang an* (2., überarbeitete Aufl.). München und Basel: Verlag Ernst Reinhardt.

Reich, K. (2014). *Inklusive Didaktik. Bausteine für eine inklusive Schule*. Weinheim: Verlag Beltz.

Reich, K. & Kricke, M. (2016). *Teamteaching. Eine neue Kultur des Lehrens und Lernens*. Weinheim: Verlag Beltz.

Reiß, G. & Werner, B. (2016). Offener Unterricht. In U. Heimlich, F. B. Wember (Hrsg.), *Didaktik des Unterrichts im Förderschwerpunkt Lernen* (3. Aufl.). (S. 112–124). Stuttgart: Verlag Kohlhammer.

Ricking, H., Wittrock, M., Bolz, T. & Rieß, B. (2021). *Prävention und Intervention bei Verhaltensstörungen*. Stuttgart: Verlag Kohlhammer.

Ricking, H. & Hagen, T. (2016). *Schulabsentismus und Schulabbruch. Grundlagen – Diagnostik – Prävention*. Stuttgart: Verlag Kohlhammer.

Riegert, J. & Musenberg, O. (2015). *Inklusiver Fachunterricht der Sekundarstufe*. Stuttgart: Verlag Kohlhammer.

Sälzer, C. (2010). *Schule und Absentismus*. Wiesbaden: Springer VS.

Sasse, A. (unter Mitarbeit von S. Lada) (2014). Unterrichtsvorbereitung und Leistungseinschätzung im Gemeinsamen Unterricht. In S. Peters, U. Widmer-Rockstroh (Hrsg.), *Gemeinsam unterwegs zur inklusiven Schule. Beiträge zur Reform der Grundschule* (S. 118–139). Frankfurt: Grundschulverband e.V.

Sasse, A. & Schulzeck, U. (2021). *Inklusiven Unterricht planen, gestalten und reflektieren. Die Differenzierungsmatrix in Theorie und Praxis*. Bad Heilbrunn: Verlag Julius Klinkhardt.

Scheerer-Neumann, G. (2018). *Lese-Rechtschreibschwäche und Legasthenie*. Stuttgart: Kohlhammer.

Schlee, J. & Mutzeck, W. (1996). *Kollegiale Supervision. Modelle zur Selbsthilfe für Lehrerinnen und Lehrer*. Heidelberg: Universitätsverlag Winter.

Schneider, W. (2017). *Lesen und schreiben lernen. Wie erobern Kinder die Schriftsprache?* Berlin und Heidelberg: Verlag Springer.

Schnell, I. (2013). Nachteilsausgleiche. In: V. Moser (Hrsg.), *Die inklusive Schule. Standards für die Umsetzung* (2. Aufl.). (S. 195–196). Stuttgart: Kohlhammer.

Schnell, I. (2003). *Geschichte schulischer Integration. Gemeinsames Lernen von SchülerInnen mit und ohne Behinderung in der BRD seit 1970*. Weinheim und München: Verlag Juventa.

Schnell, I. & Sander, A. (2004). *Inklusive Pädagogik*. Bad Heilbrunn: Verlag Julius Klinkhardt.

Schönig, W. & Fuchs, J. A. (2016). Inklusion inkludiert: Was bedeutet Inklusion 10 Jahre nach der UN-BRK? In W. Schöning, J. A. Fuchs (Hrsg.), *Inklusion: Gefordert! Gefördert? Schultheoretische, raumtheoretische und didaktische Zugänge* (S. 9–31). Bad Heilbrunn: Verlag Julius Klinkhardt.

Schor, B. J. (2016). Curriculare Überlegungen zum Förderschwerpunkt Lernen. In U. Heimlich, F. B. Wember (Hrsg.), *Didaktik des Unterrichts im Förderschwerpunkt Lernen. Ein Handbuch für Studium und Praxis* (S. 327–338). Stuttgart: Verlag Kohlhammer.

Schröder, U. (2005). *Lernbehindertenpädagogik. Grundlagen und Perspektiven sonderpädagogischer Lernhilfen* (2. Aufl.). Stuttgart: Verlag Kohlhammer.

Schulz, A., Leuders, T. & Rangel, U. (2017). Arithmetische Basiskompetenzen am Übergang zu Klasse 5 - eine empirie- und modellgestützte Diagnostik als Grundlage für spezifische Förderentscheidungen. In A. Fritz, S. Schmidt, G. Ricken (Hrsg.), *Handbuch Rechenschwäche. Lernwege, Schwierigkeiten und Hilfen bei Dyskalkulie* (3., überarbeitete Aufl.), (S. 396–417). Weinheim und Basel: Verlag Beltz.

Schulze, G. & Wittrock, M. (2008). Schulaversives Verhalten. In B. Gasteiger-Klicpera, H. Julius, C. Klicpera (Hrsg.), *Sonderpädagogik der sozialen und emotionalen Entwicklung* (S. 219–233). Göttingen: Verlag Hogrefe.

Schumacher, C. (2016). *Prüfungsangst in der Schule. Ursachen, Bewältigung und Folgen am Beispiel einer zentralen Abschlussprüfung.* Münster: Waxmann Verlag.

Schwab, S., Goldan, J. & Hoffmann, L. (2019). Individuelles Feedback als Bestandteil inklusiven Unterrichts? Eine empirische Studie über die Wahrnehmung von individuellem Lehrkraftfeedback aus Schülerinnen- und Schülersicht. In M.-C. Vierbuchen, F. Bartels (Hrsg.), *Feedback in der Unterrichtspraxis. Schülerinnen und Schüler beim Lernen wirksam unterstützen.* Stuttgart: Verlag Kohlhammer.

Seitz, S. (2008). Leitlinien didaktischen Handelns. *Zeitschrift für Heilpädagogik*, 59 (6), 226–233.

Seitz, S. (2006). Inklusive Didaktik: Die Frage nach dem ›Kern der Sache‹. *Zeitschrift für Inklusion.* Online Magazin 1. Zugriff am 01.04.2022. Verfügbar unter: https://www.inklusion-online.net/index.php/inklusion-online/article/view/184/184.

Seitz, S. & Platte, A. (2006). Unterricht zwischen Vielfalt und Standardisierung. In A. Platte, S. Seitz, K. Terfloth (Hrsg.), *Inklusive Bildungsprozesse.* Bad Heilbrunn: Verlag Klinkhardt.

Sieland, B. (2007). Schul- und Leistungsangst begegnen. In T. Fleischer, N. Grewe, B. Jötten, K. Seifried, B. Sieland (Hrsg.), *Handbuch Schulpsychologie* (S. 273–289). Stuttgart: Verlag Kohlhammer.

Souvignier, E. (2016). Kooperatives Lernen. In U. Heimlich, F. B. Wember (Hrsg.), *Didaktik des Unterrichts im Förderschwerpunkt Lernen. Ein Handbuch für Studium und Praxis* (3. Aufl.). (S. 138–148). Stuttgart: Verlag Kohlhammer.

Souvignier, E. (2007). Kooperatives Lernen. In J. Walter, F. B. Wember (Hrsg.), *Sonderpädagogik des Lernens* (S. 452 – 466). Göttingen: Verlag Hogrefe.

Stein, R. (2012). *Förderung bei Ängstlichkeit und Angststörungen.* Stuttgart: Verlag Kohlhammer.

Textor, A. (2018). *Einführung in die Inklusionspädagogik* (2., überarbeitete und erweiterte Aufl.). Bad Heilbrunn: Verlag Julius Klinkhardt.

Textor, A. (2015). *Einführung in die Inklusionspädagogik.* Bad Heilbrunn: Verlag Julius Klinkhardt.

Thäle, A. (2020). *Inklusiver Deutschunterricht in der Sekundarstufe I. Praktiken im Umgang mit literarischen Texten.* Berlin: Verlag Springer.

Vierbuchen, M.-C. & Bartels, F. (2019). *Feedback in der Unterrichtspraxis. Schülerinnen und Schüler beim Lernen wirksam unterstützen.* Stuttgart: Verlag Kohlhammer.

Warnecke, I. (2017). *Prüfungsangst bewältigen. Ein Trainingsprogramm in sieben Schritten.* Stuttgart: Verlag utb.

Wellenreuther, M. (2015). *Lehren und Lernen - aber wie? Empirisch-experimentelle Forschungen zum Lehren und Lernen im Unterricht* (8., korrigierte und überarbeitete Aufl.). Baltmannsweiler: Schneider Verlag Hohengehren.

Wember, F. (2016). Direkter Unterricht. In U. Heimlich, F. Wember (Hrsg.), *Didaktik des Unterrichts im Förderschwerpunkt Lernen* (3. Aufl.). (S. 163–175). Stuttgart: Verlag Kohlhammer.

Wember, F. (2007). Differenzierung im Unterricht. In J. Walter & F. Wember (Hrsg.), *Sonderpädagogik des Lernens.* Band 2. (S. 393–420). Göttingen: Verlag Hogrefe.

Werning, R. & Arndt, A.-K. (2015). Unterrichtsgestaltung und Inklusion. In E. Kiel (Hrsg.), *Inklusion im Sekundarbereich* (S. 53–96). Stuttgart: Verlag Kohlhammer.

Werning R. & Lütje-Klose, B. (2012). *Einführung in die Pädagogik bei Lernbeeinträchtigungen* (3., überarbeitete Aufl.). München und Basel: Verlag UTB Ernst Reinhardt.

Wettstein, A. & Scherzinger, M. (2018). *Unterrichtsstörungen verstehen und wirksam vorbeugen.* Stuttgart: Kohlhammer.

Widmer-Wolf, P. (2018). Kooperation in multiprofessionellen Teams an inklusiven Schulen. In T. Sturm, M. Wagner-Willi (Hrsg.), *Handbuch schulische Inklusion* (S. 299–314). Opladen: Verlag Barbara Budrich.

Wiechmann, M. (2009). Direkte Instruktion, Frontalunterricht, Klassenunterricht. In K.H. Arnold, U. Sandfuchs, J. Wiechmann (Hrsg.), *Handbuch Unterricht* (2. Aufl.). (S. 201–217). Bad Heilbrunn: Verlag Julius Klinkhardt.

Wocken, H. (1998). Gemeinsame Lernsituationen. Eine Skizze zur Theorie des gemeinsamen Unterrichts. In A. Hildeschmidt & I. Schnell (Hrsg.), *Integrationspädagogik. Auf dem Weg zu einer Schule für alle* (S. 37–52). Weinheim und München: Verlag Juventa.

Ziemen, K. (2018). *Didaktik und Inklusion.* Göttingen: Verlag Vanderhoeck & Ruprecht.